COLLECTION LINGUISTIQUE

PUBLIÉE PAR

 LA SOCIÉTÉ DE LINGUISTIQUE DE PARIS — II

MÉLANGES DE LINGUISTIQUE

OFFERTS A

M. FERDINAND DE SAUSSURE

PARIS
LIBRAIRIE ANCIENNE HONORÉ CHAMPION, ÉDITEUR
Libraire de la Société de Linguistique de Paris
5, QUAI MALAQUAIS, 5
1908

COLLECTION LINGUISTIQUE

PUBLIÉE PAR

LA SOCIÉTÉ DE LINGUISTIQUE DE PARIS — II

Précédemment paru : Tome Ier

A. MEILLET

LES DIALECTES INDO-EUROPÉENS

In-8°.................... 4 fr. 50

Sous presse : Tome III

A. ERNOUT

LES ÉLÉMENTS DIALECTAUX DU VOCABULAIRE LATIN

MÉLANGES DE LINGUISTIQUE

COLLECTION LINGUISTIQUE

PUBLIÉE PAR

LA SOCIÉTÉ DE LINGUISTIQUE DE PARIS — II

MÉLANGES DE LINGUISTIQUE

OFFERTS A

M. FERDINAND DE SAUSSURE

PARIS

LIBRAIRIE ANCIENNE HONORÉ CHAMPION, ÉDITEUR

Librairie de la Société de Linguistique de Paris

5, QUAI MALAQUAIS, 5

1908

COLLECTION LINGUISTIQUE

PUBLIÉE PAR

LA SOCIÉTÉ DE LINGUISTIQUE DE PARIS — II

MÉLANGES DE LINGUISTIQUE

OFFERTS A

M. FERDINAND DE SAUSSURE

PARIS

LIBRAIRIE ANCIENNE HONORÉ CHAMPION, ÉDITEUR

Libraire de la Société de Linguistique de Paris

5, QUAI MALAQUAIS, 5

1908

Les quelques années où M. Ferdinand de Saussure a été, sur l'initiative de M. Bréal et auprès de lui, secrétaire adjoint de notre Société (1883-1891) et maître de conférences à l'École des Hautes Études (1881-1891), ont été décisives pour le développement de la linguistique en France. Depuis, rentré dans la ville à laquelle sa famille a fait tant d'honneur, M. F. de Saussure a continué son bel enseignement. Quelques-uns de ses anciens élèves et de ceux qui, sans l'avoir entendu directement, à Paris ou à Genève, ont subi son influence à travers l'enseignement de ses disciples, ont tenu, par ce recueil, à lui marquer leur reconnaissance. La Société de linguistique de Paris est heureuse de pouvoir lui dédier l'un des premiers volumes de sa nouvelle collection. Elle remercie les éminents linguistes, compatriotes de M. F. de Saussure, qui ont bien voulu joindre leur hommage à celui des anciens élèves de l'auteur du *Mémoire sur le système primitif des voyelles indo-européennes*.

ACCENT GREC, ACCENT VÉDIQUE, ACCENT INDO-EUROPÉEN

PAR

Ch. BALLY

ACCENT GREC, ACCENT VÉDIQUE, ACCENT INDO-EUROPÉEN [1].

Par **Ch. BALLY**

M. Hirt a formulé dans son Handbuch p. 191 et repris avec plus de détails IF 16, 71 ss. [2] une loi d'après laquelle, lorsque l'accent primitif se trouvait sur l'avant-dernière more d'un mot, le grec l'aurait déplacé d'une more vers l'intérieur. Par cette loi l'auteur croit pouvoir expliquer une hypothèse tendant à prouver que le grec aurait développé son accent secondaire sur la more pénultième et non sur l'antépénultième, quand l'accent primitif se trouvait sur la quatrième more à partir de la fin du mot : ainsi * φέρομενος (scr. *bháramāṇaḥ*) serait devenu d'abord * φέρομὲνος (en application de la loi d'enclise qui interdit l'accentuation de deux mores consécutives), et seulement alors, en vertu de la loi énoncée plus haut, φερόμενος. M. Hirt n'attache aucune importance à la manière dont les mores sont réparties en syllabes ; il met sur le même pied les types ⏑⏑/⏑ (δῆμος), ⏑/⏑⏑ (παίδων) et ⏑/⏑/⏑ (θύγατρα). C'est là, selon nous, un des points de la théorie les plus contraires aux principes de l'accentuation grecque. Nous y reviendrons.

M. E. Hermann (KZ 40, 126 ss.) a déjà montré que les lois

1. Je sais qu'il vaudrait mieux dire « ton », puisqu'il s'agit, dans les trois cas, d'un accent de hauteur ; on m'excusera sans doute de n'avoir pas voulu renoncer au terme traditionnel.

2. C'est à cet article que le lecteur sera renvoyé toutes les fois qu'une indication de page ne sera accompagnée d'aucune référence plus précise à un autre ouvrage de M. Hirt.

de l'enclise, telle que le grec la pratique historiquement, n'engagent pas le règlement d'un ordre de faits dont les Grecs ne se rendaient plus compte ; nous aurons à revenir sur ce détail un peu plus bas (p. 13). M. Hirt croit (p. 85 s.) retrouver la paroxytonaison primitive dans des faits d'accentuation dorienne (τυπτομένοι, ἐλύσαν etc.), que nous jugerons tout autrement (voir p. 14 s.) ; nous nous proposons du reste de reprendre les uns après les autres, les faits allégués par l'auteur en faveur de ses deux hypothèses ; seulement notre ordre ne sera pas le sien : la première partie de cette étude cherchera à réfuter les preuves empruntées au grec envisagé en lui-même, la seconde s'attachera à critiquer les arguments que M. Hirt croit tirer de l'accentuation védique comparée avec celle du grec. Notre objectif n'est pas tant de combattre les théories de l'auteur que de rappeler quelques principes et deux ou trois points de méthode essentiels, selon nous, pour l'appréciation de l'accent grec.

*
* *

Une chose frappante et qui semble donner raison à M. Hirt, c'est que *l'accent de pénultième, très fréquent en grec historique, qu'il s'agisse de paroxytonaison ou de propérispoménaison, ne remonte nulle part d'une façon certaine à un état primitif*; nous aurons peut-être l'occasion de revenir sur ce sujet dans un travail spécial ; ici il suffira de dire que, lorsqu'on a fait le départ des accents de la pénultième dus 1° à la contraction, 2° à la proclise et à l'enclise, 3° à la loi dite de Wheeler (*Der griech. Nominalacc.* p. 60 ss.), 4° à la loi de limitation dans les composés nominaux, étudiée également par M. Wheeler (*ibidem* p. 54 s.), 5° et surtout à l'analogie (particulièrement à l'analogie flexionnelle), il ne reste pour ainsi dire plus rien, et l'on est amené à croire qu'en général l'accent de pénultième est toujours un fait postérieur au grec primitif. Nous identifions ici, par un petit nombre d'exemples, chacune des catégories énumérées.

1° ἐποιεῖτο etc. ; les adjectifs du type -αῖος, -εῖος, -ῷος qui remontent à des formes ouvertes -άϊος, -ήϊος, -ώϊος (Brugmann Gr. Gr. p. 181 ; Bally MSL 13, 19 ss.).

2° Les participes en -μένος pour *-μενός ; les composés du type πατροκτόνος (cf. ψυχοπομπός).

3° Pour la proclise οὐκέτι, pour l'enclise ἐνθάδε.

4° ἐπίτεξ, αἴγιλιψ, δαῖφρον (vocatif).

5° Les adjectifs féminins du type ταχεῖα (d'après ταχύς), les infinitifs d'après les participes (p. ex. λελυκέναι sur λελυκώς etc. ; voir plus bas, p. 25) ; toute la flexion nominale, sauf les monosyllabes de la troisième. Ici on constate ou bien la certitude d'un accent de finale (χειμῶνος, χειμῶνι sur χειμών), tantôt la certitude d'un accent régressif, qui lui-même suppose n'importe quelle place de l'accent primitif à part les deux dernières syllabes (ἡδίων, ἡδίονος, mais ἥδιον), tantôt enfin la *possibilité* de cet accent régressif, qui alors doit être prouvé par des arguments d'une autre nature ; c'est là, comme on le comprend, la partie de cette étude qui ne peut être abordée ici, mais à laquelle les explications qui suivent apporteront une petite contribution. Voici en tout cas ce que je veux dire : dans le paradigme de πολίτης les formes πολῖτα, πολῖται sont évidemment analogiques sur les formes paroxytones (πολίτου, πολίταις) ; mais celles-ci à leur tour sont analogiques sur le nominatif, comme c'est presque toujours le cas dans la déclinaison grecque, et celui-ci enfin *peut* n'avoir que la paroxytonaison obligée d'après la loi de limitation ; en sorte que si une raison quelconque nous faisait désirer pour πολίτης un prototype *πόλιτᾱ-, l'accent historique ne s'y opposerait pas. C'est ainsi que, très probablement, δεσπότης remonte à * *déspotā-* (cf. scr. *dámpatiḥ* et la loi d'accent de composition formulée plus bas, p. 22).

Bref, un accent de pénultième, qu'il soit l'aigu ou le circonflexe, peu importe (voir p. 7), fait toujours conclure soit à un accent de finale, soit au contraire à la réalité ou la possibilité d'un accent remontant aussi haut que possible ; et, pour formuler brièvement une idée qui sera reprise plus bas, p. 19, on peut dire que si l'on est amené à croire, en dehors de l'étude de l'accent grec, que l'indo-européen faisait sauter le ton de l'initiale à la finale et vice-versa, le grec ne soulèverait aucune objection avec son accent; que l'hypothèse en recevrait au contraire un appui efficace, et que, par contre-coup, on serait amené à accorder à l'accent grec un caractère plus archaïque qu'à l'accent sanscrit sur ce point important. C'est là du reste ce que la critique des idées de M. Hirt pourra peut-être nous induire à conclure.

*
* *

M. Hirt limite l'action de sa loi à l'ionien-attique et peut-être au seul attique (p. 85); retenons cette affirmation, dont nous aurons à peser la valeur plus bas, p. 27. Bornons-nous pour le moment à examiner les finales trochaïques qui occupent dans cette question, quoi qu'en dise l'auteur, une position à part (cas de δῆμος, παιδεῦον etc.); il est certain que rien ne fait supposer que les dialectes autres que l'attique aient connu cette affection particulière à la pénultième longue; le dorien ignore le circonflexe à cette place du mot; il prononce αἶγες, ἐνθοίσα (Alcman) et ainsi de suite; seulement il faut se garder d'expliquer de la même manière dor. ἀνθρώποι, comme le fait M. Hirt p. 86 (voyez plus bas, p. 14 s.). L'ionien ancien des poèmes homériques ne paraît pas connaître l'intonation de pénultième; on peut rappeler le fait signalé par M. Vendryes, le cas de οὖτις au livre IX de l'Odyssée (*Mélanges Brunot* p. 7 ss.).

Mais quand M. Hirt met sur le même pied le cas de δῆμος et celui de θύγατρα (selon lui pour * θυγάτρα), il passe sous silence un fait capital : le passage de δήμος à δῆμος s'opère automatiquement, en dépit de l'analogie flexionnelle qui domine pourtant toute l'accentuation grecque ; en effet on trouve régulièrement au participe παιδεῦον en regard de παιδεύων etc., et en dépit de l'accent aigu de tout le paradigme ; mais on ne constate nulle part que le participe ἑτοιμάζον devienne * ἑτοίμαζον, ce qu'exigerait cependant le parallélisme des deux faits, tel qu'il est postulé par M. Hirt ; de même on a δενδρῆεν en face de δενδρήεις etc., mais on ne voit pas que αἱματόεν devienne * αἱμάτοεν ; (l'attique χάριεν s'explique par sa fonction d'adverbe qui le détachait du paradigme). Dans les deux cas (παιδεῦον, ἑτοιμάζον), il y a eu, à un moment donné, dans des conditions identiques, présence d'un accent sur l'avant-dernière more, et l'on constate que, dans le premier type (παιδεῦον), le glissement accentuel vers la gauche s'est effectué comme le fait attendre l'hypothèse de M. Hirt, tandis que dans le second l'accent est resté immobile, et c'est ici qu'on peut opposer un fait que cette théorie n'explique pas : d'après elle, comme on le verra plus bas, le type γῆρας est pour * γηράς, parce que le génitif * γηράος aurait passé à * γήραος, ce qui aurait déterminé * γηράς à devenir * γήρας ; mais alors pourquoi cette dernière forme, au lieu d'en rester là, a-t-elle fait passer son accent à la more précédente? De même, en admettant que * κατωβλέπος soit devenu pour la même raison * κατώβλεπος, pourquoi voit-on par surcroît κατώβλεψ passer à κατῶβλεψ? Ainsi même si l'hypothèse a quelque fondement, il n'y a pas *une* loi et *une* époque, mais en tout cas deux choses très différentes pour la nature et le temps.

Il y a donc une erreur de principe à mettre sur le même pied le phénomène constant représenté par παιδεῦον et l'hypothèse d'un passage de l'accent d'une syllabe à une autre voisine. Si l'analogie flexionnelle qui repousse la dualité ἑτοιμάζων : * ἑτοίμαζον, s'accommode fort bien de la coexistence de παιδεύων et de παιδεῦον, cela tient à ce que *les longues et diphtongues pénultièmes n'équivalent pas*, comme on l'enseigne généralement, *à deux brèves ou à deux mores* ; il ne semble pas que, en dehors de l'enseignement élémentaire, qui peut s'en accommoder, on ait le droit de poser que δῆμος = δέεμος ; en réalité la longue ou diphtongue pénultième est une *unité*, et seule cette vue peut expliquer le fait d'analogie rappelé plus haut. En définitive, il semble bien qu'il faille considérer l'accent propérispomène comme une simple « affection » propre à la pénultième, considérée elle-même *comme un tout* ; les grammairiens avaient raison de l'appeler une περίσπασις κατηναγκασμένη et de l'opposer au τόνος φυσικός de dor. αἶγες etc. ; le mieux est de revenir à l'ancienne théorie et de compter par syllabes et non par mores dès qu'on quitte l'examen de la finale ; je m'étonne toujours de voir, après l'explication du fait par M. Meillet (*Parole* 1900 n° 4), un mot comme παίδων disséqué, au point de vue accentuel, en un schéma ◡◡́/◡◡. Cette conception rend illusoire toute explication de la loi de limitation pour le cas des polysyllabes à finale trochaïque (type ἄνθρωπος) ; on ne peut s'en tirer avec une forme rythmique ◡◡/◡◡/◡ ; tout devient clair au contraire si l'on pose que, au moment où l'accent secondaire se substituait à l'accent primitif, seule la finale pouvait, si elle était de deux mores, empêcher l'accent de se porter jusqu'à l'antépénultième, les autres syllabes restant indifférentes. Il n'y a donc rien à tirer, comme le croit M. Hirt p. 75, du cas de ἑστῶτος en regard de ἑσταότος. L'exemple ne serait valable que si l'on possédait * ἑστάοτος, ce qui n'est pas. Au moment de la contraction, l'accent était bien sur l'ο, comme le prouve le neutre ἑστώς (à côté de ἑστός) ; l'on connaît assez la rigueur de l'analogie flexionnelle pour ne pas admettre un seul instant à une même époque la présence simultanée de ἑσταός et de * ἑστάοτος. Il est donc clair que c'est la forme *contractée* * ἑστώτος qui a subi l'affection dialectale propre à la pénultième dans les terminaisons trochaïques, et l'on ne peut pas dire que ἑστῶτος supposé * ἑστάοτος, comme on peut dire que νοῦς remonte à νόος.

*
* *

Le cas de δῆμος mis à part, examinons, autant que cela peut se faire sans sortir du grec, les cas où M. Hirt suppose un saut d'accent régressif de la more pénultième à la more antépénultième ; on prendra comme exemples θύγατρα et παίδων (selon M. Hirt pour * θυγάτρα, παιδῶν) ; là, de nouveau, l'auteur ne fait pas de distinction dans la répartition des mores en syllabes ; il met sur le même pied deux schémas ◡/◡/◡ et ◡/◡◡, qui sont probablement des choses très différentes. Quoi qu'il en soit, M. Hirt prétend que θύγατρα est pour un plus ancien *θυγάτρα ; mais la forme θύγατρα s'explique très simplement, soit comme un reste du saut d'accent de l'initiale à la finale dans l'intérieur de la flexion (θύγατρα : θυγατρός), soit par l'analogie des noms dits de parenté, qui eux-mêmes se conforment à l'accent des radicaux monosyllabiques de la troisième déclinaison (πάτερ, πατρός, πατρί, πατρῶν) ; ou pour mieux dire, le type πούς ποδός, et le type πατήρ πατρός sont deux vestiges du saut d'accent de l'initiale à la finale (voir plus bas) ; l'analogie est particulièrement remarquable dans la comparaison avec ἀνήρ ; l'inspection des deux paradigmes suffit pour le faire comprendre :

(θυγάτηρ)	ἀνήρ
θύγατερ	ἄνερ
θυγατέρος, -τρός	ἀνέρος, ἀνδρός
θυγατέρι, -τρί	ἀνέρι, ἀνδρί
θυγατέρα, θύγατρα.	ἀνέρα, ἄνδρα.
θυγατέρες, θύγατρες	ἀνέρες, ἄνδρες
θυγατέρων, -τρῶν	ἀνέρων, ἀνδρῶν
θυγατέρεσσι, -τράσι	(ἄνδρεσσι), ἀνδράσι
θυγατέρας, θύγατρας.	ἀνέρας, ἄνδρας.

Ainsi on peut établir la proportion :

θύγατρα : θυγατέρα = ἄνδρα : ἀνέρα.

M. Hirt s'appuie ensuite sur quelques formes nominales de la troisième déclinaison qui, bien qu'ayant des radicaux monosyllabiques, ne se conforment pas complètement à l'accentuation propre à leur paradigme (p. ex. πούς, πόδα, ποδός, ποδί ; πόδες, ποδῶν, ποσί ; πόδε, ποδοῖν), mais s'en séparent aux génitifs pluriel et duel par un accent radical (p. ex. δμώς, δμωός, δμωΐ, δμῶες, δμωσί, mais δμώων, δμώοιν). M. Hirt cherche dans cette particularité la confirmation de sa loi, et suppose qu'il y a eu un passage rythmique de la more pénultième à la more antépénultième : δμωῶν → δμώων = ⏑⏑/⏑́⏑ → ⏑⏑́/⏑⏑. Mais d'abord ces mots représentent deux types très différents, comme on le voit par la répartition suivante :

1. παῖς, δᾷς, κρᾶς, οὖς, φῴς, φῶς ;
2. δμώς, Τρώς, σής, θώς, Πᾶν, πᾶς.

Les six premiers n'ont qu'en apparence des radicaux monosyllabiques, puisque ces radicaux sont contractés ; ce qu'il faut donc expliquer, ce n'est pas pourquoi il y a eu déplacement de l'accent, mais plutôt pourquoi l'accent est resté à sa place normale malgré l'analogie du type ποῦς. En effet les génitifs de ces mots remontent à des formes plus anciennes, mais historiques : παίδων, δαΐδων, φωΐδων, κρᾱάτων, οὐάτων ; quant à φώτων, on ne peut en donner la forme ouverte d'une façon certaine, mais il est hors de doute que le nominatif φῶς cache l'homérique φάος, et très probablement les formes ouvertes existaient encore lorsque le paradigme modifia le radical par l'adjonction d'un élément -τ-. Ce qu'il faut expliquer, ce n'est pas παίδων etc., mais παισί et en général les formes oxytones ; elles ont subi l'analogie du type πούς ποδός ; et c'est là un fait général, que des paradigmes de la troisième qui sont devenus par contraction assimilables au type monosyllabique, ont adopté l'accent de ce type. Ainsi ὄϊς, ὄϊος, ὄϊεσι etc., sont représentés en attique par οἶς, οἰός, οἰσί ; de φρέαρ on possède φρητός à côté de φρέᾱτος ; de στέαρ(στῆρ) στητός à côté de στέᾱτος ; par contre ἔαρ a l'accent fixe et radical dans toutes ses formes (ἦρος aussi bien que ἔαρος) parce que la présence de ρ dans tout le paradigme rendait plus grande l'homogénéité du système et par conséquent augmentait l'action analogique du nominatif : πρών πρῶνος et κῆρ κῆρος s'expliquent de la même manière.

Pour le second groupe de cette série (δμώς etc.), outre que la tradition n'est pas très bien établie (on lisait θωῶν et θώων dans Homère), le soupçon d'analogie est difficile à écarter : ces mots, qui étaient dès l'origine monosyllabiques dans leurs radicaux, pouvaient moins que le type παῖς etc., résister à l'action conservatrice du modèle πούς ποδός ; mais que ce groupe de mots, en minorité en face des formes nominales à accent fixe (λιμήν, λιμένος), ait été entamé partiellement par ce dernier type, cela n'a rien qui puisse nous étonner, et l'on comprend aussi que cette action ait infecté d'abord le pluriel et le duel, car ce groupe de formes (δμῶες, δμῶας, δμώων ; σέες, σέας, σέων) présentait un radical plus cohérent que le singulier, où le nominatif avait une forme différente dans sa finale et le nombre des syllabes ; δμωός, σεός etc. pouvaient plus facilement conserver leur indépendance vis-à-vis de δμώς, σής, que * δμωῶν, * σεῶν vis-à-vis de δμῶες, σέες ; seul δμωσί restait en dehors de l'influence analogique, parce que son radical consonantique l'éloignait de δμῶες [1]. Pour δμώς, Τρώς (et peut-être φῶς « lumière » et θώς) il est possible, comme on l'a dit, que l'accent radical ait été amené aussi par le souci de séparer ces formes de leurs homonymes δμωῶν (F.), Τρωῶν (F.) φωτῶν (M.), et θωῶν (de θωή). Le datif πᾶσι a été évidemment entraîné par l'analogie du féminin πᾶσα πᾶσαι etc. Je crois enfin qu'il faut faire entrer en ligne de compte l'emploi prédominant du pluriel dans les mots Τρώς, δμώς, σής et la qualité d'adjectif de πᾶς.

On ne peut donc rien tirer de l'accent de ces douze mots pour prouver la loi rythmique de M. Hirt [2].

1. J'explique de la même manière γόνυ γουνός, mais γοῦνα γούνων ; δόρυ δουρός, mais δοῦρα δούρων. Il semble donc qu'il y ait eu une tendance à propager l'accent du nominatif, même dans les monosyllabes, aux cas obliques où la syllabe radicale est identique à la 1re syllabe *tout entière* du nominatif, l'hiatus étant considéré comme un élément de cette identité : δμῶ-]ες, δμώ-]ων mais δμω-]σι (sans hiatus), κῆρ] κῆρ-]ος, mais δμώς] δμω-]ός).

2. M. Meillet a bien voulu me faire part d'une hypothèse qui expliquerait en partie la loi de M. Hirt : d'après lui, cette loi se vérifierait dans le type πάντων, autrement dit dans le cas où une finale primitivement affectée du circonflexe est précédée d'une longue ou d'une diphtongue, c'est-à-dire d'une syllabe intonable en attique (pour ce dernier point, voir plus bas, p. 11). Le fait est que le dorien, qui ne connaît pas l'intonation de la pénultième, a παντῶν. Cette hypothèse expliquerait également le double accent de quelques thèmes en -o-, comme στροῦθος :

M. Hirt ne cite pas le type γενοῦ (impérat. aoriste second moyen) qui est contraire à sa loi ; le cas est d'autant plus remarquable que cette infraction à la loi de recul dans une forme personnelle du verbe grec dénote un archaïsme très important.

στρουθός, où M. Meillet, comme M. Hirt, voit un passage du ton aux cas obliques (στρουθοῦ → στρούθου), d'où répartition analogique (d'une part στροῦθος, de l'autre στρουθός). Cette explication est très séduisante ; on peut remarquer cependant qu'elle ne s'applique qu'à un petit nombre de faits vraiment contrôlables ; en outre on peut faire les objections suivantes :

a) Le dorien παντῶν, s'il n'offre pas la conservation pure et simple de l'état primitif, comme ποδῶν, comporte une autre explication ; on sait que, pour une raison d'ailleurs inconnue et dans des limites que l'on ne peut déterminer, le dorien a l'accent de finale dans des génitifs en -ων et dans des adverbes en -ως, -ᾳ, -ει, alors que les adjectifs dont ils dépendent sont barytons : ainsi παντῶν peut s'expliquer comme dor. ἀλλῶν (de ἄλλος), τηνῶν etc., παντῶς comme ἀλλῶς, παντᾷ comme ἀλλᾷ, et ainsi de suite ; tant que ἀλλῶν etc. n'est pas expliqué, on ne peut pas, semble-t-il, s'appuyer sur παντῶν pour justifier l'hypothèse du glissement d'accent sur la pénultième ; en effet on aurait le droit de dire au contraire que c'est πάντων qui est devenu παντῶν en dorien.

b) Le cas de στροῦθος : στρουθός est imparfaitement appuyé par la tradition, qui est assez fluctuante (voir Wheeler *Nominalacc.*, p. 117) ; il faut remarquer en outre que certains de ces substantifs en -ος à double accent offrent des différences de sens justifiant la différence d'accentuation (p. ex. γλοῖος : γλοιός comme τόμος : τομός) ; plusieurs autres ne trouvent pas d'explication dans l'hypothèse de M. Meillet par le fait qu'ils présentent un saut d'accent et non un glissement ; c'est le cas pour μόχθηρος : μοχθηρός, πόνηρος : πονηρός, βδέλυρος : βδελυρός, ἄχυρος : ἀχυρός. Enfin est-on certain que l'indo-européen n'a pas connu de saut d'accent dans la flexion des thèmes en *-o-* ? Le lituanien la connaît (*bérnas, bérno ; bernaĩ, bernũ*) ; le russe également (зубъ, зуба : зубовъ, зубахъ ; cf. Meillet et Boyer MSL VIII, 177 s.) ; on peut se demander si l'opposition d'accent à valeur sémantique telle qu'elle se montre dans le type grec τόμος : τομός ne remonte pas en dernière analyse à un mouvement dans l'intérieur du paradigme ; le grec, dont l'accent est si archaïque dans des faits remarquables, pourrait avoir conservé quelques vestiges de cette mobilité. Du reste on sait qu'autrefois on contestait tout mouvement accentuel pour le type des noms en *-es-/-os-* (γένος, γένεος), tout à fait parallèle aux thèmes en *-o-* ; et maintenant cette mobilité est assez généralement reconnue (voyez plus bas, p. 19 s. Cf. N. van Wijk *Der nomin. Gen. Sing.*, p. 43 s.). Citons encore les types ἄμαχος : ἀμαχεί, ἀδελφός voc. ἄδελφε.

*
* *

Comme nous l'avons dit p. 3, M. Hirt, déterminé par le traitement des enclitiques, admet que l'accent secondaire n'allait pas au delà de la more pénultième lorsque l'accent primitif se trouvait sur la quatrième more avant la fin ; autrement dit qu'on a eu successivement *φέρομενος, *φερομένος et enfin, par application de la loi du glissement d'accent étudiée ici, φερόμενος, parce que les enclitiques provoquent un accent secondaire séparé de l'accent principal par une more au moins : ἄνθρωπός τις et non *ἀνθρώπος τις. M. Hermann a montré que le traitement des enclitiques n'engageait nullement celui de l'accent secondaire (voir plus haut p. 3) ; on peut dire en effet qu'un accent qui, comme celui de l'enclise, *coexiste* historiquement avec l'accent orthotonique, ne peut en aucune manière être assimilé à un accent qui s'est *substitué* à un autre à une époque antérieure. M. Hirt s'appuie sur le dorien pour dire que le grec, tel qu'il est reflété par ce dialecte plus conservateur, a connu l'accent secondaire sur la more pénultième ; mais les arguments allégués paraissent critiquables. Sans doute il est à peu près certain que *le dorien n'a pas connu l'intonation de pénultième*, c'est-à-dire le glissement d'accent sur la surface de la pénultième longue (δήμος → δῆμος) : des formes comme αἶγες, πτώκας, παίδα (Alcman), δραμείται, ἐνθοίσα (Alcman), γυναίκες etc. le donnent à penser. Παίδα et δραμείται sont particulièrement instructifs ; les pénultièmes recouvrent des hiatus (δραμέεται, πάϊδα) et auraient en attique deux raisons au lieu d'une d'être périspomènes. C'est même cette particularité qui me fait expliquer les nominatifs doriens du type Ἀλκμᾴν = Ἀλκμάων autrement que ne le font MM. Hirt (p. 87) et R. Meister (*Zur gr. Dialektologie* p. 4) ; selon moi, les cas obliques étant régulièrement Ἀλκμᾶνος etc., le nominatif * Ἀλκμᾶν a suivi le mouvement et s'est oxytoné. Si le dorien παίς n'était pas inventé de toutes pièces par Meister *l. c.* 1 s., on pourrait l'expliquer de même. D'autre part les génitifs comme ἡμερᾶν sont assez bien établis par la tradition pour qu'on puisse dire que cet aigu est propre à la pénultième. Mais pour en revenir à la question qui nous occupe, le cas de dorien αἶγες n'est pas de même nature que le déplacement supposé par M. Hirt; si son hypothèse était fondée, il faudrait qu'on trouvât en attique *γύναικες et non γυναῖκες en regard de dorien γυναίκες. Les accents τυπτομένοι etc. seraient sans doute un meilleur argument s'ils ne pouvaient s'expliquer que de cette manière; mais il est plus vraisemblable que dans la flexion nominale le dorien assimilait les finales -οι -αι à -ει et aux longues, c'est-à-dire qu'il avait généralisé l'intonation à deux mores des diphtongues finales, tandis que l'attique avait généralisé la même intonation pour les longues (χώρα θεᾶ, cf. lituanien *mergà*, comme χώρας θεᾶς, lit. *mergõs*). Ainsi les pluriels doriens du type τυπτομένοι ne tirent pas leur origine de la loi de M. Hirt, mais doivent leur accent à l'intonation de leur finale; dans la flexion du verbe on pourrait citer la forme ἐρᾶμαι du parthénée d'Alcman (III, 25) si cette forme était très claire (voir Blass *Hermes* 13, 25); μαρτύρεται (Alcman II, 8) serait contradictoire; il est plus probable que le caractère enclitique du verbe avait réduit -αι et -οι à une more. On peut croire aussi que l'accent paroxyton répandu dans toutes les formes du pluriel et du duel a contribué à le maintenir au nominatif pluriel. Τραπέζαι s'explique très simplement de la même manière, sans qu'on soit obligé d'y voir avec M. Hirt p. 86 un reflet d'une accentuation particulière aux composés védiques à premier élément numéral; nous verrons plus bas la valeur à attribuer à ces comparaisons; d'ailleurs le sanscrit veut bien qu'on accentue *dvipád-* et *tripád-*, mais il admet précisément l'accentuation de *cátuṣpad-* comme normale (Whitney § 1300). Si *τυπτομένος n'est pas attesté, c'est, selon M. Hirt, un pur hasard; on pourrait croire au contraire que les grammairiens, intéressés seulement par les formes aberrantes du dorien, n'ont pas relevé le singulier τυπτόμενος précisément parce que son accent ne s'écartait pas de la forme de la *koiné*. Enfin M. Hirt explique aussi par son accent secondaire sur pénultième les formes doriennes ἀνθρώποι, Ἁρπυίαι, ἀμύναι, ἐφέρον ; mais ce sont des trissyllabes, et on attendrait ἄνθρωποι etc., puisque l'enclise historique, point de départ de la théorie, offre ἄνθρωπός τις. Ἐφέρον, ἐλύσαν, ἐφιλάθεν, etc. sont pour l'auteur (p. 87) des faits d'enclise ; mais une fois de plus on ne voit pas comment l'enclise peut se satisfaire de cette place de l'accent ; ces formes sont probablement, comme on l'a dit plus d'une fois, analogiques sur le reste du pluriel ; il est admissible aussi que ἐφιλάθεν est un souvenir de la finale troisième pluriel -ην qu'on surprend dans certains parlers doriens (cf. p. ex. crétois διελέγην) ; on sait en effet que le dorien aime à appliquer aux finales abrégées l'accent des formes à finales longues (voyez les infinitifs comme ἐρίσδεν, les présents indicatifs comme συρίσδες, les accusatifs pluriels comme ἀμπέλος). Selon une hypothèse ingénieuse que mon ami M. Niedermann veut bien me communiquer, les formes thessaliennes comme ἐνεφανισσοεν, ἐτάξαιν (3e plur.) devraient leurs bizarres finales au besoin de mettre en accord la paroxytonaison avec l'accentuation régressive du verbe.

*
* *

Une grande partie des arguments avancés par M. Hirt reposent sur la comparaison de l'accent grec avec l'accent védique ; mais cette comparaison, délicate en elle-même, veut être guidée par des principes de recherche qui me paraissent absents de l'exposition de l'auteur. Il semble que trois choses devraient être prises en considération :

I. On n'a pas le droit de comparer des faits isolés dans le système accentuel de deux langues différentes lorsque le rapprochement des faits eux-mêmes est douteux, ou bien lorsque quelque différence de forme peut expliquer la différence d'accent.

II. On ne peut non plus comparer les accents de formes empruntées à des langues différentes, lorsque l'un des termes est isolé, tandis que l'autre fait partie d'un système cohérent, ou bien lorsque tous les deux font partie de systèmes inconciliables ; seuls les systèmes ont de la valeur, non les termes isolés.

III. Enfin et surtout on n'a pas le droit de poser en principe et de sous-entendre sans le prouver que tel fait d'accent observé en védique doit être la norme pour juger le fait grec correspondant, cela au nom d'un autre principe contestable, que l'accent védique se rapproche davantage de l'accent indo-européen que ne le fait le grec ; c'est là un point qui exigerait une étude spéciale ; remarquons seulement que cette priorité attribuée au védique est surtout contestable dans les cas nombreux où l'accent est en conflit avec l'ablaut.

Ces trois points de vue apparaîtront mieux par la critique des faits allégués par M. Hirt ; c'est donc sous trois chefs que seront ordonnés les exemples ; mais on ne s'étonnera pas de voir un quelconque de ces principes intervenir hors de son ressort pour prêter aux autres un nouvel appui.

*
* *

I) P. 77, M. Hirt compare θέλυμνον à scr. *dharúṇam* pour opposer leurs accents au profit de sa loi ; mais le rapprochement des deux mots n'est rien moins que certain, et puis pourquoi un accent reposant sur une syllabe faible serait-il plus ancien que celui qui frappe une syllabe au degré **e*? Χάριτες, comparé à *harítaḥ*, porte les mêmes caractères à un plus haut degré.

Τέσσαρες et *catvā́raḥ* sont confrontés pour montrer que le grec aurait eu autrefois l'accent sur la pénultième ; mais on est tout de suite frappé de la belle concordance qui existe entre l'accent et l'ablaut soit dans la forme sanscrite soit dans la forme grecque ; elles paraissent refléter deux états i. e. du thème pour « quatre », états différenciés par des mouvements d'accent dans l'intérieur de la flexion ; le grec a généralisé l'ablaut *-e-* de l'initiale accentuée, le sanscrit, au moins au M. N., l'accent de seconde syllabe (*catvā́raḥ*, *catúraḥ* etc. ; cf. *catúḥ* « quatre fois ») ; il n'y a donc pas lieu de supposer un passage d'accent de l'une à l'autre de ces formes.

Vidhávaḥ et ἠίθεος sont-ils parents ? Je n'en suis pas sûr ; si c'est le cas, l'exemple est mince ; en outre le mot sanscrit a été conçu comme composé par étymologie populaire, comme le montre le subst. *dhaváḥ* « époux », créé par décomposition, et cela a pu amener un changement dans la place de l'accent (cf. *vidhāraḥ, praṇávaḥ, akṣára-, ajára-, adábha-* etc.), qui ne sont pas il est vrai eux-mêmes très réguliers (cf. Wackernagel *Aind. Gr.* II, 214).

*
* *

II) On peut faire des objections plus graves au procédé consistant à extraire des mots isolés d'une langue pour les comparer avec d'autres qui, dans la langue parente, font partie d'un système.

Ainsi M. Hirt dit que ἕβδομος est pour *ἑβδόμος ; pourtant tous les ordinaux de 1 à 10 ont en grec l'accent régressif et sont au contraire oxytons en sanscrit, pour autant qu'il s'agit des suffixes *-thá-* et *-má-*. Un seul ordinal *saptátha-* (à côté de *saptamá-* qui est le pendant de ἕβδομος) sort du système ; l'on ne peut donc s'appuyer sur lui pour établir la paroxytonaison de ἕβδομος. Si une comparaison s'impose, c'est celle de ἕβδομος et *saptamá-*, dont les accents soulèvent une question d'un tout autre caractère (voir plus bas, p. 19).

Le russe *četvërtyj* et le lituanien *ketviȓtas* font dire à M. Hirt que τέτρατος est pour *τετράτος, mais l'ablaut s'y oppose ; d'ailleurs on ne trouve pas une seule exception au système rigoureusement fixe des superlatifs et des ordinaux en -ατος. Il faudrait plutôt comparer τέτρατος et *caturtháḥ*, mais cette opposition, qui s'explique fort bien d'une autre manière, est incompatible avec le principe initial de la théorie de M. Hirt.

C'est le même procédé qui induit l'auteur de la loi rythmique à extraire ἔρεβος et ὄνομα de deux systèmes inflexibles pour les comparer, timidement il est vrai, au sanscrit *rájaḥ* et *nāma* ; si jamais *ἐρέβος et *ὀνόμα ont existé, qui croira qu'il y ait eu besoin d'une loi rythmique pour les plier à la loi accentuelle des types γένος, αἶσχος, ἔλεγχος d'une part. et ἅμμα, πνεῦμα, κάλυμμα d'autre part ?

On ne peut non plus supposer qu'il y a eu des formes accentuelles comme *ἀγρίος, *νηίος, *χιλίοι etc., en disant que ces mots correspondent à scr. *ajryà-*, *nāvyà-*, *sahasryà-* (χίλιοι ne pourrait être du reste comparé qu'avec une forme **hasrya-*, v. plus haut p. 15, principe 1). On sait que le sanscrit connaît pour la grande classe des formes en *-ia -ya* trois accents et non un seul (*áçvya-*, *satyá-*, *viçyà-*), ce dernier type étant, je l'avoue, dominant. Mais le grec, lui, ne possède que l'opposition ´-ιος : -ιός, tous les paroxytons s'expliquant par la loi de Wheeler, et cette opposition place la question sur un tout autre terrain, du moins pour ceux qui ne jurent pas que sur le sanscrit.

Ἀνδρόμεος est un exemple unique et très peu certain de la survivance en grec d'un suffixe abondant en sanscrit, *-máya-* ; mais si la comparaison est valable, il n'est pas admissible que cette forme isolée ait pu résister à la poussée analogique qui faisait des adjectifs grecs des régressifs ou des oxytons.

Le scr. *amŕta-* est une exception rare à la règle des possessifs du type *anantá-* ; le grec ἄμβροτος est conforme à la règle de régression des composés, et c'est au nom de *amŕta-* qu'on veut établir que ἄμβροτος a été paroxyton ? Que l'on compare plutôt ἄμβροτος à *anantá-* et de nouveau apparaîtra cette opposition accentuelle entre l'initiale et la finale qu'on a surpris plusieurs fois déjà.

L'exemple le plus frappant est celui des composés scr. en *puru-*, en regard de ceux en πολυ-. *Puru-* comme premier membre de composé a une action sur l'accent, nous ne savons pour quelle raison, et il forme deux petits systèmes représentés par les types *purupriyá-* et *purudáma-* (Wackernagel *Ai. Gr.* II p. 239 et 297) ; pour le grec rien de semblable ; πολυ- est sans action ; l'accent de πολυβρόμος est le même que celui de θυμοφθόρος, πολυβλής a celui de βουπλήξ, πολύϊδρις celui de πάνσοφος et πολυαρκής celui de εὐανθής. Nous reviendrons sur ce dernier terme lorsqu'il sera question des composés (voir p. 24).

*
* *

III) Le caractère archaïque de l'accentuation sanscrite a été certainement surfait; c'est sans doute une survivance de cette idée, toute puissante jadis, que le sanscrit a le pas sur toutes les autres langues i. e. dans la comparaison des faits linguistiques. Au point de vue de l'accent les travaux de M. Meillet et d'autres savants ont battu en brèche cette croyance ; au point de vue spécialement grec il y aurait à faire une étude d'ensemble que je voudrais aborder un jour ; il faut se borner ici à montrer que l'accent védique n'engage pas en principe l'accent grec dans la question des mouvements d'accent, notamment dans l'intérieur des paradigmes ; les remarques qui suivent voudraient surtout apporter une contribution à cette idée que *le grec, offrant des traces d'un mouvement d'accent entre l'initiale et la finale, est plus rapproché de l'état i. e. que le sanscrit avec son mouvement d'accent de la prédésinentielle à la désinentielle* (voir sur ce sujet particulièrement Meillet et Boyer MSL VIII 172 ss., et en dernier lieu Meillet *Introd.* p. 210 et 280 ss.). Dans d'autres cas, quand le grec ne s'explique pas par le védique, nous revendiquerons simplement son indépendance sans prétendre lui donner la priorité. Là encore nous retrouverons des faits montrant que le grec conserve mieux que le sanscrit la concordance entre l'accent et l'ablaut, et dans ces cas-là, il n'y aura pas de raison non plus pour l'inféoder au sanscrit. Cela est tout de suite évident avec le type κρέας.

M. Hirt croit que dans ce paradigme l'accent a été autrefois sur l'α, représentant un i.-e. **ö*, parce que « toute la classe des substantifs sanscrits en *-iṣ-* est oxytone ». Mais il s'agit de douze mots dont neuf sont oxytons et trois paroxytons. Ce n'est pas tout : pour postuler une accentuation *κρεάς M. Hirt est obligé de renier ses propres théories, si remarquables, sur l'ablaut des bases indo-européennes et sur le rapport à établir entre cet ablaut et les mouvements du ton. En réalité c'est κρέας qui représente le mieux l'état indo-européen de ce type ; il est plus archaïque que la flexion fixe γένος, *jánaḥ* qui en est sortie (voir en dernier lieu N. van Wijk *Der nominale Gen. Sing.* p. 13, 27 et *passim*). Ablaut et accent sont en parfait accord dans κρέας, tandis qu'en sanscrit, si l'on réunit les restes de l'état ancien, on attendrait soit * *krávih*, soit **çiráḥ*; au lieu de cela les accents sont intervertis : on trouve *kravíḥ* et *çiraḥ*; seuls les infinitifs du type *tujáse* reproduisent et l'ablaut et l'accent.

Les neutres sanscrits en *-tram* accentuent dans la majorité des cas, comme le grec, la racine; mais ceux en *-itram* ont l'accent de pénultième; or cet *i* représente * *ǝ*; c'est la finale régulière des racines dissyllabiques lorsque celles-ci ont l'accent sur la première syllabe; après avoir lu le *Mémoire* de M. de Saussure on ne peut plus attribuer à cet *i* la faculté de recevoir l'accent; donc on ne peut partir de *khanítram* etc. pour dire, comme M. Hirt p. 79, que des formes * ἀρότρον, * τερέτρον ont précédé ἄροτρον, τέρετρον. M. Hirt relève pourtant les contradictions de l'accent et de l'ablaut lorsqu'elles gênent son système, p. ex. p. 84 à propos de *-çát*, suffixe sanscrit des dixaines et qui remonte à *-kṃt*. C'est qu'ici il s'agit de mettre en harmonie εἴκοσι et *vimçati*, et que pour cela il faudrait un accent de pénultième (nullement nécessaire selon nous pour accorder les deux formes; voir plus bas p. 28 s.).

*
* *

M. Hirt se fonde sur la comparaison des composés sanscrits et des composés grecs; mais ces deux systèmes ne peuvent être confrontés sans qu'on tienne compte des remaniements et des généralisations que le sanscrit offre en abondance et qui sont naturels dans une langue où la composition joue un si grand rôle. Le grec, lui non plus, n'est pas resté stationnaire; mais on a l'impression que les tendances auxquelles il obéit sont souvent opposées à celles du sanscrit. Que l'on pense seulement à la tendance très marquée du sanscrit à oxytoner les composés, et celle du grec à reculer l'accent le plus possible. Les grammairiens hindous ont pu dire que l'oxytonaison est la règle pour les composés sanscrits, on peut dire tout aussi justement que l'accent régressif est le trait caractéristique des composés grecs. Ceci demanderait une étude spéciale qui ne peut être abordée ici; mais il est certain que partout où un type de composés grecs permet la comparaison avec un autre type du sanscrit, ou bien il y a concordance dans l'accent, ou bien il y a opposition entre l'accent de finale et l'accent extrême gauche que nous avons constaté plusieurs fois déjà; ainsi le type δεσπότης correspond d'une part au type *dámpatiḥ*, d'autre part au type *indrasenā́* (Wackernagel *Ai. Gr.* II p. 263 et 267).

Le fait capital sur lequel s'appuie M. Hirt est le traitement des composés dont le second élément est formé par un mot racine (scr. *sahajā́-* et *dvijá-*, gr. βουπλήξ, mais σύζυξ). En sanscrit les composés de cette classe ont toujours l'accent sur le second membre, tandis qu'en grec on trouve tantôt l'accent du dernier membre, tantôt celui du premier. Si l'on pouvait prouver que l'indo-européen accentuait comme le sanscrit, la théorie de M. Hirt recevrait de ce fait un appui considérable; il veut en effet que le génitif *συζύγος (de *συζύξ) soit devenu σύζυγος par déplacement d'une more et ait entraîné par analogie le changement σύζυξ au nominatif, tandis que βουπλήγος (de βουπλήξ) serait devenu simplement βουπλῆγος, d'où conservation de l'accent de βουπλήξ; on voit, entre parenthèses, que M. Hirt applique inconsciemment la théorie syllabique sur la valeur de la pénultième, ce qui est contraire à son principe rythmique (v. plus haut p. 7 s.). Du reste cette explication des composés dont il s'agit ici n'est pas valable; on pourrait d'abord alléguer que la distribution des accents dans ce type n'est pas aussi régulière que semble le croire M. Hirt; on a p. e. d'une part Κύκλωψ et ἑλίκωψ, d'autre part πλινθοβάψ; mais surtout une solution générale et satisfaisante a été donnée par M. Streitberg (IF 3, 325 et 340); il a montré qu'en grec la distribution des accents est conforme à l'état de la racine; le retrait d'accent accompagne l'état faible (σύζυξ) et dans le cas de racine allongée (βουπλήξ) l'accent est sur la racine; la longue, dans ces oxytons, est la « Dehnung » propre aux syllabes devenues finales par perte d'une syllabe suivante sous l'action du ton ; on pourrait peut-être supposer que, à l'époque indo-européenne, et conformément à une tendance générale, le composé avait l'accent en retrait quand son sens était médio-passif (p. e. σύζυξ) et l'accent de finale quand ce sens était actif (p. e. βουπλήξ) ; mais cela importe peu ici ; l'essentiel est que le grec montre, dans ce cas comme dans beaucoup de faits concernant les mouvements accentuels, un caractère plus archaïque que le sanscrit et, une fois de plus, ce mouvement d'accent semble se caractériser par une opposition entre l'initiale et la finale, et se ramène probablement à des différences dans l'intérieur d'un même paradigme.

Abstraction faite de ce cas, l'auteur ne tient pas compte de la répartition des composés en systèmes ; or la grande distinction à faire dans toute l'étude des composés de dépendance, et qui remonte à l'indo-européen, est déterminée par le second composant, selon qu'il a un sens verbal ou un sens nominal (types βουπλήξ, ψυχοπομπός, d'une part ; ἱππόδρομος, ἀκρόπολις, d'autre part). On n'a qu'à feuilleter le second volume de la grammaire sanscrite de M. Wackernagel pour voir à quel point cette vue domine et éclaire l'examen des composés i.-e.

1. Les composés nominaux, y compris les formations employées en fonction de bahuvrîhis, portaient l'accent sur le déterminant, c'est-à-dire sur le premier membre (cf. ἱππόδρομος, ἀνδρόμορφος). M. Hirt l'a reconnu lui-même (*Handbuch* 198 s.). Le védique a troublé l'état indo-européen par l'influence du type verbal (*indrasenā́* d'après *haviradā́-*, *putrakṛtá-*).

Comment le grec et le sanscrit se comportent-ils dans cet ordre de composés ? Le grec accentue très fidèlement le premier membre ; ainsi à *gṛhápatiḥ*, *dámpatiḥ* (réguliers) il répond par ἱππόδρομος, δίσκουρα, et à *drupadám*, *brahmaputráḥ* (irréguliers) également par δάπεδον etc. De même pour les seconds membres adjectifs : à *madéraghu-*, *tanū́çubhra-* correspondent θεόφιλος etc. De même encore pour les bahuvrîhis : ἀνδρόμορφος comme *anyárūpa-*, ἄμορφος malgré *anantá-* etc. Du reste, et c'est là ce qui importe, nulle part les différences d'accent d'une langue à l'autre ne révèlent, comme le voudrait M. Hirt, un passage de l'accent d'une syllabe à une autre voisine, mais toujours un saut par-dessus une syllabe au moins. On pourrait en dire autant des copulatifs et des composés adverbiaux (νυχθήμερον contre *ahorātrám*, αὐθήμερον contre *yathākāmám*).

2. Les composés à second membre verbal étaient tantôt oxytons tantôt accentués sur le premier membre; le grec montre qu'une différence de sens était attachée à cette différence d'accent. Cette opposition est parfaitement observée par le grec, qui a côte à côte νεότοκος et ψυχοπομπός. Le sanscrit a troublé cet ordre en généralisant l'oxytonaison ; c'est ce que nous avons constaté à propos des composés du type *dvijá-* (plus haut p. 21). De plus, dans les composés à second membre formé avec suffixe (*somapāvan-* etc.), il accentue généralement la racine du second élément, par influence évidente des simples (p. e. *keçavárdhana-* comme *várdhana-* etc. ; cf. Wackernagel *Ai. Gr.* II 222 s.).

Ainsi là encore le grec apparaît plus archaïque et offre dans ses divergences avec le sanscrit non pas des glissements, mais des sauts d'accent ; *haviradá-* concorde avec ψυχοπομπός, *paricará-* s'oppose à περίπολος, *saṃgamáḥ* à σύλλογος, *pravasathá-*, *māṃsabhikṣā́* concordent de nouveau avec συμφορᾱ́ ; comparez encore *ácboktiḥ* et οἰνήρυσις, *apíhita-* avec ἐπίθετος.

On voit dès lors clairement comment juger les rapprochements utilisés par M. Hirt p. 79 s. D'abord il n'envisage pas la distinction qui nous a guidés et qui nous montre comment se groupent les mots qu'il cite : à part Παναχαιοί, probablement refait sur 'Αχαιοί, tous les oxytons sont du type verbal et des noms d'agent; ils devaient être oxytons même si plusieurs d'entre eux sont des formations postérieures, à cause de la tendance du grec à oxytoner les noms d'agent ; et l'on ne peut opposer des mots comme πατροφονεύς ou ἐφορμή à des mots comme κυνάμυια ou ἀκρόπολις; il y avait entre eux dès l'i.-e. une différence radicale, et ils obéissaient à deux lois d'accent distinctes qui nous permettent d'affirmer que κυνάμυια et ἀκρόπολις n'ont jamais été paroxytons et que la preuve invoquée tombe de ce fait.

On a vu plus haut p. 18 ce qu'il faut penser des composés avec πολυ- ; on pourrait en dire autant de ceux avec εὐ- et δυς- ; en sanscrit (probablement par un règlement postérieur à l'indo-européen), *su-* et *duṣ-* jouent un rôle dans la distribution de l'accent : en grec ils n'en jouent aucun ; en scr. *duṣṭára-* connaît l'action de *duṣ-* ; en grec δύσφορος se règle uniquement sur l'élément -φορος ; ou encore, à propos de *suçrávas-* on doit tenir compte de *su-*, à propos de εὐκλεής le système des adjectifs en -ής est seul en cause : on peut ajouter un mot ici sur ce sujet.

Dans cette classe le grec a probablement innové, mais de manière à renforcer une tendance indo-européenne. En effet les adjectifs de cet ordre étaient bien des bahuvrîhis à l'origine, mais il leur est arrivé d'être peu à peu compris comme des composés verbaux, et cette tendance a été encouragée par l'opposition indo-européenne ψεῦδος : ψευδής, scr. *yáças-* : *yaçás-* ; si bien que les Grecs ne concevaient plus εὐανθής et δυσαλγής comme signifiant « qui a de belles fleurs », « qui a de pénibles douleurs », mais avec le sens « qui fleurit bien » et « qui souffre péniblement ». Cela est si vrai que pour beaucoup de ces adjectifs on ne trouve qu'un verbe et non un substantif derrière la composition : p. e. pour ἀτριβής, ἀμεμφής etc. Quelques formations attestent encore l'origine de cette classe, celles en -ώδης, -ήθης etc. (εὐώδης = εὔοσμος) ; l'analogie verbale subie par ces adjectifs est assez visible par l'accent d'une forme comme ταλαπενθής (en regard de τλήθυμος) où l'idée verbale a passé du premier terme au second ; ταλα- a perdu tout sens verbal, s'est abaissé à une sorte de préfixe intensif, et la valeur verbale a passé à -πενθής qui ne la possédait pas à l'origine (πένθος).

Sous ce rapport les composés en -ής sont comparables à ceux en *-ín-* du sanscrit ; ce dernier suffixe forme de nombreux dénominatifs ; mais, seconds membres de composés, les mots en *-in-* (p. ex. *-arkín-*, *-rokín-*, *-vādín-*) ont un sens nettement verbal.

*
* *

Il faut dire encore un mot des infinitifs grecs et védiques et du parti que M. Hirt tire de leur comparaison pour établir sa loi. Page 79 il est dit que δοῦναι = δόϝεναι, lequel est pour * δοϝέναι, à cause de scr. *dāváne*, et que ϝίδμεναι est pour * ϝιδμέναι (scr. *vidmáne*) ; p. 83 on voit que δαῆναι remonte à δαήναι, que ἱστάναι devait passer à * ἵσταναι et en a été retenu par l'analogie de δαῆναι, que ὀρνύμεν est pour * ὀρνυμέν et doit son recul d'accent à la loi de Wheeler. Tout cela paraît assez compliqué, et devient suspect quand on pense que l'infinitif forme en grec un système parfaitement organisé ; sa comparaison avec le sanscrit donne lieu à deux constatations :

1° *L'infinitif grec* est irrévocablement enrégimenté dans le système des formes nominales du verbe, et dans ce système, *est sous la dépendance du participe*, alors que jamais le participe n'est influencé par l'infinitif.

2° L'infinitif védique non seulement n'a rien à faire avec le participe, mais ne dépend pas même du verbe en général ; bien plus, il ne forme pas un système, étant donné que les formations qui concourent à représenter la notion d'infinitif sont trop diverses pour permettre cette supposition ; on voit donc la différence considérable qui sépare ce type de celui de l'infinitif classique en *-tum* et des infinitifs grecs.

Si la seconde constatation est banale, la première est tout aussi évidente ; seulement il ne semble pas qu'on en tire les conclusions qu'elle appelle. Il est naturel que l'énorme emploi que le grec fait du participe et la multiplicité de ses formes, du reste parfaitement concordantes entre elles, ait mis l'infinitif dans la dépendance du participe ; à cela venaient s'ajouter des faits de syntaxe grecque qui cimentaient plus solidement l'union entre les deux formations. L'accent reflète cet état de choses et le prouve. On peut prendre n'importe quelle forme du participe et en déduire automatiquement l'accent de son infinitif : λύοντ-, λύειν ; λύσαντ-, λῦσαι ; λελυκότ-, λέλυκέναι ; λιπόντ-, λιπέεν (λιπεῖν). Le cas des infinitifs parfaits passifs est instructif : que devait être l'infinitif de λελυμένος (peu importe qu'on place l'action analogique du participe avant ou après l'action de la loi de Wheeler, c'est-à-dire qu'on parte de λελυμένος ou de *λελυμενός)? Dans l'une et l'autre alternative le résultat est le même : λελύσθαι ne peut pas être accentué sur sa finale, car c'est la seule partie de la forme qui n'appartienne qu'à elle et lui donne son caractère propre d'infinitif; d'autre part elle ne peut accentuer autre chose que la prédésinentielle, car sans cela le contact avec le participe serait complètement perdu ; l'infinitif prend donc une sorte de moyenne et accentue la syllabe qui précède -σθαι ; de même τετλάμεν (qui du reste s'explique encore d'une autre façon, voir plus bas), en regard de *τετλαότ- (τετληότ-), ne pouvait porter l'accent que sur -τλα-. C'est de la même manière que ἴμεναι s'explique en regard de ἰόντ- et de ἰέναι, ἔμμεναι et εἶναι à côté de ὄντ-, ἐόντ- (cf. encore les inf. dor. en -εν, ἔχεν, ποππύσδεν, Théocr. V, 7) ; et c'est par le concours de toutes ces circonstances que l'infinitif n'est jamais accentué sur sa finale ; c'est ainsi encore qu'une forme comme ἱστάναι, opposée à ἵστασθαι peut indirectement et par son participe prouver un saut d'accent entre l'initiale et la finale entre diverses formes du verbe i.-e. (cf. Meillet MSL 13, 110 ss.). Les infinitifs paroxytons sont enfin un exemple capital du fait que la paroxytonaison n'est pas primitive en grec (voir plus haut, p. 4 s.)

Il suffit donc de faire subir l'épreuve ci-dessus aux formes citées par M. Hirt pour comprendre qu'elles s'expliquent par le système et non par la comparaison du sanscrit : τυφθῆναι s'explique par τυφθέντ-, τραπῆναι par τραπέντ-, ποιῆσαι par ποιήσαντ-, ἱστάναι par ἱστάντ-, διδόναι par διδόντ-, εἰπεῖν (= εἰπέεν) par εἰπόντ-. Ici il nous faut faire une restriction : il semble à première vue que μεθιέμεν tienne de μεθιέντ-, ὀρνύμεν de ὀρνύντ-, εἰπέμεν de εἰπόντ-, ἴδμεν de *ἰδότ- (cf. ἰδυῖα) ; mais que faire de φερέμεν en regard de φέροντ-? On s'aperçoit aussitôt que -μεν est lui-même sous la dépendance de -μεναι, et le rapport des deux formes était si vivant que φερέμεναι a entraîné φερέμεν (cf. aussi τετλάμεν) ; ainsi il ne faut pas opérer sur ὀρνύμεν, ni l'expliquer par la loi de Wheeler, mais partir de ὀρνύμεναι et le ranger sous l'action de ὀρνύντ-, pour ensuite faire un retour sur la forme en -μεν.

Quand on sait que ἴδμεναι fait partie d'un système, on ne peut plus dire qu'il est pour *ἰδμέναι et que son accent est celui de *vidmáne*; il y a cinq formes attestées en *-mane*, et sur ces cinq quatre ont l'accent radical; seul *vidmáne* accentue le suffixe. Quand on sait que δοῦναι est en système, on ne peut plus dire qu'il est pour *δοϝέναι à cause de *dāváne* qui, entre parenthèses, est la seule forme en *-váne* qui soit attestée; M. Hirt ajoute : « δόϝεναι so im kyprischen belegt » ; en effet, la table d'Edalion (l. 5) nous offre δόϝεναι, mais sans accent ; si bien que M. Solmsen (Inscr. graec.) accentue δοϝέναι, à tort d'ailleurs selon nous ; il semble du reste qu'il faille renoncer une bonne fois, et pour toutes sortes de raisons, à accentuer les textes épigraphiques.

*
* *

Reste enfin le cas de δότειρα (p. 81) ; c'est avec celui de σύζυξ, la pierre de touche de la théorie ; M. Hirt dit que δότειρα est pour *δοτεῖρα, d'après δοτήρ ; mais il faut, si l'accent glisse de more en more comme le veut l'auteur, que *δοτείρα soit devenu d'abord *δοτεῖρα ; alors pourquoi ne s'est-il pas arrêté là, puisque βούπληγος (voir p. 21) s'est arrêté à βουπλῆγος et a empêché par là, toujours selon M. Hirt, le nominatif de passer à *βούπληξ ? Ou bien si l'on part de l'état *δοτέρjα et qu'on le fasse passer à *δότερjα avant l'épenthèse palatale, alors la loi rythmique devient panhellène, ce que M. Hirt ne veut pas (p. 85), et avec raison, car le dorien s'y opposerait. M. Hirt était sur la bonne voie lorsqu'il comparait δότειρα à scr. *dātrī́* ; mais la manière dont il règle l'accent indo-européen de ces formations n'est pas claire, et quand il affirme que le correspondant accentuel de *dātrī́* n'existe pas en grec, il oublie que *-trī́* est représenté par les féminins -τρίς gén. -τρίδος, qui font pendant à ceux en -τρια, p. ex., αὐλητρίς : αὐλήτρια ; comparez θεραπνίς : θεράπαινα, χλανίς : χλαῖνα etc. (Hirt *Handbuch* p. 236 ss.). Cf. encore τέκταινα et scr. *takṣṇī*. Seulement il est entendu que -τρίς et -́τρια sont tous deux des formes faibles du suffixe et que -τρίς, comme le scr. -*trī* ne devrait pas être accentué. Or ces oppositions donnent tout de suite l'impression de ce saut d'accent de l'initiale à la finale que le sanscrit a perdu, mais que l'étude des langues slaves et du lituanien nous fait retrouver et nous habitue à considérer comme hérité de l'indo-européen. C'est une des preuves d'archaïsme du grec que de refléter au moins dans certaines formations cet état au moyen de son accent ; inutile de rappeler les faits démontrant cette survivance ; nous renvoyons à l'article de MM. Boyer et Meillet MSL 8, 171 ss. et à la caractéristique du phénomène donnée par ce dernier savant MSL 13, 114 s. (voyez du reste plus haut p. 19). Citons seulement, pour l'identifier, les exemples : ὄργυια gén. ion. ὀργυιῆς, en dehors de la flexion les couples φῦλον : φυλή, ψεῦδος : ψευδής etc., et en dehors du grec lit. *vasarà* acc. *vãsarą*, russe *dérevo* : pl. *derevá* etc.

On peut enfin appliquer le même principe du saut d'accent aux formations comme ἀσφάλεια en regard de ἀσφαλής, qui paraissent être dans la même opposition tonique avec le type sanscrit *çravasyā́*, *svapasyā́* que plus haut δότειρα avec *dātrī́*, à cette différence près que l'accent du couple ἀσφάλεια : *svapasyā́* est en règle avec l'ablaut. *Svapasyā́* est à *ápas-* comme εὔκλεια est à κλέος, et l'accent régressif du grec s'oppose à l'oxytonaison sanscrite de la même façon que tous les couples examinés jusqu'ici à ce point de vue.

En définitive une explication semblable paraît naturelle aussi dans les cas comme les doublets στροῦθος : στρουθός etc. dont il a été question p. 11[2] (Hirt p. 76) ; ils s'expliquent comme on a souvent expliqué πέλεκυς en face de *paraçúḥ*, πῆχυς en face de *bāhúḥ*, c'est-à-dire par le saut d'accent dans l'intérieur de la flexion. C'est par ces derniers exemples qu'on peut se rendre compte de la différence de trois conceptions de ces divergences d'accent : celle de M. Wheeler, celle de M. Hirt et la nôtre. Le premier suppose dans tous ces cas action de l'accent secondaire (cf. notamment *Nominalacc.* 106 ss.) ; le second admet passage de l'accent primitif d'une more à la more voisine ; ces deux théories ont ceci de commun qu'elles présentent le grec comme troublant l'ordre indo-européen ; nous avons cherché, soit en montrant que les comparaisons établies ne sont pas admissibles, soit en expliquant celles qui sont valables par l'hypothèse du saut d'accent, à prouver que le grec représente un état plus conservateur que le sanscrit.

En résumé deux principes, qu'il serait difficile de concilier avec la loi de M. Hirt, se trouvent confirmés si cette loi ne se vérifie pas :

1. Le grec primitif évitait d'accentuer la pénultième ;
2. Cette tendance est en accord avec le mouvement de l'accent indo-européen entre l'initiale et la finale, et ce mouvement explique à son tour la tendance grecque dans toute une série de cas, prouvant par là le caractère archaïque de l'accent grec.

Ch. Bally.

DIE SPRACHE DER LIEBE

IN DER

MAKASSARISCHEN LIRYK

Eine sprachpsychologisahe Untersuchung auf sprachvergleichender Grundlage

VON

PROF. Dr RENWARD BRANSTETTER

DIE SPRACHE DER LIEBE

IN DER

MAKASSARISCHEN LYRIK

Eine sprachpsychologische Untersuchung auf sprachvergleichender Grundlage.

VON

Prof. Dr RENWARD BRANDSTETTER

Die wichtigsten Erzeugnisse der makassarischen Poesie sind die Kelong's und die Sinrili's. Das Wort *keloṅ* findet sich in vielen indonesischen Sprachen : Altjavanisch *kiduṅ* « Gesang » ; neujavanisch *kiduṅ* « Lied, Liedchen » ; malayisch *kiduṅ* « Liedchen, um jemand in Schlaf zu singen » ; maduresisch *kedjhuṅ* « Lied, Ballade » ; dayakisch *keloṅ* « Schifferlied ». Das Wort *sinrili* lautet in den meisten indonesischen Idiomen *sindir*. Im Dayakischen bedeutet es « verblümt spotten », im Minankabauischen « anspielen », im Batakischen « singend anspielen », im Javanischen endlich, welches das Wort nur in jener Sprachsphäre kennt, die man Kawi — nicht zu verwechseln mit Altjavanisch — heisst, « singen ». — Das makassarische *sinrili* hat ursprünglich auch *sindir* gelautet, und es hat sich aus dieser Urform entwickelt gerade wie *kunrulu* « Gurke » aus gemein-indonesischem *kundur*, das wir u. a. im Malayischen treffen.

Sinrili's und Kelong's unterscheiden sich weniger durch den Inhalt als durch mehr äusserliche Merkmale : Die Sinrili's sind umfangreich, die Kelong's kurz, einstrophig; das Metrum der Sinrili's ist lockerer, es ist der Parallelismus, bei den Kelong's herrscht Silbenzählung. Was nun den Inhalt anbelangt, so können die Sinrili's epischer oder lyrischer Art sein, die Kelong's allerdings sind ausschliesslich Lyrik.

Das Hauptthema der makassarischer Lyrik, in Sinrili's und in den Kelong's, ist die Liebe, und einen breiten Raum unter den Liebesliedern nimmt die Liebesklage ein.

Die Basis für die Gemütsbewegungen, also auch für die Liebesregungen, die Seele, hat im Makassarischen zwei Benennungen : *njawa* und *pamai*. — Das Wort *njawa* ist in Indonesien weit verbreitet, in der Bedeutung « Seele, Geist, Gemüt, etc. ». Im Makassarischen bezeichnet es die Seele als Lebensprinzip, daher kommt es in der Lyrik nicht häufig vor. Der andere Ausdruck, *pamai*, ist abgeleitet vom Verbum *ai* « atmen », und dieses zerlegt sich wieder in *a* + *i*. Dieser Wortkern *i* ist identisch mit tagalischem *hiip* « atmen », gerade wie makassarisch *pá* « Meissel » identisch ist mit anderweitigem, Z. B. malayischem *pahat*. Der Abfall der Tenuis, *p*, resp. *t* hat jene Färbung des Vokals hinterlassen, die man mit dem Akut anzudeuten pflegt; *h* ist geschwunden, und die Vokale sind kontrahiert ; *pamai* bedeutet also « Atem », dann aber « Seele, Gemüt, Stimmung, Gesinnung » ; daher kommt es in der Lyrik auch häufiger vor.

Das Makassarische besitzt nun zwei Ausdrücke für « lieben » : *eró* und *ńai*. *eró*, in dem naheverwandten Bugischen *eló*, hat einen grossen Umfang, neben « lieben » heisst es auch « wollen, wünschen, vorziehen » ; *ńai* deckt sich dagegen genau mit « lieben » ; und das Substantiv « Liebe » lautet *pańai*, und *tu-nińai* ist « der oder die Geliebte », bestehend aus *tu* « Mensch » und dem Passiv *nińai*. — So heisst es in einem Sinrili : *ańiń mámiri, kanakanańi i-ta-lábusú ku-ńai* « Säuselnder Wind, rede du mit ihr, die ich nie aufhören werde zu lieben ».

Das Wort *párisí*, welches etymologisch « Schmerz » bedeutet, und das die makassarische Lyrik oft auch für « Liebesschmerz » braucht, wird mehrere Male auch im Sinn von « lieben » schlechthin angewendet, so in folgendem Kelong : « Ich will schwören auf Eisen und Stahl, dass du die einzige bist auf der Welt, die ich liebe (*ku-kapárisań*). »

Der Begriff verliebt wird mit *pońoró* wiedergegeben. Dieses Wort bedeutet auch « von Sinnen » und ist verwandt mit bisayisch *pońot*, welches die spanischen Lexikographen mit « frenetico » übersetzen. Ein anderer Ausdruck für « verliebt » ist *baño*, welches gleichlautend ebenfalls im Bisayischen wiederkehrt. So lautet ein Kelong : « Mein Traum, du musst dich nun daran gewöhnen, meine Sehnsucht, meine Verliebtheit (*pamai baño*) hinzutragen zu der Geliebten. »

Der Reiz der Geliebten wird in reichen Bildern geschildert, die von der Natur, besonders aber, da die Makassaren ein seefahrendes Volk sind, von Wasser, Meer und Schiffahrt hergenommen sind : « Du bist so frisch wie ein junger Pandanussprössling » ; « du bist wie der Mond, den keine Wolken verhüllen » ; « du schwebst dahin, wie ein Reis, das auf den Wellen treibt. »

Dieser Reiz der Geliebten löst nun in der Seele des Liebenden das Verlangen aus, sie zu besitzen. Das Verlangen wird durch die beiden Verben *nakkú* und *enruń* bezeichnet. In den Dichtungen, welche den Parallelismus haben, gehen diese beiden Wörter immer parallel, sie müssen also eine sehr nahe verwandte Bedeutung haben ; ein solcher Parallelismus lautet : « *mádjai-monne nakkú, málowe-monne enruń* » gross ist mein *n.*, stark ist mein *e.* Die Sprachvergleichung dürfte es jedoch wahrscheinlich machen, dass *enruń* einen etwas dunklern Timbre hat als *nakkú* ; denn *enruń* hängt zusammen mit anderweitigem *ĕnduń*, *anduń*, das in andern Sprachen « einen Toten beklagen », « einen Verstorbenen vermissen » bedeutet, *nakkú* enthält dagegen den gleichen Wortkern wie das silayarische — Silayarisch ist ein Dialekt des Makassarischen — *ekú* « Seele, Gemüt, Lust nach etwas ». — Ein anderer Ausdruck des Verlangens ist *minasa*, bestehend aus dem Grundwort *nasa*, unlösbar verbunden mit einem im Makassarischen sonst verschwundenen Formativ *mi*. Das Grundwort *nasa* lebt im Tagalischen, und da es hier eine sehr intensive Bedeutung hat, es wird von den spanischen Lexicographen mit « codiciar » übersetzt, und verbindet sich besonders mit den Objekten « Weib » oder « Gold », so dürfte es auch im Makassarischen eine heftigere Regung angeben. — Etwas seltener sagt die makassarische Lyrik für « Verlangen » auch *kurin̄*, welches gleichlautend im Balinesischen wiederkehrt, mit der Bedeutung « geneigt sein ». Der intensivste Ausdruck für das « Verlangen » ist aber *djiná*, was sich besonders durch die Parallelsätze beweist. So geht einmal parallel *tu-nadjiná* mit *tu-naboyon̄-boyon̄ nakkú* « ein Mensch, dessen Verlangen in der ersten frischen Kraft steht ». Oder es wird *djiná* mit *mábatara* «beten » in Parallele gesetzt. — Und endlich wird das Verlangen auch ausgedrückt durch schöne Gleichnisse, deren Basis die Natur, so z. B. die Welt der Blumen ist : « Wenn ich eine Jasminblume wäre, so wollt'ich nicht blühen auf der Erde, auf ihrem Haupte wollte ich blühen, mich schmiegend an ihre Haarflechte. »

Die Aufregung und Unruhe, welche das Ringen um die Liebe mit sich führt, hat die Bezeichnung *rumesa*. In diesem Wort haben wir ein erstarrtes Infix, *-um-*, welches in andern Idiomen noch lebendig funktioniert. Die Grundform ist also *resa*, und diese kehrt wieder in malayisch *lisah* « nervös zappeln », im bisayischen *lisa*, im Spanischen durch « error » wiedergegeben, und im Bugischen als *ulesa* « unruhig ». Ein anderer Ausdruck für den Kummer, den die Ungewissheit mit sich bringt, ist *kallassá*, das im Bugischen als *kĕllĕ*, im Bat. als *holos* « Kummer » wiederkehrt. Der harrende Liebhaber klagt : *tun̄galá dalle nu-pakallassá ate-n̄ku* « jeden Tag bekümmerst du mein Herz ». Oder, die Aufregung malt sich in Bildern wie : « Ich zittere, als ob der ganze Dampf eines in Nebel gehüllten Berges sich über mich lagerte ». Und das Harren und Hoffen spricht sich so aus : « Erst, wenn ich tot bin, wenn ich den Erdboden als Decke über mich habe, dann werde ich sagen, jetzt weiss ich, dass sie mir nicht gehört. »

Das errungene Liebesglück wird durch die drei Ausdrücke *suṅgu*, *tuwa*, *lebaṅ* bezeichnet, die allerdings überhaupt « Glück » bezeichnen, *suṅgu* bedeutet in andern indonesischen Idiomen « Sicherheit », *tuwa* oder *tuwah* « Erfolg », und *libaṅ* heisst im Tagalischen « Vergnügen ». Nun hat aber das Makassarische noch ein spezielles Wort für Liebesglück : *téne*, wörtlich « das Süsse », man vergleiche unten « das Fade » als Gegensatz dazu. Und endlich reden die makassarischen Dichter auch ganz wörtlich vom « Hafen » des Glückes und der Ehe, gerade wie ihre europäischen Kollegen ; man erinnere sich an das, was oben über die Makassaren als Seefahrer gesagt wurde. Ein Kelong lautet : « Segel, reisse nicht, Ankertau, brich nicht, bis wir froh landen im Hafen (*turuṅaṅ*) des Glückes ! »

Die Treue malt die makassarische Lyrik in Bildern aus, die wieder von der Schiffahrt hergenommen sind : « Wir wollen zusammen sein wie das Boot und die Matte darauf, bis in den Himmel hinein. »

Aber häufiger noch als der Glückesjubel erklingt in der makassarischen Lyrik die Stimme des Liebesschmerzes. Der allgemeinste Ausdruck hiefür ist *párisi* oder dann *garriṅ*, wörtlich « Krankheit, Schmerz » ; im Dayakischen ist *peres* « krank », im Mal. *gĕriṅ* « Krankheit ». So klagt der Liebhaber, der den Angehörigen der Geliebten nicht recht ist : « Ich wollte meinen Liebestraum zu dir fliegen lassen, da waren aber dichte Bäume im Wege, nun sitze ich einsam da mit meinem Liebesschmerz (*párisi*).

Gleichgültigkeit, Sprödigkeit, Abweisung wird mit dem Ausdruck *lába* bezeichnet. *lába* heisst wörtlich « das Fade », man vergleiche oben « das Süsse ».

Es kehrt wieder im Bugischen als *lĕbba* und im Atjeh als *lĕbiĕ*, in gleicher Bedeutung « fad ». Der unermüdliche Werber versichert : « Wenn mir auch Gleichgültigkeit (*lába*) zu Teil wird, ich nehme es an für Glück. »

Die Flatterhaftigkeit wird mit dem gleichen Bild bezeichnet wie im Deutschen, eben mit dem Verbum *binayo* « flattern », das man sonst vom Flattern der Insekten, besonders der Libellen braucht. « Da flattert er wieder umher, er, der Freund der Libellen, er tänzelt dahin und dorthin, und sitzt auf jeden Grashalm. »

Die Treulosigkeit findet ihren Ausdruck in verschiedenartigen Bildern. Ein Kelong lautet : « Es drohe Regen, sagt er, drum könne er nicht kommen, die Wolken machen ihm Bedenken, sagt er; aber es ist ja gutes Wetter; darum sind das nur Worte der Falschheit. »

Die von allen Gemiedene klagt über die Verschmähung in jener symbolischen Ausdrucksweise, die wir in mehreren indonesischen Idiomen treffen : « Mein Landungsplatz ist Mandjalling, mein Wohnort ist Karuwisi. » *Karuwisi* ist Name einer Ortschaft, und bedeutet zugleich « Hass ». Mandjalling ist ebenfalls eine Ortschaft, klingt aber ähnlich wie *mádjalliñ*, wofür das Wörterbuch « spähen » angiebt. Da aber das damit identische malayische *djĕliñ* « über die Schulter ansehen » heisst, so wird diese Bedeutung auch im Makassarischen vorliegen, wenigstens passt sie treffend für die angeführte Stelle.

Die Hoffnungslosigkeit hat die beiden Bezeichnungen *sayú* und *sayañ*, ersteres im Malagasy wiederkehrend als *sazoka* « grundloser Anspruch »; die Ableitung *ka-sayuk-i* steht dem Malagasy noch näher, da sie das auslautende *k* bewahrt; lezteres im Tagalischen als *sayañ*, das mit « *lastima* » glossiert wird.

Die Qualen der Verzweiflung haben einmal das adjektivische Epitheton *máparulusañ* « Herz zernagend » von *rutusú* « ein Wurm, der ein Boot zernagt », identisch mit dayakisch *rotus* « verschlissen « und maduresisch *rotos* » Wurm ». Oder sie sprechen sich mit dem Verbum *rau* aus, das jedenfalls lautmalend ist : *márau-rau-mo balu nisoroñ-boko-nu* « Es wehklagt die Witwe, die du zurückgelassen ». Makassarisches *rau* ist identisch mit Bolaang *gau*, bellen, indem das Bolaang *g* für *r* setzt, wie in *bibig* « Lippe » für anderweitiges *bibir*. Oder dieselben äussern sich in treffenden Bildern : « Meine Seele ist wie ein Wasser, das auf die Erde gegossen ist, wer kann es wieder aufschöpfen. » Oder : « Wollte ich mein Elend tragen in das Meer von

Surabaya, das Meer würde davon austrocknen ; wollte ich es tragen auf den Berg von Bantaeng, der Berg würde davon zusammenstürzen. » Oder : Mein Schmerz ist gedrungen bis ins Mark meines Gebeins ; meine Eingeweide sind verfault ; mein Gewand klebt an meinem Leib. »

MINUTIAE LATINAE

PAR

MAX NIEDERMANN

UNE LOI RYTHMIQUE PROETHNIQUE EN LATIN [1]

La répartition des suffixes *-ĭ-* et *-ī-* dans les verbes primaires latins en *-io* est assurément un des problèmes les plus délicats qui aient jamais occupé les linguistes. Deux théories cherchant à rendre compte de la complexité des données historiques sont en présence : celle de M. Thurneysen, reprise par M. Berneker et complétée par M. Meillet, et celle de M. Skutsch, mais ni l'une ni l'autre ne semble pouvoir tenir devant un examen critique approfondi.

M. Thurneysen dans sa thèse « *Über Herkunft und Bildung der lateinischen Verba auf -io der dritten und vierten Konjugation und über ihr gegenseitiges Verhältnis* » (Leipzig, 1879), p. 47, a rapproché l'alternance latine du type *capĭs* et du type *sāgīs* de l'alter-

1. L'exposé qu'on va lire a fait l'objet d'une conférence au Congrès des philologues allemands qui s'est tenu à Bâle au mois de septembre de l'année dernière (cf. *Verhandlungen der 49. Versammlung deutscher Philologen und Schulmänner*, p. 146 et suiv.). Malheureusement, je ne connaissais pas encore, à ce moment, l'article de M. Meillet dans les *M. L. S.*, XI, p. 322 et suiv. qui manque aussi dans la bibliographie de la question donnée par M. Brugmann, *Kurze vergl. Grammatik der indog. Sprachen*, p. 525. Cet article, notamment le parallèle qui y est établi entre got. *mikileid*, *riqizeiþ* et lat. *amicīre*, *reperīre* a modifié ma conception première en ce sens que la loi que j'ai crue d'abord particulière au latin me paraît maintenant, avec une formulation légèrement différente, pouvoir être revendiquée comme proethnique.

Dans les *I. F.*, tome XX, Anzeiger, p. 112, je trouve mentionné une étude de M. Exon intitulée « *Latin verbs in -io with infinitifs in -ēre* », parue dans la revue *Hermathena*, dont il m'a été impossible d'obtenir communication. Le titre n'étant pas suffisamment explicite, j'ignore si l'auteur traite le même sujet que moi.

nance gotique du type *nasjis* et du type *sōkeis*. Il s'ensuivrait que, dès l'époque indo-européenne, on aurait eu -*ī*- après syllabe longue et -*ĭ*- après syllabe brève. Mais les nombreuses exceptions qu'il désespérait de pouvoir écarter — il cite lui-même *venīre, salīre, sarīre, ferīre, aperīre, operīre, rugīre* — ont décidé l'auteur de cette hypothèse à l'abandonner aussitôt formulée. Dès lors, elle fut complètement oubliée jusqu'au jour, où M. Berneker l'émit à nouveau, d'abord sommairement dans le livre de M. Hirt, *Der indogermanische Akzent* (Strasbourg, 1895), p. 196, puis, encouragé sans doute par l'approbation de M. Streitberg, *I. F.*, VI, p. 152 et suiv., d'une façon plus explicite dans les *Indogerman. Forschungen*, vol. VIII, p. 197 et suiv. Voici un résumé de ce dernier article :

Après une syllabe radicale longue, on a toujours le suffixe -*ī*- : *audīre, borrīre, dormīre, farcīre, fulcīre, gānīre* (mieux *gannīre*), *glōcīre, haurīre, nancīre, ordīri, prūrīre, sancīri* (verbe dénominatif ?), *sarcīre, sōpīre, vincīre* et les onomatopées *būtīre, crōcīre, muttīre, garrīre, gingrīre, glattīre, gliccīre, grundīre, hinnīre, hirrīre, miccīre*, etc.[1]. La grande majorité des verbes à élément radical bref revêt le suffixe -*ĭ*- : *apio* (dans *coepio*), *capio, cupio, fodio, fugio, gradior, jacio, icio, lacio, morior, orior, pario, patior, quatio, rapio, sapio, specio*. Toutefois, l'on doit reconnaître que, dans un certain nombre d'exemples, une syllabe radicale brève est suivie du suffixe -*ī*- ; ce sont *rugio, mugio, salio, sario aperio* etc., *reperio* etc., *venio, ferio, sepelio, amicio*. A 45 cas environ, où la loi se vérifie, s'opposent donc 10 exceptions. La proportion est telle que, lors même qu'on ne parviendrait à éliminer aucune des exceptions, la loi devrait être tenue pour démontrée. L'identité de la première personne du singulier et de la troisième personne du pluriel du présent de l'indicatif et celle du présent du subjonctif dans les verbes de la troisième et de la quatrième conjugaison suffirait à elle seule à expliquer le passage d'un type à l'autre ; c'est à elle qu'il faut attribuer

1. Pourquoi M. Berneker ne range-t-il pas *borrīre, gannīre, glōcīre* parmi les verbes formés par harmonie imitative ou onomatopées ?

notamment l'hésitation entre *morĭtur* et *morītur*, le contraste de *orĭtur* et *adorītur* et celui de *gradĭtur*, *progredĭtur* et *adgredītur*. Mais il existe d'autres possibilités d'explication. *rugīre* et *mugīre* ont été entraînés par la masse des onomatopées à syllabe radicale longue rapportées plus haut; *salio* et *sario* procèdent de **sḷio* et **sṛio*, et rentrent ainsi dans la loi. *pario* de **pṛio*, qui semble faire difficulté, puisque la deuxième personne est *parĭs*, doit être de formation récente et analogique. La forme phonétique *parīre* a été employée par Ennius, Pomponius et Plaute; elle a subsisté dans tous les composés (lesquels ?). *aperio* et *operio* doivent leur -ī- au fait qu'on y voyait des composés de *pario*. Pour *venio*, l'on peut admettre qu'il a subi l'influence analogique de *īre* et de ses composés : **venīs*, **venīmus*, **venītis* > *venĭs*, *venĭmus*, *venĭtis* d'après *īs*, *īmus*, *ītis*, *redīs*, *redīmus*, *redītis*. Ainsi, la théorie du nivellement, dont il a été parlé ci-dessus, nivellement qui aurait eu pour point de départ la première personne du singulier et la troisième personne du pluriel du présent de l'indicatif et le présent du subjonctif, n'aurait à entrer en jeu que pour l'explication de la flexion de *ferio* et éventuellement de celle de *amicio*, si ce dernier est un composé de *jacio*, ce qui n'est pas sûr. *sepelio* enfin est si obscur qu'il n'y a rien à en tirer; s'il est vraiment apparenté au sanscrit *saparyáti*, ce serait un verbe dénominatif; or la loi en question ne vise que les verbes primaires.

Autant d'affirmations autant d'inexactitudes ou peu s'en faut. Et d'abord, la statistique de M. Berneker est incomplète et défectueuse. Laissons de côté les onomatopées, dont il n'a pas voulu donner la liste complète puisqu'il en clôt l'énumération par « etc. », mais pourquoi ne cite-t-il pas parmi les verbes rentrant dans le cadre de la loi *săgīre*, *sentīre*, *facĕre*, et parmi ceux qui font exception *păvīre* et *polīre*? D'autre part, il faut retrancher de la liste des exemples confirmant la loi *icĕre* et de celle des exceptions *mugīre*, *rugīre* et probablement aussi *sarīre*. La quantité de la syllabe radicale du présent de *icĕre* est douteuse; au surplus, il existe, à côté de *icio*, un doublet *ico*, dont le rapport chronologique avec *icio* est impossible à déterminer. Il convient donc de ne tenir aucun compte de cet exemple. Dans *mugīre*, la syllabe radicale est longue; cf. Properce, III, 24, 17 :

Io versa caput primos *mugiverat* annos.

Quant à *rugīre*, il ne se rencontre qu'une fois dans un texte métrique, à savoir dans le *Carmen de Philomela* (*Anthol. lat.*, éd. Riese, no 762), v. 49 :

Tigrides indomitæ raccant *rugiuntque* leones

où son *u* vaut brève. Mais, comme l'a fait remarquer très justement M. Hruška, *Izslèdovanija iz oblasti latinskago slovoobrazovanija* (Moscou, 1900), p. 78, la valeur de ce témoignage est réduite à néant par le fait que, dans ce même poème, l'*ā* de *vāgīre* compte pour une brève ; on lit en effet au vers 60 :

Glattitat et catulus ac lepores *vagiunt*.

D'ailleurs, l'ancien français *ruir* repose sur un prototype *rūgīre* (cf. Meyer-Lübke, *Wiener Studien*, XVI, p. 323). En ce qui concerne enfin *sarīre*, je tiens pour hautement probable que *sarrīre*, quoique moins bien attesté que *sarīre*, est la forme primitive, car en partant de *sarīre*, on ne voit aucune possibilité d'expliquer *sarrīre*, tandis que, si l'on attribue la priorité à ce dernier, il devait y avoir réduction de la géminée *rr* à *r* en vertu de la loi de *mamilla*[1] dans *sarrīmus*, *sarrītis*, *sarrīrem*, *sarrīvi*, *sarrīre*; le paradigme aurait donc comporté des formes avec *r* simple et d'autres avec *r* double, d'où, par suite d'une généralisation bilatérale, deux paradigmes parallèles, *sarrio* et *sario*. On doit s'inscrire en faux aussi contre l'affirmation de M. Berneker que *salio* remonte à **sl̥io* et ne serait pas, dès lors, complètement identique au grec ἅλλομαι, issu, lui, de **sl̥i-*.

1. Cette loi doit être formulée comme suit : « Une consonne double se simplifie devant une syllabe longue non finale », cf. Meillet, *M. S. L.*, XI, p. 186, et Niedermann, *Contributions à la critique et à l'explication des gloses latines* (Neuchâtel, 1905), p. 30.

C'est un expédient, auquel M. Berneker a recouru uniquement pour les besoins de sa cause et sans aucune raison valable ; cf., à ce sujet, Sommer, *Handb. der lat. Laut-u. Formenlehre*, p. 55, et Brugmann, *Kurze vergl. Grammatik der indog. Sprachen*, p. 135. La même remarque s'applique naturellement à ce qu'il dit de *pario* que personne ne tirera plus aujourd'hui de **pr̥io* Ce ne serait donc pas *parĕre*, mais *parīre* qui aurait besoin d'être expliqué. La supposition que *aperīre* et *operīre* aient été pris, à un moment donné, pour des composés de *pario* est également gratuite et ne rencontrera pas plus de créance que la prétendue action analogique exercée par *īre* et ses composés sur un ancien paradigme *venio*, **venĭs*, **venĭt*, **venĭmus*, **venĭtis*, *veniunt*. Personne non plus ne contestera, sans idées préconçues, que *amicio* se rattache à *jacio*, et M. Berneker lui-même ne fournit aucune espèce de preuve à l'appui du doute qu'il a émis à cet égard. Enfin, il ne prouve rien en faisant ressortir, pour *sepelio*, la possibilité d'une origine dénominative[1], puisque, dans un dénominatif aussi authentique que *potior*, des formes à suffixe *-ĭ-* sont attestées en grand nombre (notamment *potĭtur*, qui est beaucoup plus fréquent, dans les textes métriques, que *potītur*, cf. Neue-Wagener, *Formenlehre der lat. Sprache*, 3e éd., III, p. 255 et suiv.). Il ne suffisait donc pas qu'un verbe fût dénominatif pour qu'il eût toujours le suffixe *-ī-*, il fallait encore qu'il fût senti comme tel et ce n'était certes pas le cas de *sepelio*.

M. Meillet, *Bulletin de la Société de linguistique de Paris*, n° 45, p. LXXVII, et *M. S. L.*, XI, p. 322 et suiv., partant du fait que la formule de MM. Thurneysen et Berneker (*-ĭ-* après syllabe brève, *-ī-* après syllabe longue) ne justifie pas l'opposition de *jacĕre* et *amicīre*, ni celle de *parĕre* et *reperīre*, et constatant que *amicīre* et *reperīre* sont exactement comparables à got. *mikileid* μεγαλύνει Luc I, 46, et *riqizeiþ* σκοτισθήσεται Marc

1. Il n'est plus possible, aujourd'hui, de douter de l'étymologie lat. *sepelio* : sanscr. *saparyáti* ; cf. Schulze, *K. Z.*, XLI, p. 335 [Note de correction].

XIII, 24, en infère que le nombre de syllabes devait jouer un certain rôle dans la répartition des suffixes -ĭ- et -ī-, remarque qui, d'ailleurs, avait été faite auparavant déjà par M. Lorentz, *I. F.*, VIII, p. 108, d'après lequel la répartition des deux suffixes -ĭ- et -ī- en latin et dans les dialectes germaniques était réglée de telle sorte que l'on avait -ĭ- après syllabe radicale brève, -ī- après syllabe radicale longue et « dans les mots de plusieurs syllabes[1] ». M. Meillet estime donc que les préfixes verbaux devaient entraîner le choix du suffixe -ī- dans les composés qui échappaient, pour une raison ou une autre, à l'influence analogique du verbe simple comme p. ex. *amicīre* que la mutilation phonétique du préfixe et la spécialisation du sens avaient entièrement séparé de *jacere*. Ensuite, il s'attache à montrer que la nature de la consonne qui précédait le suffixe n'était pas non plus indifférente pour le choix de -ĭ- ou de -ī- en latin; après une occlusive, la brève était à peu près de règle, après les sonantes *r*, *l*, *n*, *v*, au contraire, la longue était plus ordinaire. Mais pourquoi, dans les cas, où les deux causes déterminantes qui viennent d'être signalées entraient en conflit, était-ce tantôt l'une et tantôt l'autre qui l'emportait, en d'autres termes, pourquoi a-t-on *amicīre*, mais *porricĕre* et non pas *amicĭre* et **porricīre* ou **amicĕre* et *porricēre* ? Et pourquoi disait-on, selon le témoignage exprès de Charisius et de Diomède, *dēsipĕre*, mais *resipīre*[2], pourquoi *dēpuvĕre* (Paul Diacre, p. 49, 20 Th.) et non *dēpuvīre*[3]? Pourquoi, enfin, la

1. « Dans les mots de plusieurs syllabes » est évidemment une expression impropre, mais dont on ne peut douter qu'elle ne vise des cas comme got. *mikileid*, *riqizeip* et lat. *amicīre*, *reperīre*.

2. Charisius, *G. L.* I, p. 236, 12 et suiv. K. : *sapio sapere*; adjecta enim praepositione facit *resipio resipire* (cod. N *resipere*) et fit (P. et Leid. erit) q u a r t i (N et L tertii) o r d i n i s, sed *desipio* (P et L *dissipio*) *desipere* (N *desipere* avec *i* en surcharge au-dessus de l'*e* de l'avant-dernière syllabe; P *dissipire*, L *dissipere*) facit, non *desipire* (N *disepere*, P *disepere*, L *dissipere*). Diomède, *G. L.* I, p. 378, 18 et suiv. K. : *sapio sapere*, adjecta praepositione *resipio resipire* (leçon donnée par A b, *resipere* B M) et fit p r o d u c t i o r d i n i s, sed *desipio desipere* (B M; *desipire* A) facit, non *desipire* (A b, *desipere* B, les trois derniers mots manquent dans M).

3. M. Thurneysen, l. c. p. 39 et avec lui M. Solmsen, *Studien zur lat.*

flexion de *orior* est-elle partagée entre la troisième et la quatrième conjugaison et pourquoi surtout, dans *morior* et dans *pario*, le suffixe -ĭ- a-t-il prévalu sur -ī- en dépit de l'*r* précédent ? Voilà quelques difficultés que la modification apportée par M. Meillet à la théorie de MM. Thurneysen et Berneker est impuissante à résoudre. Il n'en demeure pas moins vrai qu'elle a fait faire un grand pas à la question, et je n'oublie pas que la solution que je proposerai moi-même plus loin y est contenue *in nuce*. L'explication des exceptions telles que *venīre*, *ferīre*, *salīre*, *polīre*, *pavīre* par la nature de la consonne précédant le suffixe est une idée éminemment heureuse ; il faut regretter seulement que son auteur ne l'ait pas assez approfondie pour en pénétrer la véritable portée. Le rapprochement de lat. *amicīre*, *reperīre* et de got. *mikileid*, *riqizeiþ* surtout eût pu devenir très fécond, si M. Meillet n'en avait pas, par une généralisation indue, tiré la conclusion que l'accroissement du nombre des syllabes déterminait normalement la forme -ī- du suffixe.

Reste l'hypothèse défendue par M. Skutsch dans l'*Archiv für lat. Lexikographie*, XII, p. 210 et suiv. M. Skutsch admet, sinon explicitement, du moins de fait que l'italique avait entièrement abandonné le type en -ĭ- au profit de celui en -ī-, comme p. ex. le vieux slave (cf. v. sl. *mĭnimŭ* en regard de lit. *minime*, v. sl. *smrĭdimŭ* en regard de lit. *smirdime* etc.), et il voit dans l'abrègement de cet -ī- dans des cas tels que *capĭs*, *cupĭs*, *facĭs*, *fugĭs*, *jacĭs* un effet de la loi des mots iambiques. *căpĭs*, *căpĭt*, *căpĕ*, issus de **căpīs*, **căpīt*, **capī*, et *capĭmŭs quidem*, *capĭtis tamen* procédant de **capīmŭs quidem*, **capītis tamen* etc. auraient été le point de départ de la flexion à suffixe bref. Dans *salīre*, *ferīre*, *venīre* etc., le nivellement se serait produit en sens inverse.

Cette hypothèse, tout d'abord, pèche par la base, car l'osque offre *factud* « facito » à côté de fakiiad et l'ombrien herter

Lautgesch., p. 127, note 2, suspectent tout à fait gratuitement l'authenticité de l'infinitif *dĕpuvere*, en proclamant *dēpuire*, donné par le *Thesaurus novus latinitatis* (*Auct. class.*, VIII, p. 175, éd. Mai) la forme primitive.

« oportet » à côté de herifi « oportuerit »; la brève que M. Skutsch cherche à expliquer en invoquant une loi phonétique particulière au latin se rencontre donc déjà dans la langue italique commune. On demandera aussi à M. Skutsch, pour quelle raison l'action analogique aurait suivi une marche diamétralement opposée dans des verbes de structure exactement identique comme *capio* et *venio*, *cupio* et *salio* et tant qu'il n'aura pas trouvé de réponse satisfaisante à cette question, *salīre*, *polīre*, *ferīre*, *venīre*, *pavīre* continueront à faire difficulté. M. Sommer qui, dans son *Handbuch der. lat. Laut- u. Formenlehre*, § 333, p. 549 et suiv., s'est rangé à l'avis de M. Skutsch, n'a pas été sans s'en apercevoir, mais la manière, dont, à son tour, il a essayé de sortir d'embarras, n'est guère plus heureuse. D'après lui, *venīre* aurait été refait sur les nombreux composés où *-ī-* devait persister à cause de la place de l'accent (*vénĭs*, mais *ádvenīs*, *cónvenīs*, *évenīs*, *óbvenīs* etc.). A cela on objectera que l'explication de la loi des mots iambiques par l'accent est contestée (cf. à ce sujet Vendryes, *Recherches sur l'histoire et les effets de l'intensité initiale en latin*, p. 139 et suiv.) et que, à supposer qu'elle fût universellement admise, la formule donnée par M. Skutsch, *Forschungen zur lat. Grammatik und Metrik*, I, p. 6, s'appliquerait parfaitement à des cas comme *advenīmús quoque*, *obvenīmús tamen*. Il convient de rappeler aussi que *ferīre*, sur lequel M. Sommer ne se prononce pas, n'a pas de composés.

Je passe sur quelques objections de détail qu'on pourrait soulever encore, les arguments produits plus haut me paraissant suffisants pour infirmer la théorie de M. Skutsch, et j'aborde l'exposé d'une théorie nouvelle qui, je l'espère, s'accommodera mieux aux faits historiques.

M. de Saussure dans les *Mélanges Graux*, p. 737 et suiv., et M. Meillet dans le *Journal asiatique*, série IX, tome X, p. 294 et suiv., nous ont révélé l'existence, en grec et en sanscrit, d'une loi rythmique, en vertu de laquelle la suite de trois syllabes brèves était évitée, et ils ont mis en évidence par là l'importance que le sentiment de l'opposition quantitative peut revêtir, à l'occasion, dans l'évolution phonétique des langues. Or c'est une cause du même genre, c'est-à-dire la recherche d'un balancement régulier de syllabes longues et brèves, qui me paraît avoir originairement défini, en latin et en gotique, l'alternance des suffixes *-ĭ-* et *-ī-*. On avait *-ĭ-* ou *-ī-*, suivant que le groupe formé par l'un et l'autre avec la partie présuffixale du verbe choquait ou non le sentiment rythmique, préférence étant donnée aux séries ⏑⏑, — ⏑⏑, — —, ⏑⏑ —, et la succession ⏑⏑⏑ étant rigoureusement proscrite. Voici donc la formulation que je proposerais de cette loi rythmique commune au latin et au gotique :

La forme *-ĭ-* du suffixe était de règle après une syllabe brève initiale du mot ou précédée d'une syllabe longue, et la forme *-ī-* après une syllabe longue ou après deux syllabes brèves fournissant la monnaie d'une longue.

Exemples :

Suffixe *-ĭ-* : a) Type ⏑⏑ :

latin : *căpĭs*, *cŭpĭs*, *făcĭs*, *jăcĭs*, *răpĭs*, *săpĭs* ;
gotique : *far(j)is*, *lag(j)is*, *sat(j)is*, *was(j)is* [1].

b) Type — ⏑⏑ :

latin : *cōnspĭcĭs*, *dēpŭvĭs*, *dēsĭpĭs*, *illĭcĭs*, *porrĭcĭs* [2] ;

1. *j*, dans ces mots, a été emprunté postérieurement aux formes thématiques *farja*, *farjam*, *farjand*, *wasja*, *wasjam*, *wasjand* ; cf. Meillet, *M. S. L.*, XI, p. 306, XIII, p. 374.

2. Les verbes simples correspondant à *cōnspĭcĭs* et *illĭcĭs*, à savoir *spĕcĭs* et *lăcĭs*, étaient à peu près inusités; le suffixe *-ĭ-* des composés ne peut donc s'expliquer par l'analogie. Quant à *porrĭcĕre*, s'il faut y voir un composé de *jăcĕre* (cf. Walde, *Lat. etymol. Wörterbuch*, p. 482), il échappait à l'action du simple pour les mêmes raisons que *ămĭcīre*, et s'il n'a rien à voir avec *jacio* (comme l'admet M. Meillet, *M. S. L.*, XI, p. 322, avec raison, à ce que je crois), il rentre dans la même catégorie que *cōnspĭcĭs* et *illĭcĭs*. *dēsĭpĭs* enfin pourrait, en principe, être refait sur *săpĭs*, mais cette hypothèse doit être écartée en raison de l'existence de *rĕsĭpīs* (cf. ci-dessus p. 48, note 2). L'alternance *săpĭs săpĕre* : *rĕsĭpīs rĕsĭpīre* : *dēsĭpĭs dēsĭpĕre* est particulièrement caractéristique et l'importance de cet argument en faveur de ma théorie n'échappera à personne.

gotique : pas d'exemples probants [1].

Suffixe -*ī*- : a) Type — — :

latin : *audīs*, *dormīs*, *fulcīs*, *glōcīs*, *prūrīs*, *sōpīs*, *vincīs* ;
gotique : *dragkeis*, *sagkeis*, *sōkeis*, *tandeis*, *waurkeis*.

b) Type ◡◡ — :

latin : *ămīcīs*, *ăpĕrīs*, *mĭnŭrīs* [2], *rĕpĕrīs*, *rĕsĭpīs*, *sĕpĕlīs* ;
gotique : *mikileis*, *riqizeis*.

Étant donné la nature complexe de cette loi rythmique, il faut renoncer d'emblée à vouloir l'expliquer par un développement dialectal identique, et on doit donc admettre qu'elle repose sur une identité proethnique. La question se pose alors de savoir, si l'on est en présence d'une innovation commune de l'italique et du germanique ou s'il s'agit de la persistance, dans ces deux idiomes, d'une loi ayant appartenu à la période indo-européenne commune. Cette alternative sera tranchée en faveur de l'origine indo-européenne pour la raison qu'aucun indice, jusqu'ici, ne nous permet de supposer qu'avant de s'isoler le latin ait eu des rapports dialectaux particuliers avec le germanique [3]. Dans cet conditions, il y a lieu de se demander

1. L'état fragmentaire de la conservation du gotique n'autorise pas la conclusion que les verbes simples correspondants aux composés de ce type n'existaient pas quand ils ne sont pas attestés, et, dans les cas, où le verbe simple et les composés paraissent côte à côte, leurs rapports de forme et de sens sont tels que la possibilité d'une influence analogique ne peut être contestée.

2. Ce *mĭnŭrīre* « gazouiller » est identique avec *mintrīre* « chicoter » (cri de la souris) qui en est la forme syncopée. *mĭnŭrio* > **minrio* > **mindrio* (cf. lat. *gen(e)rum* > fr. *gendre*) > *mintrio*. C'est un exemple à ajouter à la liste, sur laquelle M. Thurneysen a foudé sa loi du passage de *dr* à *tr* en latin (cf. *K. Z.*, XXXII, p. 562). L'étymologie donnée par M. Vendryes, *Recherches sur l'histoire et les effets de l'intensité initiale en latin*, p. 206, qui voudrait ramener *mintrio* à **minutrio*, doit être repoussée, car on ne voit pas ce que serait -*trio*.

3. L'existence d'abstraits en -*tūt*(*i*)- dans les seuls dialectes italiques, celtiques et germaniques (lat. *juventūs*, thème -*tūt*(*i*)- ; vieil irl. *öitiu*, thème -*tūt*- ; got. *gamaindūþs*, thème -*tūti*- ; cf. Kretschmer, *Einleitung in*

encore, si la loi qui nous occupe ne serait pas connexe à celle, dont MM. de Saussure et Meillet ont signalé les effets en grec et en sanscrit. Instinctivement je suis porté à répondre par l'affirmative, mais je ne saurais, sans sortir des limites que je me suis tracées, aborder la justification de cette opinion, le but de ce petit travail étant non de remonter au passé indo-européen de notre loi, mais au contraire d'en suivre les destinées pendant des périodes plus rapprochées de nous, la période italique et la période latine.

Dans la période italique, on constate une tendance nettement marquée du suffixe -ī- à se propager hors de son domaine légitime, tendance qui a abouti en osque et en ombrien à l'élimination presque complète du type en -ĭ- (cf. Buck, *Elementarbuch der oskisch-umbrischen Dialekte*, § 186). En latin, le type en -ī- s'est d'abord généralisé dans les verbes dénominatifs : *sitīre*, *fulgurīre*, *impedīre* [1], *scripturīre* ; seule, la flexion de *potior*, dont le caractère dénominatif n'était pas très accentué, a conservé partiellement le suffixe -ĭ- (voir plus haut p. 47). Ensuite, la force expansive du suffixe -ī- se manifeste dans des scansions telles que *cupīs*, *facīs*, *percipīt* chez Plaute (cf. Lindsay, *Die lat. Sprache*, p. 546, et Skutsch, *l. c.*, p. 212), mais ici, l'empiètement n'a été que temporaire et a disparu, dès que le latin archaïque flottant et dialectal eut fait place à la langue classique fondée sur le parler de la capitale et rigoureusement uniforme [2]. Par contre, -ī- a définitivement délogé -ĭ- dans

die Geschichte der griech. Sprache, p. 117) est évidemment un argument trop mince pour qu'il soit possible d'en tirer une conclusion valable, étant donné surtout que, à côté du suffixe *-tūt(i)-*, l'italique connaît aussi *-tāt(i)-* qu'il partage avec le grec et l'indo-iranien (lat. *civitāt(i)-*, grec ὁλότᾱτ-, zend *haurvatāt-*, védique *sarvátāt-* et *sárvatāti-* ; cf. Meillet, *De quelques innovations de la déclinaison latine*, p. 39).

1. L'ī de *impedītant* chez Stace, *Thébaïde*, II, 599 n'est pas ancien. Hruška, *De quorundam verborum latinorum in -itare exeuntium formatione*, dans *Filologičeskoje obozrěnije*, XIV, p. 166, le croit analogique de *suppedītare*, mais cette hypothèse est superflue. Il suffit de faire remarquer que *impedītant* n'entrait pas dans un vers hexamétrique.

2. Sur l'instabilité linguistique du latin archaïque, voir les remarques

les verbes primaires, dont la voyelle radicale était suivie d'une sonante : *venīre*, *ferīre*, *sarīre* (voir plus haut p. 48), *salīre*, *polīre*, *pavīre*. Or, il est impossible de ne pas rapprocher de ce dernier phénomène le résultat des expériences faites par M. Ernest A. Meyer sur la durée des voyelles en anglais moderne (voir son livre *Englische Lautdauer*[1], Upsal et Leipzig, 1903), expériences, dont il ressort que, toutes choses égales d'ailleurs, une voyelle anglaise est en moyenne de 40 °/₀ plus longue devant une sonante que devant une occlusive sourde. On admettra donc que, l'*a* de *salio* étant plus long que celui de *capio*, toute la catégorie des verbes renfermant une sonante formait un type intermédiaire qui participait à la fois du type *căpio* et du type *sōpio* et où, par conséquent, les deux suffixes -*ĭ*- et -*ī*- se trouvaient en compétition. Naturellement, la tendance de -*ī*- à prendre partout l'offensive ne tarda pas alors à faire pencher la balance en sa faveur. *parĕre*, qui, dans le latin classique, a remplacé *parīre* attesté chez Ennius, Pomponius et Plaute (cf. Neue-Wagener, *op. cit.*, III, p. 243), est dû à l'analogie ; *cecidi*, *cecini*, *pepuli* : *cadere*, *canere*, *pellere* = *peperi* : x[2]. Dans les verbes déponents *morior* et *orior*, l'action allongeante exercée par la sonante *r* sur la syllabe radicale était contrebalancée par le fait que, dans la voix déponente, l'élément désinentiel comportait souvent une syllabe de plus que dans la voix active (p. ex. *morĕris* en regard de *ferīs*, *orĭmini* en regard de *ferītis*), d'où élimination complète des formes de la quatrième conjugaison au profit de celles de la troisième dans le cas de *morior* et hésitation du paradigme de *orior* entre la flexion à suffixe long et celle à suffixe bref. La phonétique

instructives de M. Meillet dans le premier chapitre de son étude sur *Quelques innovations de la déclinaison latine*, Paris, 1906), p. 2 et suiv.

1. On trouvera un résumé de cet ouvrage chez Jespersen, *Lehrbuch der Phonetik*, § 187 b.

2. Ce qui me paraît indiquer que c'est bien d'après cette formule de proportion que la transformation de *parīre* en *parĕre* s'est opérée, c'est que *reperīre*, dont le parfait *repperi* ne laissait plus voir le redoublement, n'est jamais devenu **reperĕre*.

expérimentale a démontré en effet que la durée d'une voyelle s'abrège dans la mesure, où le groupe, auquel elle appartient devient plus long. Ainsi, l'*a* de fr. *habituellement* ne représente plus que le quart de l'*a* isolé (cf. Rousselot et Laclotte, *Précis de prononciation française*, p. 90). M. Vietor, *Elemente der Phonetik des Deutschen Englischen und Französischen*, 4e éd., p. 271, a trouvé la proportion 1,9 : 1 pour la durée respective de la voyelle dans l'anglais *god* et *goddess* et 1,7 : 1 pour le couple *gaud* : *gaudy*. Consulter aussi, à ce sujet, Grégoire, *Variations de durée de la syllabe française* dans *La Parole*, 1899, nos 3, 4 et 6, Meillet, *M. S. L.*, XIII, p. 26 et suiv., Jespersen, *Lehrbuch der Phonetik*, § 183.

Le cas de *fodīri*, *exfodīri* attestés le premier chez Caton, le second chez Plaute (cf. Neue-Wagener, *op. cit.*, III, p. 243 et suiv.) est ambigu. D'après les données statistiques de M. Meyer relatives à la durée des voyelles anglaises, les occlusives sonores allongent la voyelle précédente autant que les sonantes. En admettant qu'en latin elles se comportaient de façon essentiellement analogue, *fodīri*, *exfodīri* rentreraient donc dans le type *venīre*, *salīre* et c'est la forme classique *fodĕre* qu'il faudrait expliquer. L'explication serait la même que celle que nous avons donnée plus haut de *parĕre*. *fodĕre* serait une création analogique, pour laquelle le modèle aurait été fourni par *fugĕre*. *fūgī* : *fugĕre* = *fōdi* : *x*. Dans *fugĕre*, en effet, en appliquant toujours au latin les résultats des expériences de M. Meyer, qui a démontré aussi qu'une voyelle anglaise est d'autant plus brève qu'elle est plus fermée, la syllabe radicale n'aurait pas dépassé une more malgré l'allongement produit par l'occlusive sonore *g*, parce que le temps nécessaire pour l'émission de l'*u* eût été sensiblement inférieur à la durée moyenne des voyelles dans cette position, d'où *fugĕre* et non **fugīre*. Mais il est possible aussi, et j'ajouterais, pour ma part, probable, que *fodīri*, *exfodīri* et aussi *adgredīri*, *congredīri*, *ēgredīri*, et *prōgredīri* attestés uniquement chez Plaute (cf. Neue-Wagener, *op. cit.*, III, p. 247 et suiv.) doivent être assimilés aux scansions Plautiniennes *capīs*, *cupīs*, *percipīs*, c'est-à-dire qu'il faille y voir les traces d'un débordement sporadique (et peut-être dialectal) du suffixe *-ī-* sur le domaine du suffixe *-ĭ-*[1].

La loi, dont je viens de donner la démonstration, n'est pas sans analogie en latin. M. Lindsay, *Die lat. Sprache*, p. 397 et suiv., a fait remarquer que les suffixes nominaux *-ĭēs* et *-ĭă* alternaient primitivement suivant que la syllabe précédente était brève ou longue, ce qui trahit la même préférence pour les séries ⏑⏑-, -⏑⏑ et la même répugnance pour la série ⏑⏑⏑ qui ont présidé à la répartition des suffixes *-ĭ-* et *-ī-* dans les verbes en *-io*. On avait ainsi :

făcĭēs, *glăcĭēs*, *răbĭēs*, *spĕcĭēs*, *luxŭrĭēs*, *matĕrĭēs*, *paupĕrĭēs*, mais *grātĭă*, *ignāvĭă*, *incūrĭă*, *lascīvĭă*, *paenūrĭă*.

Au génitif, au datif, à l'accusatif et à l'ablatif du singulier, où *-ĭēi*, *-ĭēm*, *-ĭē* d'une part et *ĭae*, *-ĭăm*, *-ĭā* de l'autre produisaient rythmiquement le même effet, on recourait plus volontiers à la flexion d'après la première déclinaison qui finit naturellement par se propager aussi dans le nominatif, d'où les nombreux doublets en *-ĭēs* et *-ĭă*. Il demeure cependant très caractéristique que la formation en *-ia* ne s'est généralisée dans une partie de l'Empire romain (cf. Meyer-Lübke, *Grundriss de Gröber*, 2e éd., I, p. 482, Grandgent, *An introduction to Vulgar Latin*, § 355) qu'à partir du moment, où les différences quantitatives des voyelles ont sombré. Une exception, à propre-

1. Je crois qu'il faut renoncer à vouloir établir un lien quelconque entre *fodiri* chez Caton et *fodire* attesté dans la latinité de la basse époque, p. ex. chez Ammien Marcellin, XXIV, 6, 1 et qui se retrouve dans le français *jouir*, de même qu'entre *moriri* de Plaute et *morire* qui est à la base de français *mourir*, italien *morire* etc. Ces formes tardives doivent leur existence au fait que, par suite de l'effacement de la différence quantitative des voyelles dans les premiers siècles de l'empire, les verbes en *-io* de la troisième et de la quatrième conjugaison se confondaient de plus en plus ; cf. *prurere*. *rugere* (Meyer-Lübke, *Grundriss de Gröber*, 2e éd., I, p. 477), *sentere* (Meyer-Lübke, *Grammaire des langues romanes*, II, § 125) et inversement *cupire* (sarde *kubire*, rétorom. *cuvir*), *fugire* (fr. *fuir*, ital. *fuggire* etc. ; cf. Rönsch, *Itala und Vulgata*, 2e éd., p. 285, *Collect. philol.*, p. 226. Grandgent, *An introduction to Vulgar Latin*, § 406) et même *gemire*, *linire*, *petire* *sinire*, (cf. Rönsch et Grandgent, *ll. cc.*, et Chabert, *De latinitate Marcelli in libro de medicamentis*, p. 70).

ment parler, ne serait formée que par *imperfundiē*, qui aurait été employé par Lucilius (Lindsay, *op. cit.*, p. 398) et qui supposerait un nominatif *imperfundiēs*. Mais tel qu'il nous a été transmis par Nonius p. 125, 34, le vers qui contient cette forme est faux, et pour rétablir le mètre, Guyet a proposé de lire *imperfunditie*, conjecture approuvée par le dernier éditeur des fragments de Lucilius, M. Marx (*C. Lucilii carminum reliquiæ*, tome I, Leipzig, 1904, v. 600, et tome II, Leipzig, 1905, p. 223 et suiv.) et qui fait rentrer le mot dans le cadre de la loi. Il est bien entendu que la répartition de *-iēs* et *-iă* signalée par M. Lindsay ne saurait remonter au-delà de la période latine, puisque l'abrègement de la finale dans les nominatifs féminins en *-ā* n'appartient même pas à la langue italique commune, mais elle atteste la conservation fidèle, en latin, de principes euphoniques qui ont déjà agi sur l'indo-européen.

L'abus que les dilettantes de tous les temps ont fait de l'euphonie a fini par jeter un tel discrédit sur ce principe d'explication que, par réaction, la science linguistique l'a délaissé plus que de raison. Il est permis d'espérer que l'avenir y ramènera l'attention, et je souhaite personnellement que les pages qui précèdent réussissent à contribuer pour une modeste part à ce retour.

[*Note de correction*. Consulter aussi les ouvrages suivants parus pendant l'impression de cet article : A. Meillet, *Les dialectes indo-européens* (Paris, 1908), dont le chapitre XVI est consacré à l'étude du suffixe du présent *-ye-*, et J. van Ginneken, *Principes de linguistique psychologique* (Paris, Leipzig, Amsterdam, 1907), où l'on trouve d'importants développements sur la loi du rythme que l'auteur formule comme suit (p. 252/53) : « Quand un certain nombre d'actes psychiques plus ou moins égaux se combinent en une unité supérieure, on remarque dans ces actes multiples une tendance à se différencier de façon à se grouper ensemble autour d'un des termes comme centre de gravité » (voir l'index, p. 548 au mot rythme)].

DEUX CONSÉQUENCES

DE

L'INSUFFISANCE DE L'ALPHABET LATIN

L'insuffisance de tout alphabet historique pour la notation des nuances délicates des sons a été maintes fois signalée par les linguistes, et l'on sait que, dès le XVIe siècle, il y a eu de nombreuses tentatives pour créer un système graphique susceptible de donner une image fidèle du langage parlé (cf. Rousselot, *Principes de phonétique expérimentale*, p. 323 et suiv., Jespersen, *Laut und Schrift*, dans *Phonetische Grundfragen*, Leipzig et Berlin, 1904, p. 1 et suiv.). Mais si le désaccord de l'écriture et de la prononciation n'est plus, depuis longtemps, une source d'erreurs pour la phonétique descriptive des langues vivantes, il n'en est pas de même pour la phonétique historique qui, plus ou moins inconsciemment, est toujours portée à tenir les rapports entre l'une et l'autre pour plus étroits et plus simples qu'ils ne le sont en réalité. C'est ce que j'espère prouver par deux exemples empruntés à la phonétique historique du latin.

Victor Henry, *Précis de grammaire comparée du grec et du latin*, 5e éd., p. 39, M. Solmsen, *Studien zur lat. Lautgeschichte*, p. 37, M. Sommer, *Lat. Laut-u. Formenl.*, p. 81, 114 et 157, et M. Brugmann, *Kurze vergl. Grammatik der indog. Sprachen*, p. 209 et 214, se basant sur des graphies telles que *volgus, avonculus, vivos, fruontur, mortuos* attestées jusqu'à la fin de l'ère républicaine à l'exclusion de *vulgus, avunculus, vivus, fruuntur, mortuus*, enseignent que, après *u* voyelle ou consonne, le passage de *o* à *u* a été retardé de deux siècles au moins (l'on a *venustus, funguntur, cārus, medius* dès la seconde moitié du IIIe siècle av. J.-C., *pulvis, stultus* depuis une époque plus ancienne encore). M. Brugmann attribue ce fait à une action dissimilatrice exercée par *u* et *u̯* sur l'*o* subséquent en se prévalant d'analogies comme *societas, abjecio, conjecio* et autres composés en *-jecio* rencontrés fréquemment dans les inscriptions (cf. Mather, *jacio-compounds in the present-system with prefix ending in a consonant* dans les *Harvard Studies*, VI, p. 83 et suiv.), où le passage de *e* à *i* aurait été empêché par l'influence dissimilatrice d'un *i* ou d'un *i̯* précédents. A cela, j'objecterai tout de suite que le cas de *societas* (*abietis, hietare* etc.) n'est pas exactement comparable à celui de *fruontur, mortuos*, l'*e* de *societas, abietis, hietare* ayant persisté toujours, tandis que l'*o* de *fruontur, mortuos* paraît remplacé par *u* dès les premiers temps de l'empire; quant aux composés en *-jecio*, nous verrons plus loin que leur interprétation comme faits de dissimilation, proposée déjà par M. Vendryes, *Recherches sur l'histoire et les effets de l'intensité initiale en latin*, p. 268 et 298, et par M. Sommer, *Handbuch der lat. Laut-u. Formenlehre*, p. 522, soulève de telles difficultés qu'il semble impossible de la maintenir. Au surplus, nous possédons des témoignages de grammairiens, dont il ressort avec évidence que *uo* n'était qu'un artifice graphique. C'est à M. Lindsay que revient le mérite d'avoir mis en lumière ces textes intéressants (cf. Lindsay, *Die lat. Sprache*, p. 227 et 271). Le premier en date est un fragment du IIIe livre du *De lingua latina* de Varron (cf. Wilmanns, *De M. Terentii Varronis libris grammaticis*, Berlin, 1864, p. 148), où cet auteur cite comme exemples de *v* initial devant les cinq voyelles *a, e, i, o, u* les mots *vafer, vēlum, vīnum, vomis, vulnus*, ce qui prouve qu'en dépit de l'orthographe *volnus*, les contemporains de Varron prononçaient *vulnus*. Dans le même sens doivent être interprétés deux passages tirés l'un de Quintilien, l'autre de Vélius Longus, à savoir Quintilien, *Instit. orat.*, I, 7, 26 : nostri praeceptores *servum cervumque u* et *o* litteris scripserunt, quia subjecta sibi vocalis in unum sonum coalescere et confundi nequiret; nunc *u* gemina scribuntur ea ratione quam reddidi; neutro sane modo vox quam sentimus efficitur, nec inutiliter Claudius Aeolicam illam ad hos usus litteram adjecerat, et Vélius Longus, *G. L.*, VII, p. 58, 4 et suiv. K. : a plerisque superiorum *primitivus* et *adoptivus* et *nominativus* per *u* et *o* scripta sunt, quia sciebant, vocales inter se confundi non posse, ut unam syllabam faciant, apparetque, eos hoc genus nominum aliter scripsisse, aliter enuntiasse.[1] D'après ces deux derniers témoignages, le maintien de la graphie *uo* jusqu'à la fin de la République s'expliquerait par l'aversion de l'orthographe républicaine pour la succession immédiate de deux *u*, aversion, dont la Sententia Minuciorum de l'an 117 av. J.-C. (*C. I. L.*, I, 199) nous fournit quelques exemples bien curieux. On y relève en effet des formes comme *susouorsum sursuorsum*, *flouius*, *conflouont* qui sont manifestement des échappatoires trouvées pour éviter la répétition du signe *u*. Il faut en dire autant des graphies *iuentus*, *iuenta* qu'on n'a remplacées par *iuuentus*, *iuuenta* qu'à partir des premiers temps de l'empire. La justification de cette particularité orthographique rapportée par Vélius Longus et par Quintilien est évidemment fausse; car si l'on s'était réellement figuré que *uu* ne pouvait comporter qu'un épel dissyllabique, c'était une raison pour proscrire les graphies du type de *seruus*, *uultis*, mais non celles du type *fruuntur*, *mortuus*, où il s'agissait précisément de deux *u* voyelles répartis sur deux syllabes. Le véritable motif n'était pas que *uu* n'eût pu être lu *u̯u*, mais bien au contraire qu'il n'admettait pas seulement les deux interprétations *uu* et *u̯u* mais encore deux autres, à savoir *uu̯* et *ū*; en d'autres termes, on écrivait *uo* au lieu de *uu* pour parer

1. Par contre, l'argument que M. Lindsay, *Archiv f. lat. Lexikographie*, XII, p. 592 et suiv., veut tirer de *sultis*, « s'il vous plaît » n'est pas probant. Il estime que, si la graphie *voltis* correspondait vraiment à la prononciation, on aurait **soltis* et non *sultis*, mais il oublie que, d'après ceux qui admettent que, dans *voltis*, *o* a persisté dans la prononciation, cette persistance était motivée par l'influence dissimilatrice du *u̯* précédent et que, cet agent de différenciation étant éliminé dans **soltis*, celui-ci passait forcément à *sultis*.

aux inconvénients résultant du manque d'un signe spécial pour l'*u* consonne et de l'absence d'une notation fixe et uniforme de la quantité longue des voyelles. Mais comment se fait-il, demandera-t-on, que cette répugnance pour le redoublement de *u* dans l'écriture ait été vaincue au début de l'époque impériale ? La réponse à cette question est donnée par Donat dans son commentaire sur l'Andria de Térence I, 2, 2, où on lit : et *Dauus* non recte scribitur, *Dauos* scribendum, quod nulla littera vocalis geminata unam syllabam facit, sed quia ambiguitas vitanda est nominativi singularis et accusativi pluralis, necessarie pro hac regula digamma utimur et dicimus *Daϝus*, *serϝus*, *corϝus*. On renonça donc à la graphie *uo* parce que, dans des cas comme *cervos*, *corvos*, *servos*, elle créait une confusion, pour l'œil, entre le nominatif du singulier et l'accusatif du pluriel et que, *uo* ayant été supplanté par *uu* dans les mots de ce type, il eût été oiseux de le conserver ailleurs.

Des embarras tout à fait analogues à ceux dont il vient d'être parlé devaient s'ensuivre du redoublement graphique de *i* qui, dès lors, a été également évité avec grand soin. C'est ainsi qu'Accius, lorsqu'il proposa de figurer la quantité longue des voyelles en répétant les signes vocaliques suivant la coutume osque, exceptait *ī* en le représentant non pas par *ii*, mais par *ei*. C'est pour cette raison aussi que l'orthographe phonétique de Cicéron qui écrivait *aiio*, *Aiiax*, *Maiia* (cf. Quintilien, *Instit. orat.*, I, 4, 11, et Vélius Longus, G. L., VII, p. 54, 16 et suiv. K) ne s'est jamais généralisée. Enfin, *conjicere*, *injicere*, *objicere*, attestés par les scansions des poètes lyriques et épiques de la période classique, chez qui la première syllabe de ces verbes compte pour une longue, sont toujours écrits *conicere*, *inicere*, *obicere*, jamais *coniicere*, *iniicere*, *obiicere*. Cela étant, je n'hésite pas à placer les composés en *-jecio*, sur la même ligne que *volgus*, *servos* etc., c'est-à-dire à les interpréter comme des expédients graphiques masquant la prononciation *-jicio*. On aurait transcrit *-jicio* par *jecio*, parce que le redoublement du signe *i* offrait les mêmes inconvénients que celui du signe *u* et que, par conséquent, on prenait le même soin à éviter l'un et l'autre. Les explications que MM. Vendryes et Sommer ont données des composés en *-jecio* doivent être écartées en raison des difficultés considérables, auxquelles elles se heurtent. D'après M. Vendryes, *Recherches sur l'histoire et les effets de l'intensité initiale en latin*, p. 267 et suiv., le groupe *-ja-* dans *-jacio* serait devenu régulièrement *-i-* par absorption ; puis, le composé aurait été refait comme par ex. *porgere* en *porrigere*, et on aurait appliqué la loi d'apophonie, d'où *-jecio*, dont l'*e*, en regard de l'*i* de *-ficio*, serait dû à l'*į* précédent ; enfin, *-jecio* aurait été remplacé par *-jicio* par analogie du type *-ficio*, *-cipio* etc. M. Sommer, *Handbuch der lat. Laut- u. Formenl.*, p. 522, suppose que *-icio*, issu régulièrement de *-jacio*, aurait été refait partiellement en *-jacio* et que ce *-jacio* refait aurait subi l'apophonie, d'où *jecio* (l'*į* précédent ayant empêché *e* de devenir *i*). On aurait eu de ce fait deux doublets, *-icio* et *-jecio*, dont le second aurait fini par sortir de l'usage, tandis que le premier serait devenu *-jicio*, *j* ayant été réintroduit depuis le parfait *-jēci* et le verbe simple *jacio*, où il avait phonétiquement persisté. Mais d'abord, toute recomposition analogique procédant d'un besoin de clarté étymologique, il est à priori absolument invraisemblable que l'on eût refait *-icio* en *-jacio* pour laisser se substituer ensuite à celui-ci un *-jecio* apophonique, dont la structure n'était guère plus transparente que celle de *-icio*. L'analogie de *porrigere*, sur laquelle s'est appuyé M. Vendryes, est illusoire, car ce serait une erreur que de s'imaginer que *porgere* ait été refait en **porregere* et que celui-ci ait abouti ensuite à *porrigere* par apophonie. *porrigere* a été refait d'après le parfait *porrexi* suivant la formule de proportion *correxi*, *direxi* : *corrigere*, *dirigere* = *porrexi* : *x*. Sur cette objection principale se greffent des difficultés chronologiques. La supposition qu'un *-jacio* refait se soit converti en *-jecio* par apophonie impliquerait que l'absorption eût cessé d'agir avant l'apophonie ce qui est, de toute façon, indémontrable ; les deux phénomènes étant les effets d'une même cause — l'intensité initiale —, il est probable, au contraire, que la disparition de cette cause commune les a supprimés simultanément. De plus, comme nous l'avons vu plus haut, les poètes lyriques et épiques de l'âge classique comptent toujours le préverbe des composés en *-icio* pour une syllabe longue et, chez Plaute même, plusieurs exemples sont favorables à la scansion longue du préverbe. La graphie *-icio*, dans ces cas, doit représenter la prononciation *-jicio* et non *-jecio*, car on ne verrait pas ce qui se serait opposé à la notation phonétique de ce dernier. M. Vendryes serait ainsi forcé d'admettre que déjà du temps de Plaute *-jecio* eût été supplanté par *-jicio*, ce qui serait en contradiction avec le fait que, d'après les statistiques de M. Mather, *-jecio* paraît encore dix-sept fois sur les inscriptions de l'époque impériale, et de l'hypothèse de M. Sommer, il résulterait que l'on eût employé, à un moment donné, les trois formes *-icio*, *-jecio*, et *-jicio* les unes à côté des autres, ce qui serait, croyons-nous, sans analogie, et contraire à tout ce que nous pouvons observer ailleurs en pareil cas [1].

Combien, par contre, toutes choses se simplifient-elles du moment où nous n'attribuons plus à *-jecio* que la valeur d'une graphie pure qui aurait servi, concuremment avec *-icio*, à figurer la prononciation *-jicio*. Les deux graphies *-icio* et *-jecio* seraient rigoureusement analogues à *confluont* et *conflovont*, *fluius* et *flovius*, transcrivant les prononciations *confluvont* et *fluvius* dans la Sententia Minuciorum (*C. I. L.*, I, 199). Il ne resterait qu'à expliquer le triomphe final de *-icio* sur *-jecio* ce qui ne saurait faire aucune difficulté. De même que la graphie *-uo* a été abandonnée parce que, dans les mots en *-uos*, *-vos*, elle créait une confusion entre le nominatif du singulier et l'accu-

1. Du fait que Sénèque, Lucain et Martial comptent toujours la première syllabe des composés en *-icio* pour une brève, M. Vendryes, *l. c.* p. 267, voudrait conclure que la prononciation archaïque *-icio* s'était conservée en Espagne, mais cette conclusion ne s'impose en aucune façon, la scansion brève des auteurs précités pouvant très bien reposer sur une prononciation livresque de la graphie *-icio*, représentant *-jicio* du langage parlé. Une telle réaction de l'orthographe n'aurait rien que de très naturel dans un idiome qui, comme le latin littéraire du premier siècle de notre ère, avait plutôt une tradition écrite qu'orale.

satif du pluriel, de même on aura renoncé à *-jecio* parce que, dans le cas de *-jecit*, *-jecimus*, le présent et le parfait de l'indicatif se confondaient. En outre, si l'on est autorisé à supposer pour la période impériale une prononciation livresque *-icio* (cf. ci-dessous note), il est évident que celle-ci aussi devait être pour beaucoup dans l'élimination de *-jecio*.

Qu'on me permette de joindre aux considérations qui précèdent une courte remarque touchant l'orthographe de nos livres de classe latins. On sait que les dictionnaires, les grammaires et les éditions d'auteurs à l'usage des écoles qui sont publiés en Allemagne utilisent l'une des deux lettres « ramistes », le *v*, mais proscrivent l'autre, le *j*. Par suite de cette inconséquence, on y trouve orthographiés comme dans les manuscrits *inicere*, *obicere*, *maior*, *peior*, etc. au lieu de *injicere*, *objicere*, *majjor*, *pejjor* (ou *maijor*, *peijor*, *i̯* comme second élément d'une diphtongue étant communément transcrit par *i*), usage qui est sans grande importance dans les textes de prosateurs, mais qui offre un fâcheux inconvénient dans les textes métriques. En effet, l'élève qui lira des vers comme

> *Inicere* anguipedum captivo brachia collo
> (Ovide, *Métamorphoses*, I, 184)
>
> *Obicit* et noto nares contingit odore
> (Virgile, *Enéide*, VII, 480)
>
> Resque fide *maior*, coepere virescere telae
> (Ovide, *Métamorphoses*, IV, 394)

ne manquera pas de tirer la conclusion que dans *inicere*, *obicere*, *maior*, la voyelle de la syllabe initiale était longue par nature, et il est permis de penser que le maître ne le préservera que rarement de tomber dans cette erreur lorsqu'on voit que la voyelle radicale de *maior*, *peior*, *eius* etc. est marquée du signe de la longue, non seulement dans toutes les publications scolaires, mais même dans des ouvrages scientifiques tels que le *Dictionnaire étymologique du latin* de M. Walde. Dans les livres de classe français, on imprime avec plus de logique *v* et *j* et, partant, *injicere*, *objicere*, mais ici encore, on s'en tient toujours à l'orthographe traditionnelle *major*, *pejor*, *ejus*, ce qui, pour la raison pédagogique que je viens d'indiquer, demande réforme. Enfin, les composés de *-jacio* revêtant les préfixes *co-* et *re-*, en cas de scansion longue de la première syllabe, doivent être orthographiés *cojjicio*, *rejjicio* ou *coijicio*, *reijicio*. Toutefois, cette orthographe phonétique altérant passablement la physionomie habituelle des mots de ce type, il serait peut-être prudent de n'introduire tout d'abord les graphies *majjor*, *pejjor*, *ejjus*, *cojjicio*, *rejjicio*, (*maijor*, *peijor*, *eijus*, *coijicio*, *reijicio*) que dans les textes métriques où l'on en découvrirait immédiatement la justification. Mais, dans ces derniers, je le répète, elles s'imposent pour tous ceux qui estiment que l'enseignement usuel des langues classiques ne doit, sur aucun point, être en contradiction avec les doctrines de la linguistique scientifique [1].

1. Mon cher maître, M. Meillet, que je tiens à remercier ici une fois de plus du bienveillant intérêt que, depuis dix ans, il n'a jamais cessé de porter à mes travaux, objecte contre l'hypothèse exposée plus haut, le cas de *fīliolus* qui lui paraît être exactement parallèle à celui de *fruontur*. Mais je crains bien que ce parallélisme ne soit qu'apparent. En effet, si *fīliolus* et *fruontur* étaient de même nature, on s'attendrait à avoir aussi durant toute la période républicaine *filios* comme *mortuos*. Or, on sait que tel n'est pas le cas et c'est ce qui doit écarter les scrupules de M. Meillet. Au surplus, ce qui a été dit au début de cet article contre l'argument que M. Brugmann pensait pouvoir tirer de *societas* s'applique également à *filiolus* : à aucun moment on n'a eu **sociitas* et **fīliulus* comme *fruuntur*.

UN CAS SPÉCIAL DE DISSIMILATION EN LATIN VULGAIRE

Dissimilation entre un r *intervocalique et un* r *combiné appartenant à deux tranches syllabiques consécutives.*

La forme vulgaire *menetris* pour *meretrix*, contre laquelle l'appendix Probi 147, éd. Heraeus, met en garde, est généralement prise pour une étymologie populaire due à l'influence de *manere* qui, dans la basse latinité, était un des termes euphémistiques désignant l'acte de l'accouplement (cf. Schuchardt, *Der Vokalismus des Vulgärlateins*, I, p. 241, Lindsay, *Die lat. Sprache*, p. 109, Heraeus, *Archiv f. lat. Lexikographie*, XI, p. 322, d'après Nonius, p. 423, 11 : *menetrices* a *manendo* dictae). C'est une erreur. Il s'agit en réalité d'un fait de dissimilation, et ce n'est qu'après coup que *menetris* a été rapproché de *manere* [1]. La preuve nous en est fournie par *tenebra*, doublet vulgaire de *terebra*, attesté plusieurs fois dans les gloses (*C. G. L.* III 79, 49 ; IV 79, 37 ; 240, 30 ; V 202, 11 ; 204, 3 etc., cf. *Thesaurus glossarum emendatarum*, éd. Goetz, ss. vv. *terebra* et *furfuraculum*). Mais comment faut-il concilier avec *menetris* et *tenebra meletrix*

1. L'*s* final de *menetris* procède d'une évolution phonétique et il est parfaitement oiseux de croire avec M. Heraeus, *l. c.*, à une imitation de noms grecs du type ἀλετρίς ; cf. *opsetris* Appendix Probi 166, éd. Heraeus, *cacatris C. I. L.*, IV, 2125 add., *felatris C. I. L.* IV 1388, 2292, *conjus. C. I. L.* VIII 3617, XII 4248 et les graphies et prononciations inverses *ariex*, *locuplex*, *milex*, *praegnax*, *poplex*, dont j'ai cité de nombreux exemples dans mes *Contributions à la critique et à l'explication des gloses latines* (Neuchâtel, 1905), p. 44 et suiv.

Didasc. Apost., VI, 11 (en ancien vénitien *meltris* ; cf. Meyer-Lübke, *Zeitschr. f. d. österr. Gymnasien*, 1891, p. 777) et *telebra*, Appendix Probi 125, éd. Heraeus, qui sont eux aussi d'ordre dissimilatoire ? Car pour quiconque est persuadé que la dissimilation est subordonnée à des lois pouvant varier suivant les langues et suivant les époques, mais rigoureusement constantes à l'intérieur d'une langue donnée prise à une époque déterminée, et ne différant donc en rien des autres lois phonétiques, il est inadmissible que les mêmes phonèmes placés dans des conditions identiques se dissimilent tantôt d'une façon et tantôt d'une autre.

Pour venir à bout de la difficulté signalée, passons en revue les cas du même type qu'offre le latin vulgaire. Voici les exemples que j'ai pu réunir d'une dissimilation survenue dans deux tranches syllabiques consécutives entre un *r* intervocalique et un *r* faisant partie d'un groupe combiné [1] *occlusive* + *r*.

a) Le groupe combiné suit :

cilibrarius (*C. G. L.* III 201, 55 κοσκινοποιός : *cilibrarius*) de **ciribrarius*, forme épenthétique de *cribrarius* (cf. *ciribrum* Placidus, *C. G. L.* V 10, 6) [2].

1. C'est-à-dire non disjoint par la coupe syllabique, d'après la terminologie de M. Grammont, *La dissimilation consonantique*, p. 17.

2. Le phénomène de l'épenthèse dans le latin vulgaire de l'empire n'a pas encore fait l'objet d'une étude d'ensemble. On trouvera des listes d'exemples chez Schuchardt, *Der Vokalismus des Vulgärlateins*, II, p. 400 et suiv., Seelmann, *Die Aussprache des Lateins*, p. 251, Vendryes, *Recherches sur l'histoire et les effets de l'intensité initiale en latin*, p. 217 et 347, Pirson, *La langue des inscriptions latines de la Gaule*, p. 59. Cette insertion vocalique semble s'être produite de préférence dans le voisinage d'un *i*. La voyelle épenthétique prenait le timbre de la voyelle suivante lorsque le groupe consonnantique qu'elle venait disjoindre était initial du mot, et le timbre de la voyelle précédente lorsque l'épenthèse avait lieu à l'intérieur du mot. Il faut réserver, toutefois, le cas où la voyelle qui déterminait normalement le timbre de la voyelle épenthétique, était un *a* ; ce dernier cas n'a pas encore été tiré au clair. Exemples : *ciribrum* (voir ci-dessus), *cicinus* C G. L. III 203, 30; IV 318, 16 (Ital. *cecino* etc.; cf. Koerting, *Lat.-roman. Wörterbuch* 3e édit., n° 2164), *fimbiriae* C. G. L. III 21, 40, *requisicit* Le Blant, *Inscriptions chrétiennes de la Gaule* 659 ; *sipiritus* Audollent, *Defixionum*

celebrosus (*C. G. L.* II 99, 15 *celebrosus* ὀξύχολος ; *C. G. L.*, II 572, 37 *celebrosus* : *durus* ; à comparer aussi sarde *išelembrare*) de *cerebrosus*.

pelegrinus (*C. I. L.* III 4222, De Rossi, *Inscriptiones Christianae urbis Romae* I 144; ital. *pellegrino*, fr. *pèlerin*, v. h. a. *piligrim*) de *peregrinus*.

ital. *calabrone* de *carabronem* (*carabro* : σφήξ *C. G. L.* III 441, 22 ; 484, 51). Cet exemple étant exactement comparable à *cilibrarius* ci-dessus, il est permis de penser que la dissimilation remonte au latin vulgaire.

ital. *palafreno*, anc. français *palefreid*, esp. *palafren*, port. *palafrem* de *parav(e)redum*. Exemple incertain ; la dissimilation pourrait être romane.

b) Le groupe combiné précède :

plurigo (*C. G. L.* III 76, 17 κνησμός : *plurigo* ; comparez aussi lomb. *spiürisna*, milan. *spiüri* <*plurire*, Koerting, *Lat.-roman. Wörterbuch*, 3ᵉ éd., no 7497, Grammont, p. 76 et suiv.) de *prurigo*.

Ces exemples ont ceci de commun que l'accent d'intensité y suivait le couple de phonèmes sur lesquels la dissimilation s'est exercée : *ciribrárius*, *cerebrósus*, *peregrínus*, *carabrónem*, *paravrédum*, *prurígo*. Dans *meretrix* et *terebra*, au contraire, l'accent occupait une place intermédiaire entre les deux *r*, car on sait

tabellae nº 270, *sisimus* (de σεισμός) *C. G. L.* V 150, 31, *Celementinus C. I. L.* II 5350 ; *celeppere C. G. L.* V 633, 26 ; *reipubulicae C. I. L.* XII 5519, *calamida* (de *chlamyda*) *C. G. L.* II 573, 20, *carabro* (voir ci-dessus), mais aussi *geracili C. I. L.* VIII 6237, *Acyme C. I. L.* XII 4650 (en regard de *Acme C. I. L.* XII 1634), *Daphini C. I. L.* II 4970, *Daphine C. I. L.* II 5155 (roum. *dáfin* « laurier » ; cf. Puškariu, *Etymol. Wörterbuch d. rumänischen Sprache* I p. 42).

M. Meyer-Lübke dans le *Grundriss de Groeber*, 2ᵉ éd., I, p. 470 enseigne que *cribrum* procède de *ciribrum* par suite de suppression dissimilatoire de l'une de deux voyelles identiques telle qu'on la suppose pour **crebrum* (roum. *crieru*) de *cerebrum*. Il serait intéressant de savoir ce qui a pu lui suggérer l'idée de renverser ainsi le véritable rapport entre les deux formes.

qu'en latin vulgaire la brève pénultième d'un proparoxyton placée devant une occlusive suivie de *r* attirait l'accent sur elle : anc. français *culuevre* de *colǫ́bra*, anc. français *palpiere paupiere* de *palpẹ́tra*, anc. français *tonneirre* de *tonítrum*, ital. *intéro* de *intẹ́grum*, esp. *tinieblas* de *tenẹ́bras* (cf. Lindsay, *Die lat. Sprache*, p. 189, Sommer, *Handbuch der lat. Laut-u. Formenlehre*, p. 103 et suiv., Grandgent, *An introduction to Vulgar Latin*, §§ 132 et 134). On admettra dès lors, que *r—r'* a abouti, dans les mots de ce type, à *l—r'*, mais que *r-'r* est devenu *n-'r* (le signe ' indiquant l'accent d'intensité), c'est-à-dire que la différence de traitement qui s'observe entre *cilibrárius*, *celebrósus*, *pelegrínus* etc. d'une part et *menétrix*, *tenébra* de l'autre, tient à la place différente de l'accent dans l'une et l'autre catégorie d'exemples. Or, l'accent de *merétrix* avançant d'une syllabe dans les cas obliques, *meretrícis*, *meretríci*, *meretrícem* devaient passer à *meletrícis*, *meletríci*, *meletrícem*, et c'est là qu'il convient de chercher l'origine de *meletrix* doublet de *menetrix*. Quant à *telebra* en regard de *tenebra*, les constatations qui précèdent conseillent d'y voir un nom postverbal tiré de *telebráre* produit attendu et conforme à la loi établie ci-dessus de la dissimilation de *terebráre*[1].

L'accent d'intensité que M. Grammont, dans son beau livre sur la dissimilation et M. Hoffmann-Krayer dans sa récente étude sur le même sujet (*Ferndissimilation von r und l im Deutschen*, dans la *Festschrift zur 49. Versammlung deutscher Philologen und Schulmänner in Basel im Jahre 1907*, p. 491 et suiv.) n'ont fait intervenir que pour rendre compte de la marche suivie par

1. On pourrait supposer aussi que le traitement *l—r* était régulier non-seulement lorsque l'accent suivait les deux *r*, mais encore lorsqu'il les précédait et que *telebra* serait le produit phonétique d'un *térebra*, doublet demi-savant de *terébra*; cf. anc. français *palpres* de *pálpetras* en regard de *palpiere*, *paupiere* de *palpétra*. Ce qui donne un certain poids à cette hypothèse, ce sont le latin vulgaire *celebrum*, *C. G. L.* III 557, 41 et l'italien *célebro* (cf. Wiese, *Altitalien. Elementarbuch*, § 80) qui représentent effectivement une formation demi-savante, *cerebrum* ayant été supplanté dans tout le domaine des langues romanes sauf en roumain par *cerebellum*.

la dissimilation, peut donc, à l'occasion, influer aussi sur le choix de l'un ou de l'autre des différents traitements possibles. Il serait intéressant de délimiter d'une façon générale son action à ce dernier point de vue, mais à mon grand regret le temps me fait défaut pour pousser plus avant mes recherches, et je dois m'en tenir à l'échantillon qu'on vient de lire. Puisse le problème bientôt être repris par un confrère autorisé.

REMARQUES SUR LA LANGUE

DES

TABLETTES D'EXÉCRATION LATINES

Il ne saurait entrer dans mon idée d'aborder ici une étude méthodique et complète de la langue de ces curieux échantillons de latin vulgaire connus sous les noms de tabellæ defixionum, tablettes d'exécration ou tablettes imprécatoires, d'abord, parce qu'elle ne tiendrait pas, beaucoup s'en faut, dans l'espace dont je puis disposer et ensuite, parce que M. Richard Wuensch m'écrit que le sujet sera bientôt traité dans la thèse d'un de ses élèves. Le but beaucoup plus modeste du présent travail est de discuter quelques formes isolées, auxquelles me paraît s'attacher un intérêt linguistique particulier.

Ces lamelles de métal ayant presque toutes pour auteurs des gens de la plus basse extraction, leur valeur documentaire pour l'histoire du sermo plebejus ne le cède en rien à celle des graffitti de Pompéies. Elles proviennent de toutes les parties de l'empire romain, mais principalement de l'Afrique (Carthage et Sousse) et semblent appartenir en majeure partie au deuxième et troisième siècles de notre ère. Je les citerai d'après l'important recueil de M. Audollent, *Defixionum tabellæ quotquot innotuerunt tam in Graecis orientis quam in totius occidentis partibus* (Paris, A. Fontemoing, 1904).

a) *Graphies inverses*

On sait que les textes vulgaires fourmillent de graphies

inverses, auxquelles, sinon toujours, du moins le plus souvent correspondaient des prononciations inverses. C'est ainsi que, *al* étant prononcé *au* devant consonne dans la langue populaire, beaucoup de gens s'imaginaient que, pour écrire et parler correctement, il fallait remplacer tout *au* antéconsonantique par *al*, créant ainsi en dépit de l'étymologie des formes comme *salma*, (ital. *salma*, esp. *salma*, *xalma*, en regard de fr. *somme*, v. h. all. *soum* qui remontent à *sauma*, lequel, à son tour, procède de *sagma*; cf. Isidore, *Orig*., XX, 16, 5; *sagma* quae corrupte vulgo dicitur *salma*) et **smaraldus*,-*a* (ital. *smeraldo*, esp. port. *esmeralda* en regard de fr. *émeraude*, prov. *esmerauda* <* *smaraudus*,-*a* de *smaragdus*,-*a*) [1], ou bien, parce que *n* s'était amuï dans le latin vulgaire au contact d'un *s* subséquent, on introduisait par mesure de prudence un *n* devant *s* même dans les mots qui n'avaient jamais possédé de nasale, témoin par exemple l'Appendix Probi qui blâme les prononciations *Herculens* et *occansio* [2]. Les tablettes imprécatoires nous fournissent quelques exemples curieux de ce phénomène.

Dans une de ces tablettes, trouvée aux environs de Rome et attribuée par de Rossi au deuxième ou troisième siècle de notre ère (n° 140 chez Audollent), l'auteur appelle sur son adversaire *febris frigus tortionis palloris sudores obbripilationis meridianas serutinas nocturnas*. Qu'est-ce que ce mot *obbripilatio* qui, d'après le contexte, doit signifier « frisson » et qui se retrouve en effet avec ce sens sous la forme *obripilatio* chez Cassius Félix, *De medicina*, chap. 21 (deux fois) et dans la traduction latine de Soranus publiée par M. Valentin Rose, II, 2, 17 p. 54, 12, et II, 23, 73 p. 103, 16 (cf. Ph. Thielmann, *Archiv f. lat. Lexiko-*

1. Pour plus de détails, voir *Rhein. Museum*, nouvelle série LX, p. 461.

2. Je rappellerai aussi le français *chétif* qui repose sur un latin **cactivus* prononciation inverse de *cattivus* (ital. *cattivo*), issu lui-même de *captivus*. On a expliqué jusqu'ici **cactivus* par une influence celtique (cf. Grandgent, *An introduction to Vulgar Latin*, § 313, Koerting, *Lat.- roman. Wörterbuch*, 3e éd., n° 1903), ce qui est parfaitement inutile. (Cf. *suctilissimo* pour *suptilissimo* chez Pélagonius, chap. 1, et inversement *ruptuare* pour *ructuare*, chez Fulgence, p. 14, 1; 86, 10; 166, 11 éd. Helm.)

graphie, I, p. 73 et suiv., et III, p. 541)? La réponse serait peut-être assez malaisée, si la tradition manuscrite ne donnait pas, dans un passage de la Vulgate (Ecclésiaste, 27, 15) et dans les gloses, *C. G. L.* III 205, 60 et III 207, 15 en regard de III 296, 42) *obripilatio* comme variante de *horripilatio*, dont l'étymologie est transparente et dont l'identité avec *obripilatio* ne peut être douteuse. Thielmann, *l. c.*, il est vrai, a contesté cette identité et s'est ingénié à trouver pour *obripilatio* une explication invraisemblable et en laquelle lui-même n'a qu'une médiocre confiance, mais il est à présumer que, sans la difficulté phonétique qui semble séparer les deux mots, il n'aurait pas pris ce parti. Or il suffit de considérer *ob(b)ripilatio* comme une graphie inverse de *(h)orripilatio* pour lever immédiatement cette difficulté. Dans le latin littéraire, les préfixes *ab-*, *ob-* et *sub-* assimilés à l'initiale consonantique du mot suivant ont été rétablis dans la plupart des cas [1], tandis que, dans le parler populaire, l'évolution phonétique a subsisté dans une large mesure, ainsi qu'en témoignent *adurare* < **abdurare*, *obdurare* (Denk, *Archiv. f. lat. Lexikographie*, XIII, p. 583 et suiv., cf. anc. français *adurer*), *oligare* < *obligare* (*Defixionum tabellae*, éd. Audollent, n° 208 ; cf. aussi *oligia* : *ne(c)tae* [interprétament anglo-saxon], *C. G. L.* V 376, 3 ; *oligia* : *retia* Osbern, *Panormia* 403) [2],

1. Les exceptions telles que *surripere* de **subrapere* s'expliquent par le fait que, dans les composés apophoniques, l'affinité avec le verbe simple s'accusait avec moins de netteté que dans ceux qui n'ont pas été altérés par l'apophonie (*obligare*, *subruere* etc.), ce qui donnait nécessairement moins de prise à l'action analogique. Si, dans les composés avec *ab-*, il y a eu recomposition même en cas d'apophonie, c'était pour les empêcher de se confondre avec les composés renfermant le préfixe *ad-*.

2. M. Goetz dans le *Thesaurus glossarum emendatarum* s. v. *oligia* fait suivre ce lemme d'un point d'interrogation, ce qui semble indiquer qu'il doute de l'authenticité de la leçon. Mais il n'y a aucune raison sérieuse pour la suspecter. *Oligia*, doublet vulgaire de **obligia*, est un nom post-verbal, pour lequel *corrigiae* aura fourni le modèle ; cf. Placidus, *C. G. L.* V 10, 2 = V 59, 3 ; *corrigiae a coriis vocantur vel a colligatione quasi colligiae* (= Isidore, *Orig.*, XIX, 34, 13). Le neutre *oligia* semble calqué sur *retia* à moins que *oligia* et *retia*, dans la glose d'Osbern, ne soient tous deux des féminins du singulier.

olimare < *oblimare* (*olimat*: *limpidat* p. ex. *C. G. L.* IV 132, 19 entre *Olympum* et *olitor*, IV, 264, 34 entre *olim* et *olores*), *sud die* < *sub die* (sur une inscription d'Espagne de l'an 601, Carnoy, *Le latin d'Espagne d'après les inscriptions*, p. 165 ; cf. aussi italien *suddito* < *subditum*) [1]. Employer la forme assimilée, dans les cas de ce genre, étant donc un signe de mauvaise éducation ou de basse extraction, ceux qui tenaient à éviter un pareil reproche mettaient un soin exagéré à rétablir le *b*, et, tombant dans le mal contraire, créaient des prononciations et des graphies monstrueuses comme *obripilatio* pour (*h*)*orripilatio* ou *obliba* pour *oliva* (*oblibae*: ἐλαῖαι *C. G. L.* III 184, 11) qui, paraît-il, s'accréditaient facilement dans les milieux populaires [2].

Le redoublement consonantique dans *obbripilatio* de la tablette imprécatoire nº 140 est exactement de même nature que dans *obblegate* fourni par le nº 268 (Sousse, 3e siècle apr. J-C.), dans *aggro* *C. I. L.* III 2448, *frattre* *C. I. L.* VIII 111 etc. (pour d'autres exemples épigraphiques cf. Seelmann, *Die Aussprache des Lateins*, p. 121 et suiv.) et dans l'italien *obbligare*, *labbro* etc. Il tient à la prononciation en staccato motivée elle-même principalement par l'accent d'intensité renaissant (cf. Groeber, *Commentationes Woelfflinianae*, p. 171 ; Vendryes, *Recherches sur l'histoire et les effets de l'intensité initiale en latin*, p. 110 et suiv.).

Dans une autre graphie inverse, *mutuos* pour *mulos* (acc. plur.), le graveur de la tablette 219 déjà citée a pris le contrepied de

1. La simplification de la géminée procédant de l'assimilation du groupe *-bd-* dans *adurare* et *olimare*, où la voyelle radicale du verbe simple était originairement longue, a eu lieu en vertu de la loi de *mamilla* (voir plus haut p. 46, note 1). Après la disparition des différences quantitatives des voyelles latines, elle fut généralisée par voie analogique, d'où *oligare* pour **olligare*.

2. Ce serait une erreur, à mon avis, que de mettre la forme *obbripilatio* sur le compte personnel de l'auteur de la tablette nº 140, car le contenu même de ces documents exclut d'emblée toute préoccupation littéraire. Cet homme ne faisait que transcrire une forme qui, à son époque, était courante dans les milieux qu'il fréquentait et n'avait pas plus le sentiment d'écrire avec une correction particulière que le Français du peuple n'a la prétention de bien parler en disant le *journal de hier* au lieu de *le journal d'hier*.

formes vulgaires comme *perpetus*, *mortus* (Audollent, nº 231), *promiscus*, *exigus*, *ingenus* pour *perpetuus*, *mortuus*, *promiscuus*, *exiguus* (cf. Carnoy, *Le latin d'Espagne d'après les inscriptions*, p. 117 et suiv., Pirson, *La langue des inscriptions latines de la Gaule*, p. 58, Grandgent, *An introduction to Vulgar Latin*, § 226).

Enfin, l'exemple le plus remarquable est le génitif sing. *Martialici(s)* dans une tablette rédigée en caractères grecs de provenance cartaginoise (nº 231). Dans l'index grammaticus qui, pour être un utile répertoire, n'en constitue pas moins la partie la plus faible de son étude, M. Audollent range cette forme parmi les mendae singulae, et le commentaire joint au nº 231 déclare catégoriquement « Μαρτιαλικι errore pro Μαρτιαλις datum fuisse patet ». En réalité, il s'agit d'un cas de déclinaison hétéroclite due à une prononciation inverse. Dans mes *Contributions à la critique et à l'explication des gloses latines*, p. 44 et suiv., j'ai montré sur la foi de copieuses listes d'exemples que, dès le premier siècle apr. J.-C., *x* était devenu *s* dans la prononciation vulgaire et que, dès lors, pour échapper à cette prononciation vicieuse, on remplaçait par *x* même l'*s* de mots tels que *miles*, *aries*, *poples*, ce qui ne pouvait manquer d'en changer la flexion. J'ai relevé, en effet, *l. c.*, le nominatif plur. *praegnaces* pour *praegnates* qu'on lit chez Fulgence p. 30, 21, éd. Helm, et qui reçoit maintenant une précieuse confirmation par le génitif sing. *Martialici(s)* de la tablette magique nº 231.

b) *fututor* : *futrix*.

Le féminin de *nutritor*, qui devrait être **nutritrix*, apparaît, comme on sait, dès le début sous la forme *nutrix* par suite de dissimilation syllabique. Or, il est intéressant de constater que le contraste de *nutritor* : *nutrix*, en a engendré plusieurs autres du même genre. Un exemple a été relevé naguère par Buecheler, *Glotta*, I, p. 3 ; c'est *vestitor* : *vestrix*, ce dernier attesté sur une inscription de Rome, *C. I. L.* VI, 9214 : *Sellia Epyre de sacra via auri vestrix*. Un second nous est fourni par *fututor* :

futrix, fotrix = *futrix* ayant été reconnu par Buecheler (qui ne s'en est plus souvenu au moment où il rédigeait l'article précité de la Glotta) dans la defixio amatoria de Calvi Risorta publiée par M. Audollent sous le numéro 161 : *Dii inferi C. Babullium et fotr(icem) ejus Tertiam Salviam* etc. (apud Ihm, *Ephemeris epigr.*, VIII, p. 135). Enfin, *comportrix* se lit *C. G. L.* IV, 241, 19 (*gerula* : *nutrix*, *comportrix*) ; le masculin il est vrai, n'est encore représenté que par *portator*.

Tous les féminins précités sont donc calqués sur *nutrix* suivant la formule *nutritor : nutrix*=*vestitor*, *fututor*, (*com*)*portator* : x, et ce serait une erreur que de les croire sortis phonétiquement de **vestitrix*, *fututrix*, *comportatrix* qui ne se trouvaient pas plus dans les conditions requises pour une dissimilation syllabique que le masculin *nutritor*, lequel, effectivement a persisté intact [1]. Par contre, *vestitor*, *fututor*, (*com*)*portator* auraient pu se dissimiler en **vestor*, **futor*, *(*com*)*portor* ; s'ils ne l'ont pas été, c'est que précisément le contraste *vestitor* : *vestrix*, *fututor* : *futrix* : *comportator* : *comportrix* était trop ancré dans le sentiment des sujets parlants pour qu'une pareille dissimilation eût quelques chances de se produire. Il est exact qu'on rencontre une fois *armiportor* pour *armiportator* (*C. G. L.* IV 311, 1), mais cette forme, loin d'infirmer ma manière de voir, lui procure au contraire un précieux appui ; c'est une exception qui confirme la règle. En effet, *armiportator* ne comportant pas de féminin, en raison de son sens, la dissimilation ne se heurtait ici à aucun obstacle [2].

1. On ne taxera pas davantage *comportrix* de haplographie de copiste, comme l'a fait M. Pokrovskij, *Materialy dlja istoričeskoj grammatiki latinskago jazyka* (Moscou, 1898), p. 197 et *Journal de Kuhn*, XXXVIII, p. 280. En principe, on pourrait n'y voir qu'une simple faute d'inadvertance, mais l'existence de *vestrix* et de *futrix* interdisent formellement une telle hypothèse. Il est à remarquer, au surplus, que, *comportatrix* étant synonyme de *nutrix*, l'analogie avait ici particulièrement beau jeu et que, dès lors, le doublet *comportrix* est si peu surprenant qu'on aurait bien plutôt peine à concevoir qu'il ne fût point attesté.

2. Noter en passant *portator* employé comme féminin dans la glose *gerula* : *nutrix*, *portator* *C. G. L.* V 205, 10. C'est le pendant exact de *haec*

Toutefois, le contraste dont il vient d'être parlé, quelque significatif qu'il ait été, n'a jamais pu faire sortir de l'usage les féminins primitifs *fututrix* et *comportatrix*, ce qui, d'ailleurs, n'étonnera personne. *fututrix* est attesté *C. I. L.* IV, 2204 et chez Martial, XI 23, 4 ; 62, 10 ; *comportatrix C. G. L.* IV 521, 53; 588, 24 ; V 502, 30.

Il reste à dire un mot du féminin allemand *Zauberin* que l'on pourrait être tenté d'assimiler à *nutrix* en supposant une dissimilation syllabique *Zaubererin* (moyen haut all. *zouberaerinne*) > *Zauberin*, dissimilation qui n'aurait pas atteint le masculin *Zauberer*. parce qu'on ne pouvait laisser celui-ci se confondre avec *Zauber* « magie ». Mais l'existence d'un doublet *Zaubrerin* ne laisse pas que d'être très embarassante. Faut-il croire que le primitif *Zaubererin* ait subi deux traitements différents qui seraient 1° la dissimilation syllabique, d'où *Zauberin*, et 2° la syncope, d'où *Zaubrerin*, ou faut-il n'admettre que la syncope et ramener *Zauberin* à *Zaubrerin*, dont le premier *r* serait tombé par dissimilation, mais aurait été partiellement rétabli par des considérations d'ordre étymologique? L'absence d'un critère sûr pour choisir entre ces deux solutions nous oblige à suspendre notre jugement ; ce que j'ai voulu montrer, c'est que le couple allemand *Zauberer* : *Zauberin* ne rentre pas nécessairement dans la catégorie des exemples latins cités plus haut.

c) *albastrus*.

Dans trois tablettes provenant des fouilles de Sousse et contenant des imprécations contre des chevaux de courses du parti adverse (nos 272, 273 et 274), on rencontre un cheval

osor (Placidus, *C. G. L.* V 90, 18 = 128, 6 : *hic et haec osor, osrix enim dici non potest nisi ab imperitis*) et *amator* f. dans une inscription des premiers temps de l'Empire (*Notizie degli scavi*, année 1906, p. 145, n° 1) *Ursia... conjunx A. Avidi Summachi, fida amator conjugis sui...* (Buecheler, *Glotta*, I, p. 3 et suiv.)

nommé *Alcastrus*. Ce nom, à la différence de ceux qui le précèdent et le suivent, est vide de sens, ce qui ne paraît pas avoir frappé l'éditeur. Je ne crains pas d'affirmer que c'est une faute de lecture et que, sur les documents originaux, on doit trouver *Albastrus*. Ce serait un cas analogue à celui qui se présente au numéro 140, A 8 et B 3 M., où M. Audollent imprime *merilas* et *mcrilas* en ajoutant expressément « lectio certa est », tandis que M. Wuensch, *Berliner philol. Wochenschrift*, année 1905, col. 1078, déclare que le fac-similé publié dans les *Notizie degli scavi* de 1901 porte aux deux places *medulas* [1].

Le nominatif sing. *Albastrus* pour *Albaster* est corroboré par *tetrus* pour *t[a]eter*, *rubrus* pour *ruber* etc. (*teter non tetrus* Appendix Probi, 138, éd. Heraeus ; *tetrus* : σκοτεινός, ἀμαυρός *C. G. L.* II 195, 47 ; ξανθός : *flavus*, *rubrus*, *rubeus* *C. G. L.* II 377, 51) qui sont évidemment dus à l'analogie (formule *foeda*, *russa* : *foedus*, *russus* = *taetra*, *rubra* : *x* ou bien *foedi*, *russi* : *foedus*, *russus* = *taetri*, *rubri* · *x*)[2].

Albastrus est à la base de roumain *albástru* qui signifie « bleu clair ». Le fait que les mêmes lamelles de plomb qui offrent *Albastrus* ainsi que deux autres trouvées au même endroit (les n°s 280 et 281) mentionnent un cheval du nom de *Roseus* donne à penser que ce sens est ancien.

1. Sans connaître le compte rendu de M. Wuensch, j'avais moi-même émis l'hypothèse que *merilas*, *mcrilas* représentaient *medullas* (*Wochenschrift f. klass. Philologie*, année 1906, col. 963.964). Ce que j'ai dit, *l. c.*, sur l'*r* de *merilas* que je croyais retrouver dans l'ancien italien *le merolla* doit naturellement être considéré comme non avenu.

2. D'après *tetrus*, *rubrus* pour *t[a]eter*, *ruber* on a forgé ensuite *acrus*, **alecrus* pour *acer*, *alacer* (*acre non acrum* Appendix Probi 41, éd. Heraeus, *acrum* Mulomedicina Chironis, éd. Oder, p. 171, 30 ; 249, 31 ; 258, 10 ; 259, 4 ; 277, 15 ; ital. *allegro* < **alecrum*, forme apophonique conservée dans la langue vulgaire comme p. ex. *sepero*, tandis que le latin littéraire ne connaissait que les recompositions *alacrem*, *separo*). Enfin, *acrum* pour *acrem* a entraîné la création d'hétéroclites tels que *elegantum*, *eminentum* pour *elegantem*, *eminentem* (*Elegantu(m)* Audollent, n°s 275 et 279, en regard de *Elegante(m)*, ibid., n°s 276, 278, 283, 284, et *Eminentum*, n° 275 en regard de *Eminente(m)*, n° 284).

SUR L'AORISTE SIGMATIQUE

PAR

A. MEILLET

SUR L'AORISTE SIGMATIQUE

PAR **A. MEILLET**.

En général, l'aoriste indo-européen n'était pas caractérisé par une formation spéciale ; il n'y avait pas de catégorie de thèmes exclusivement propre à l'aoriste, et c'est ce qui fait qu'on parle souvent d'un groupe du présent-aoriste. L'aoriste ne se laisse définir et distinguer du présent, au point de vue morphologique, que par un seul trait : on nomme présent un thème qui, à l'indicatif, admet à la fois les désinences primaires et les désinences secondaires, ainsi λείπω, ἔλειπον ; on nomme aoriste un thème qui, à l'indicatif, n'admet que les désinences secondaires, ainsi ἔλιπον. Au principe général il n'y a qu'une exception : l'aoriste sigmatique, qui n'admet aussi que les désinences secondaires à l'indicatif, mais dont le thème présente de plus une caractéristique d'aoriste. Sans doute l'élément suffixal *-*s*- se retrouve en dehors de l'aoriste ; il fournit certains présents, et il est la principale caractéristique du futur et de certaines autres formes ; mais tout ceci est accessoire ; et, si l'on observe le sanskrit ou le grec, on y aperçoit immédiatement une grande catégorie de l'aoriste en -*s*-, ayant une formation spéciale. Pareille anomalie mérite d'être examinée.

L'aoriste sigmatique apparaît d'ailleurs comme une formation singulière à plusieurs égards.

1° Les suffixes athématiques comportent le vocalisme normal indo-européen ; ils sont de la forme *-*men*-, *-*tei*-, etc., avec toutes les alternances de la voyelle *e*. Au contraire, le suffixe

*-*s*- ne comporte une voyelle dans aucune de ses formes; tout se passe comme s'il existait un suffixe purement consonantique *-*s*-. L'étrangeté de cet état apparaît si l'on définit la cellule morphologique, avec M. F. de Saussure, *Mémoire*, p. 186 : *Groupe de phonèmes ayant, à l'état non affaibli, le même* a [1] (c.-à-d. *e*) *pour centre naturel*. Or, cette définition semble s'imposer pour tous les autres suffixes.

2° Les alternances vocaliques employées dans la flexion n'intéressent que l'élément prédésinentiel, jamais l'élément présuffixal (F. de Saussure, *Mémoire*, p. 186). L'exception que semblent faire au premier abord les formes du type véd. *dā́ru*, *drúṇaḥ* n'est pas réelle; car elle est toujours liée à une variation de suffixe à l'intérieur de la flexion (v. A. Meillet, *Introduction* [2], p. 277 et suiv.). Or, les alternances vocaliques de l'aoriste en -*s*- ont lieu à travers l'*s* suffixal : 1° pers. sing. act. *áyāṃsam*, moy. *yaṃsi* ; 3° sg. act. *áyān*, moy. *áyaṃsta*, etc. — Surprenante par sa disposition, l'alternance vocalique de l'aoriste l'est aussi par sa nature. En effet elle comporte à l'actif un degré long, attesté à la fois en indo-iranien, type skr. *avāṭ*, et en slave, type v. sl. *vèsŭ*; or, le degré long n'apparaît guère d'ailleurs qu'en syllabe finale, ou devant une série de brèves (type skr. *bhāváyati*, cf. v. sl. -*bȃvitŭ*). Au moyen, le degré employé en sanskrit est le degré zéro ou le degré *a* (i.-e. **e* ou **o*), suivant que la racine se termine par sonante suivie d'occlusive ou par une seule consonne, soit *ádikṣi*, *ábhutsi*, *asṛkṣi*, mais *áneṣi*, *ástoṣi*, *ámaṃsi*, etc., contraste étrange, et qui ne se retrouve pas dans d'autres sortes de thèmes.

3° L'emploi fait de l'aoriste en -*s*- diffère profondément d'une langue à l'autre; fréquent en indo-iranien et en grec, il se trouve aussi très souvent en slave, tandis qu'il manque en baltique; il fournit beaucoup de formes au latin, aucune à l'osco-ombrien ; il existe en irlandais, mais le germanique l'ignore. Cette répartition, qui ne répond à aucun des groupements dialectaux connus, est tout à fait surprenante.

Ce qui sans doute rend compte de tout, c'est que, comme on va essayer de le montrer, l'aoriste sigmatique est toujours une formation secondaire, c'est-à-dire une formation qui ne se rattache pas directement à une racine, mais qui est dérivée d'autres thèmes existant dans la langue.

Il est du reste malaisé de voir quelle place, en tant que thème primaire, occuperait l'aoriste sigmatique dans le système indo-européen.

S'il s'agit d'une racine qui fournisse un présent duratif du type thématique, c'est à dire en général paroxyton et à vocalisme radical de degré *e*, on en obtenait aisément l'aoriste au moyen du type thématique oxyton et à vocalisme radical de degré zéro. C'est ainsi que, en regard du présent attesté par gr. λείπειν, got. *leihwan* (v. h. a. *lîhan*), lit. *lëkù*, on a le thème oxyton à suffixe zéro attesté par gr. λιπεῖν, v. h. a. *liwi* « tu as prêté », arm. *elikh* « il a laissé », skr. class. *aricat*; en regard du présent skr. *bódhati*, hom. πεύθεσθαι, v. h. a. *biotan*, v. sl. *bljudą*, on a l'aoriste véd. *budhánta*, gr. πυθέσθαι, v h. a. *buti*, et sans doute v. sl. **bŭdŭ*, non attesté, mais supposé par le dérivé *bŭnąti*. L'antiquité de ce contraste des deux types est bien établie. M. Delbrück a montré que, en sanskrit, le type paroxyton et le type oxyton, *tárati* et *tiráti* par exemple, ont des valeurs distinctes (*Vergl. Synt.*, II, p. 90 et suiv.) ; mais en sanskrit il n'y a pas en général contraste d'un présent et d'un aoriste ainsi constitué, et les cas tels que *mrócati : amrucat* sont isolés. En grec, au contraire, le type λιπεῖν est largement représenté, et ceci est d'autant plus remarquable qu'il a évidemment cessé d'y être productif depuis une date très ancienne. En slave, le même type a servi de base à la grande catégorie des verbes à suffixe nasal (v. *M. S. L.*, XIII, 203 et suiv.). En germanique, ils ont fourni la 2e personne des prétérits du germanique occidental à une grande partie des verbes forts. L'arménien même a conservé quelques formes telles que *elikh*, *egit* (= skr. *ávidat*). Le sanskrit suffit à montrer que l'opposition du présent et de l'aoriste n'avait pas en indo-européen la précision et la rigueur qu'elle a prises en grec. Et en effet, d'anciennes formes à vocalisme radical *e*, par exemple γενέσθαι, peuvent servir d'aoristes pourvu que le sens de la racine s'y prête et qu'une autre formation (en l'espèce γίγνεσθαι) fournisse le présent; en arménien, il arrive qu'un même thème fournisse à la fois le présent et l'aoriste : présent *berē* « il porte » = skr. *bhárati*, aoriste *eber* « il a porté » = skr. *ábharat*; en slave, l'ancien imparfait thématique, disparu presque tout entier à l'époque historique, a fourni à l'aoriste certaines formes qui lui manquaient, ainsi *vede*, *nese*, etc. de *vedą nesą*,, etc. complètent le paradigme des aoristes *vèsŭ*, *nèsŭ*, etc. Dans tout ce groupe des présents-aoristes thématiques, on ne voit pas que l'aoriste sigmatique trouve naturellement une place en indo-européen.

Quant aux racines qui fournissent des présents-aoristes athématiques, il y a deux cas à considérer.

Si la racine exprime l'action pure et simple, sans indication du développement, le thème radical est naturellement un aoriste, et cet état est presque entièrement atteint dès l'indo-européen; un thème plus complexe, qui est souvent un thème à redoublement, est alors affecté à l'expression du présent; c'est le cas du type skr. *ádhāt*, arm. *ed*, gr. ἔθεμεν en face de skr. *dádhāmi*, gr. τίθημι, lit. *dĕsti* et de arm. *dnem*; on en a de nombreux exemples. Ce n'est pas que le type à redoublement soit réservé au présent; il y a des aoristes anciens qui sont des thèmes à redoublement, par exemple skr. *ávocam* = gr. ἔ(ϝ)ειπον; mais l'expression de la répétition ou de l'intensité particulière de l'action par le redoublement se prêtait bien à fournir des présents (cf. Ul'janov, dans *Sbornik Fortunatov*, p. 703 et suiv.). Les thèmes radicaux n'étaient du reste pas réservés exclusivement à l'aoriste en indo-européen : le latin a encore le présent *dat* (*dāre*), en face de skr. *ádāt*, arm. *et*, gr. ἔδομεν, et (*con-*)*dit*, (*crē-*)*dit*, etc., en face de skr. *ádhāt*, etc.; le présent *dat* n'exprime pas le développement de l'action : il est perfectif. De même, pour obtenir un présent imperfectif de la racine **dhē-*, les dialectes italiques ont recours à un nouveau thème : lat. *faciō*. Telle racine, dont on ne possède aucune forme radicale simple, se dénonce cependant comme ayant valeur d'expression de l'action pure et simple ; ainsi **sē-* « semer », dont on a en latin le présent à redoublement *serō*, et ailleurs le présent en **-ye-* (du type slave *dają* « je donne », imperfectif, en face de *damĭ*) : v. sl. *sěją*, lit. *sėju*, got. *saia*.

Si au contraire la racine exprime le développement de l'action, le thème radical est un présent, et la racine ne comporte pas d'aoriste ; c'est le cas de skr. *ásti*, gr. ἔστι, v. sl. *jestŭ*, lat. *est*, got. *ist*. arm. *ē*, etc., ou de skr. *vā́ti*, gr. ἄ(ϝ)ησι, par exemple. Dans les cas de ce genre, si l'on a besoin d'exprimer l'action pure et simple, on recourt d'ordinaire à une autre racine, et c'est pour cela que c'est auprès des racines de ce genre qu'apparaissent la plupart des cas de supplétisme connus ; mais la fixation du type supplétif a eu lieu séparément dans chaque langue, et la racine à laquelle est emprunté l'aoriste diffère d'une langue à l'autre : skr. *átti*, *ághaḥ* ; arm. *utem*, *keray* (3e pers. *eker*) ; gr. ἔδμεναι (et ἐσθίω), ἔφαγον ; le slave, qui a largement développé l'aoriste sigmatique, a créé *jasŭ* (*jaxŭ*) en face de *jamĭ* : c'est une innovation qui montre seulement la puissance productive du type en *-s-* en slave. — Dans tous les cas, l'aoriste en *-s-* n'apparaît que postérieurement, en vertu de l'existence d'un système général, ou bien fait entièrement défaut.

L'indo-européen avait des aoristes sigmatiques ; mais on voit combien petite en était la place dans l'ensemble du système verbal ; et en effet les exemples qu'on a des raisons solides de tenir pour indo-européens ne sont pas nombreux. L'un des principaux est : skr. *ádikṣi*, *ádiṣṭa* (et *adikṣat*), gāth. *dāiš* « que tu montres » (v. Bartholomae, *Altiran. Wört.* sous *daēs-*), gr. ἔδειξα, lat. *dīxī* ; il est impossible de déterminer quel était le présent de cette racine en indo-européen ; le sanskrit a *diçáti* qui ne se retrouve pas en iranien (tandis que le type intensif *dédiṣṭe* a un correspondant gāth. *daēdōišt*) ; le gr. δείκνυμι a été fait sur ἔδειξα ; seul, le groupe occidental a **dei̯ke-* : got. *-teihan*, lat. *dīcō* (ancien *deicō*), osq. deìkum, irl. *do-dĕcha*. Un autre exemple qui paraît bien établi est : skr. *avāṭ* (*avākṣam*), zd *vāzat*, cypr. ἐϝεξε (? ; v. Hoffmann, *Gr. Dial.*, I, no 66), pamph. ἰσϝεξε (? ; v. R. Meister, *Ber. d. Ges. d. Wiss. z. Leipzig. Phil.-hist. Cl.*, LVI, p. 41), v. sl. *věsŭ* (peu probant), lat. *uexī* (ou *uēxī* ?) ; il y a ici un présent très sûr : skr. *váhati*, zd *vazaiti*, v. sl. *vezetŭ*, lit. *vẽža*, got. *-wigiþ*, lat. *uehit* ; une forme aoristique à vocalisme radical zéro où le **w-* initial serait vocalisé a été évitée. Mais la plupart des exemples que rapproche M. Brugmann, *Grundr.*, II, § 812, et *Abrégé de gr. comp.*, § 703, sont dépourvus de toute valeur probante pour établir l'existence indo-européenne de telle ou telle forme.

Pour qu'on ait le droit de rapprocher des formes de diverses langues de même famille en les rapportant à un original commun, il ne suffit pas qu'elles soient phonétiquement superposables : ce n'est là qu'une première condition préalable, la condition de « possibilité », et c'est à tort qu'on se contente souvent de cette simple possibilité ; deux formes superposables n'établissent l'existence d'un original commun en indo-européen, que si elles n'ont pu être créées indépendamment dans chacune des langues où elles figurent. En appliquant ce principe, on voit s'évanouir presque tous les aoristes indo-européens en *-s-* supposés. Ainsi tous les présents grecs en **-ye-* sont accompagnés d'aoristes sigmatiques ; il n'y a donc rien à conclure de ἔτεινα, ἔφθειρα, etc. Tous les verbes lituaniens ont un futur ; il n'y a donc rien à conclure de lit. *reñsme*, etc. L'aoriste slave de tous les thèmes terminés par voyelle est en *-s-*; il n'y a donc rien à conclure de *pluxŭ*, *daxŭ*, etc. Skr. *átasi*, *ádiṣi*, *dāsat*, etc. sont des formations nouvelles qui s'expliquent en sanskrit même, on le verra. Si l'on élimine toutes ces formes et celles qui donneraient lieu à des critiques analogues, il ne reste presque plus de thèmes d'aoristes sigmatiques qu'on puisse valablement employer pour démontrer le caractère indo-européen du type, et le nombre des exemples se réduit à quelques unités ; les deux plus solides ont été notés ci-dessus ; il y en a sans doute quelques autres plus malaisés à déterminer.

Ceci posé, il reste à examiner séparément chacune des langues qui présentent des aoristes en *-s-*, et à faire ressortir la nouveauté de la plupart des formes.

1° Indo-iranien.

L'aoriste en *-s-* est toujours radical en indo-iranien, parce que les thèmes dérivés, et notamment les dénominatifs, n'y ont en général à l'époque ancienne qu'un seul thème à formes personnelles, celui du présent. Mais ces aoristes sont en général des substituts donnés à des aoristes purement radicaux, athématiques pour la plupart, dans des cas où ceux-ci vieillissaient et tendaient à disparaître.

Le moyen indien présente tout achevé le résultat de ce développement. Ainsi le pâli, qui n'a plus que des traces isolées de l'aoriste purement radical thématique ou athématique, a donné à chacun de ses présents primaires un aoriste qui repose sur le type de l'aoriste sigmatique : *pivi* « il a bu », *suṇi* « il a entendu », *pucchi* « il a demandé » (cf. la forme toute différente véd. *aprākṣīt*), etc. ; des faits analogues se retrouvent dans les prâkrits. Même dans les plus vieux textes védiques, on rencontre isolément les formes *ánindiṣuḥ* (R̥. V.), *níndiṣat* (A. V.) faites sur le présent *níndati* ; il est vrai que l'extension de la nasale n'est pas propre à l'aoriste ; le parfait a *nindima* à côté de *ninidúḥ*, du participe aoriste *nidānáḥ* et du désidératif *nínitsati*, évidemment parce que la forme attendue **ninidima* présenterait une de ces successions de brèves que le sanskrit et le grec s'accordent à éviter autant que possible ; et la nasale a passé aussi aux noms : *ninditā́* (R. V.), *nindā́* (A. V., à côté de *nid-* R. V.), etc. L'Atharvavéda a *ajīvīt*, fait sur *jī́vati*. Mais ce ne sont encore que des cas particuliers, relativement rares.

Ce qui est plus significatif, c'est que déjà en védique l'aoriste sigmatique remplace en certaines conditions l'aoriste radical pur. Soit les thèmes i.-e. **dhē-* et **dō-*, dont les représentants ont été indiqués ci-dessus, p. 84 ; le sanskrit a bien conservé *ádhāt* et *ádāt*, et l'Avesta *dāt* ; or ces thèmes se maintiennent régulièrement devant consonne, ainsi en védique : *dā́m*, *dā́ḥ*, *dā́t*, *dā́tam*, *dā́ta*, et aussi *adithā́ḥ*, *adita*, *adimahi* ; *dhā́m*, *dhā́ḥ*, *dhā́t*, *dhīmahi*, *dhiṣvá*, etc. Mais les désinences à initiale vocalique et la caractéristique *-a-* du subjonctif étaient obscurcies avec un thème *dā-* ou *dhā-* ; c'est alors qu'on recourt plus ou moins complètement à la forme sigmatique ; le védique a encore *ádhuḥ*, *dhuḥ* et *áduḥ*, *duḥ* ; mais on a aussi *dhāsuḥ*; le Ṛgveda a *dāsat*, *dāsathaḥ* et *dhāsathaḥ*, *dhāsatha* au subjonctif, l'Atharva *adiṣi* au moyen, et l'on a d'ailleurs *adiṣata*, *adhiṣi*, *adhiṣata*. Il y a ici une innovation évidente du sanskrit, qui ne se retrouve même pas en iranien ; car la forme *dīš-* que croit reconnaître M. Bartholomae dans un passage gâthique obscur (Y. LI, 1 ; v. Bartholomae, *Altiran. Wört.*, col. 722) est plus qu'incertaine à tous égards. Ce type d'innovation rentre dans un procédé général connu : quand un thème se termine par voyelle et que l'élément morphologique qui doit s'y ajouter commence aussi par voyelle, il tend à s'insérer entre les deux une consonne qui les sépare et maintient la clarté, à la fois du thème et de la désinence ; c'est ainsi que s'expliquent les génitifs pluriels sanskrits en *-ā-n-ām*, latins en *-ā-r-um*, etc., par exemple ; le point de départ d'innovations analogiques dont la nécessité se fait si vivement sentir est souvent très petit et difficile à déterminer. En face de skr. *ásthāt* (= gr. ἔστη), moyen *ásthita*, on a de bonne heure *asthiṣi*, *asthiṣata*, et, dans l'Avesta, le subjonctif *stånhaṭ*. S'il n'y a guère de formes pareilles pour *ágām* (= gr. ἔβην), c'est que cet aoriste ne comporte pas ordinairement les désinences moyennes ; toutefois on signale *agīṣata* (3me plur.), d'où *agīṣṭhāḥ*, etc. Il faut signaler aussi véd. *rāsi* « j'ai donné » = gâth. *rāhī*, de la racine indo-iranienne *rā-* ; sauf le subjonctif véd. *rāsat*, on n'a guère de cet aoriste que des formes moyennes (impér. *rāsva*, 2e plur. *árādhvam*, etc.), et, par suite, uniquement des formes sigmatiques ; le thème *rā-* d'aoriste n'est pas attesté.

La forme en *-s-* se rencontre dans les mêmes conditions que dans *ádām* : *ádiṣi*, pour les racines en *-n-*, qui ont *-a-* au degré zéro : *átan*, *atathāḥ*, *átata*, mais *atasi* (le Ṛgveda a encore la 3me plur. moy. *atnata* ; mais l'alternance : *ta-*, *tn-* n'était plus comprise), v. Whitney, *Skr. gramm.*, § 881 e et 881 b. Justifié en principe seulement devant voyelle, le type a été étendu et se trouve aussi devant sonante ; de là *agamam*, *agan* (= arm. *ekn*), *gata*, etc. (et 3me plur. *agman* Ṛ V.), mais *agasmahi*(*m*Ṛ. V.). Le caractère secondaire de ces formes ressort du degré zéro, auquel est leur vocalisme ; en pareil cas, le vocalisme normal est *-a-* en indo-iranien dans les formes relativement anciennes, comme véd. *maṃsi* = gâth. *mənghī* « j'ai pensé, j'ai cru » et véd. *vámsi*, à côté du subjonctif véd. *vámsat* = gāth. *vənghaṭ* ; seul, le lourd suffixe de l'optatif entraîne le vocalisme radical zéro : *masīya*, *masīmáhi* et *vasīmahi* (à côté de *vaṃsīmáhi*). L'usage de l'aoriste en *-s-* au moyen s'est même étendu à des racines où il n'était pas indispensable ; par exemple, le Ṛgveda présente à côté de *áhema*, *áheta*, *ahyan*, et du participe *hiyānáḥ*, une 3me pers. plur. moy. *ahesata* (**ahiyata* aurait, il est vrai, fourni une trop longue suite de brèves).

Abstraction faite de toutes les formes archaïques — formes anciennes ou formes correctement refaites sur des modèles anciens — il y a donc en sanskrit beaucoup d'aoristes sigmatiques sûrement récents ; le type se comporte comme un type secondaire et fournit des élargissements de thèmes radicaux purs.

En ce qui concerne le type thématique, il est plus difficile de rien constater de précis. Toutefois on peut utiliser ici une remarque de Whitney, *Skr. gramm.*, § 846 : l'aoriste thématique en *-a-* ne fournit guère que des formes à désinences actives ; pour le moyen, on recourt à l'aoriste en *-s-*. Il est peu probable qu'il y faille, avec M. Hirt, I. F., XVI, 92 et suiv., et *Hdb. d. gr. L. u. F. lehre*, § 461, chercher une particularité indo-européenne ayant des causes lointaines. Deux circonstances contrariaient un fréquent usage des formes moyennes de cet aoriste : d'abord la 1re personne du singulier a une finale identique à celle des formes primaires, ainsi dans *áh(u)ve* ; et d'autre part, un certain nombre de formes, et notamment une forme aussi fréquente que la 3me personne du singulier se présentaient avec une suite de brèves à laquelle la langue répugnait ; en regard de la

3me pers. plur. (*a*)*budhanta*, on attend par exemple **abudhata*, qui n'est pas attesté en fait. C'est ainsi que la langue a été amenée à créer une 1re pers. sing. *ábhutsi* (R̥V), une 3me pers. plur. *ábhutsata* (AV.), d'où 1re pers. plur. *ábhutsmahi* ; ce thème d'aoriste en *-s-* est sans doute indépendant de celui de l'aoriste slave *bljusŭ*, fait sur le présent *bljudą* « j'observe », et qui, rentrant dans un type général nécessaire du slave, ne contribue en rien à établir le caractère indo-européen d'un aoriste sigmatique pour cette racine ; l'iranien ne fournit malheureusement aucun aoriste ici ; le grec n'a que ἐπυθόμην. En face de skr. *ávidat* (= arm. *egit*), gâth. *vīdat* (le présent a un infixe nasal : zd *vīnasti*, *vīndaite*, skr. *vindáti*), le védique a la 1re pers. sing. moy. *avitsi*, qui n'a de correspondant nulle part ; l'Atharvavéda présente la 3me pers. plur. moy. (*a*)*vidanta* et *avidat*, mais non pas le singulier correspondant. En face de l'aoriste thématique *dr̥çan*, *dr̥çéyam* (cf. gr. ἔδρακον), on a 3e plur. *ádr̥kṣata* (R̥V.), et le subjonctif *dr̥kṣase* (la forme à part *adr̥çran* n'établit pas l'existence d'un thème *darç-*, *dr̥ç-*). En face de skr. class. *alipat* (cf. v. sl. *-lĭpŭ* qui en garantit l'antiquité), on a la 3me plur. *alipsata* (R̥V.). L'Atharvavéda a *nikṣi* à côté de *anijam* (le grec ἔνιψα n'est pas à rapprocher, puisque le présent est en *-ye-* : νίζω, puis νίπτω). Le présent skr. *viçáti* est accompagné d'une 3me pers. plur. en *-ran* : *áviçran*, et des formes sigmatiques : 3me plur. moy. *ávikṣata*, 1re plur. moy. *ávikṣmahi* ; on pourrait rapprocher cet exemple des précédents, mais on doit noter que l'un de ceux où le sanskrit a été de bonne heure conduit à employer d'une manière générale l'aoriste en *-s-* est celui où le présent était du type *tudáti* ; on a ainsi *asrāk*, *asr̥kṣi*, *asr̥ṣṭa* (que rien n'empêche de tenir pour un aoriste sigmatique), *asr̥kṣata*, en regard de *sr̥játi* = zd *hərəzaiti* (cf. pers. *hilam*). Ces aoristes sigmatiques ne se retrouvent pas en iranien.

Un présent radical comme skr. *dógdhi*, *duhánti*, ne peut naturellement être accompagné d'aucun aoriste radical ; M. Wackernagel vient de montrer très finement que la forme véd. *aduhat* est une transformation de *aduha*, et non un aoriste radical thématique (K. Z., XLI, 309 et suiv.) ; pour obtenir un aoriste, le sanskrit a donc dû recourir au type en *-s-* : de là *adhukṣata*, *ádhukṣat*, etc. ; la racine n'est pas attestée en dehors de l'indo-iranien, et l'on n'en a même pas la forme en ancien iranien, de sorte qu'il est malaisé d'apprécier le degré d'antiquité de ces formes sigmatiques. Le présent skr. *çéte* = gr. κεῖται n'était sans doute accompagné d'aucun aoriste en indo-européen ; des formes sigmatiques se sont créées en sanskrit ; on n'en trouve pas non plus l'équivalent en iranien. L'indo-iranien a un thème de présent **yaug-*, à côté de **yunag-*, ainsi skr. *yujé* ; le prétérit de ce thème **yaug-* fournit en sanskrit des formes qui tiennent lieu d'aoristes ; mais la 3me pers. du plur. moy. *ayujata* donnait une suite de brèves ; de là *ayukṣata* dès le Ṛgveda (et *áyukṣātām*) ; *yujata* existe aussi, mais était si choquant qu'il a été fait une 3me plur. *yujanta* (aussi ṚV.) ; il ne faut donc pas rapprocher véd. *ayukṣata* de gr. ἔζευξα.

La racine de gr. φέρω ne comportait en indo-européen ni aoriste ni parfait ; le grec recourt à ἤνεγκον, ἐνήνοχα, le latin à *tulī* ; le vieil irlandais a *do uic* « il a emporté », en face de *do biur* « j'emporte », et *do ratus* « j'ai donné », en face de *do biur* « je donne ». Si l'arménien a un aoriste *beri* « j'ai porté », en face de *berim* « je porte », c'est qu'il emploie ici comme aoriste l'ancien imparfait : arm. *eber* = gr. ἔφερε, skr. *ábharat*. Les formes slaves *bŭraxŭ*, *bŭravŭ* ne sont pas des formes radicales ; elles présentent l'élément *-a-* qui se rencontre à peu près normalement en face des présents en *-je-* (type *pišą*, *pīsati*), c'est-à-dire dans des formations secondaires ; c'est sans doute, comme on l'indique ci-dessous, p. 93, le même qui se retrouve dans les prétérits latins *er-ā-s*, *dīxer-ā-s*, *dīcē-b-ā-s*, etc., dans le type lituanien *bùv-o*, dans le type médio-passif arménien *ber-a-y*. Le prétérit germanique *bar* ne prouve rien ; en revanche, M. Gauthiot a reconnu dans la flexion du verbe germ. **bringan*, une trace manifeste du type supplétif (v. l'article de M. Gauthiot dans le présent recueil). Le sanskrit même a la trace de l'inexistence primitive du parfait de sa racine *bhar-* ; car le parfait véd. *jabhāra* résulte évidemment d'une modification du parfait supplétif *jabhāra* par l'influence de la racine *bhar-*, (Osthoff, *Suppletivwesen*, p. 10 et suiv.). L'aoriste véd. *abhārṣam*, *abhār*, *bharṣat* (subjonct.) est donc une formation nouvelle, à laquelle l'influence de *ahārṣam*, *ahār* ne doit pas avoir été étrangère; cet aoriste sigmatique de *bhar-* n'a de correspondant nulle part, et notamment pas en iranien ; à l'intérieur même du védique, la rareté des exemples de l'aoriste *abhārṣam*, dans une racine aussi employée que *bhar-*, montre que ce n'était pas une formation normale et courante; on voit que pour former un aoriste nouveau tel que celui-ci, le sanskrit recourt au type en *-s-*.

2° Slave.

L'aoriste sigmatique est presque entièrement généralisé en slave. C'est celui de tous les thèmes verbaux terminés par une voyelle, donc de tous les verbes dérivés : *raz-uměxŭ*, *sŭdělaxŭ*, *vŭz-budixŭ*, etc. Mais il se rencontre également dans des types primaires ou d'apparence primaire. Seuls font exception quelques verbes dont le présent a l'aspect absolument ou partiellement perfectif, comme v. sl. *padą* et *jidą*, aor. *padŭ*, *jidŭ*, et les verbes à suffixe nasal dont, pour la plupart, le présent a été en réalité construit en partant de l'aoriste; ainsi v. sl. *-lĭną* (v. sl. *-lĭpną*) sur *-lĭpŭ*. Le slave n'autorise donc aucune conclusion particulière; on en retiendra seulement qu'il a emprunté au type en *-s-* l'aoriste de tous ses verbes dénominatifs et déverbatifs. D'autre part, l'importance prise par l'aoriste en *-s-* dans le type radical tient peut-être à ce que, au présent, le type thématique oxyton à vocalisme radical zéro a largement prévalu : *-mĭrą*, *-mrěxŭ* ; *cvĭtą*, *cvisŭ*, etc. ; ceci rappelle le type skr. *sṛjáti*, *asrāk*. Le type sigmatique se présente comme un moyen de caractériser l'aoriste, là où les autres formations n'existaient pas et ne pouvaient être créées.

La preuve que le slave ne doit pas son aoriste sigmatique à un usage fréquent de cette forme dans le dialecte indo-européen qu'il représente, c'est que les langues baltiques qui représentent exactement le même dialecte n'ont pas trace d'un aoriste pareil. Le baltique a au contraire développé une marque *-ā-* du prétérit qui se retrouve en italique : lat. *er-ā-s*, *dīxer-ā-s*, *dīcēb-ā-s*, cf. lit. *bùvo*; « il était » *kiřto-* « il a coupé d'un coup violent », etc. ; l'arménien a aussi une forme en *-a-* (dont l'*a* ne s'étend pas au subjonctif) à l'indicatif et à l'impératif de l'aoriste moyen : *cnay* « je suis né ». Le slave lui-même a connu de pareils prétérits dont les aoristes tels que *bŭra-xŭ*, *gŭna-xŭ* (sur lesquels on a fait les infinitifs *bŭra-ti*, *gŭna-ti*) ne sont sans doute que des élargissements ; ce n'est d'ailleurs pas la seule origine du type slave en *-a-ti*, comme suffirait à l'indiquer *orati*, en face de lat. *arāre*; il est impossible d'essayer ici de faire un départ entre les origines possibles de sl. *-a-ti* (en dehors, naturellement, des types de dénominatifs comme *dělati*, et de déverbatifs comme *padati*). Mais, si le slave conserve indirectement le souvenir d'une formation qui correspond à celle de lit. *bùv-o*, *kiřt-o*, aucun dialecte baltique n'a le moindre souvenir de rien de pareil au type v. sl. *jęsŭ*, *rěxŭ*, etc. La formation d'aoristes en *-s-* n'avait donc pas une grande place dans le groupe dialectal indo-européen qui a fourni le slave et le baltique.

3° Grec.

En grec comme en slave, le type sigmatique fournit l'aoriste de tous les verbes dérivés : ἐτίμησα, ἐδήλωσα, ἐφίλησα, ἐδίκασα, ἐβασίλευσα, etc. M. Hirt a constaté avec raison (*Hdb. d. gr. L. u. F. lehre*, § 457) que l'aoriste en *-s-* est en grec la forme propre des verbes dénominatifs et des verbes qui ne peuvent pas former un aoriste radical ; il est en voie d'accroissement à l'époque historique. Un détail bien caractéristique est le suivant : on sait maintenant que les présents en **-ye-*, tels que σχίζω, τείνω, etc., sont, malgré leur apparence primaire, des formations dérivées et secondaires; or, à tous ces présents répondent constamment des aoristes sigmatiques : σχίζω, ἔσχισα ; τείνω, ἔτεινα, θάπτω, ἔθαψα, etc. Autre détail aussi caractéristique : le grec a créé, en face des présents moyens à valeur intransitive ou absolue des présents actifs à valeur factitive, par exemple πείθω

« je persuade », en face de πείθομαι (cf. lat. *fīdō* « j'ai confiance ») ; si la forme à valeur intransitive a un vieil aoriste radical, comme πιθέσθαι, le factitif actif reçoit un aoriste nouveau, qui est sigmatique : ἔπεισα ; de même ἔστησα à côté de ἔστην, ἔφυσα, à côté de ἔφυν, etc. (v. par exemple Stahl, *Synt. d. gr. Verb.*, p. 63 ; Rodenbusch, I. F., XXI, 117 et suiv.). M. Wackernagel (K. Z., XL, 544 et suiv.) a montré que l'aoriste sigmatique actif ἔλυσα était une formation nouvelle, en regard de l'aoriste radical moyen ἐλύμην, et M. Sommer (*Glotta*, I, 60 et suiv.) a étendu la portée de cette observation. Enfin nombre d'aoristes en -σα ont été faits sur des thèmes en -η-, par exemple πιθήσας, sur πιθη-, d'où sort également πιθήσω : ceci répond exactement au type, aussi secondaire, de v. sl. *mĭněxŭ*, fait sur le thème i.-e. **m°nē-* (cf gr. μανῆναι). Seul, le maintien de σ- intervocalique (et de -σσ- visiblement analogique) du type ἐκρέμασα, ἐστόρεσα, etc. en dénonce le caractère récent, qui semble du reste évident de toutes manières ; aucune de ces formes n'a de correspondant exact hors du grec.

4° Celtique.

Il va de soi que l'*s* de v. irl. *ro carus*, m. gall. *cereis* « j'ai aimé » ne représente pas un -*s*- intervocalique indo-européen ; mais d'une manière quelconque, ces formes reposent sur d'anciens aoristes sigmatiques. Or, ce sont les verbes dérivés, les verbes faibles qui ont en irlandais le prétérit en -*s*-. Quant aux rares verbes forts qui ont à l'actif le prétérit sigmatique (v. Vendryes, *Gramm. d. v. irl.*, § 338, p. 177), la forme en -*s*- y apparaît nettement secondaire : -*ibsem* « nous avons bu », est fait sur le présent *ibim*, donc évidemment secondaire et récent ; *ro gabus*, « j'ai pris », est à côté d'un présent *gabim*, qui est du type en *-*ye*- | -*i*-, c'est-à-dire d'un type indo-européen secondaire, comme on l'a rappelé à propos du grec ; il en est de même de -*neithius*, dont le présent *nethim* est du même type que *gabim* (v. Vendryes, *l. c.*, § 385, p. 201). Parmi les déponents du type fort, le prétérit en -*s*- est moins rare, mais il est aussi secondaire comme l'indique une forme telle que -*muines-tar*.

Si l'irlandais a conservé des aoristes en *-s-* qui ne soient pas secondaires, ce ne peut être que dans les subjonctifs en *-s-* du type fort, pour autant qu'on considérerait ces subjonctifs comme des « injonctifs ». Ces formations ne sauraient être séparées du type lat. *faxō* et *faxim*, des futurs osco-ombriens, tels que osq. *fust* ombr. *fust*, et de tout l'ensemble des formations en *-s-* : présents, futurs, désidératifs, etc., sur lesquelles on reviendra plus loin. L'aoriste en *-s-* de l'irlandais, qui suppose un ancien *-ss-*, rappelle beaucoup les formations en *-ssō*, *-ssim* du latin.

5° Latin.

Il pourrait sembler, au premier abord, qu'en latin les formes fournies par l'aoriste sigmatique aient le caractère primaire ; mais ce n'est qu'une apparence. Il est vrai que les types de conjugaison faible n'ont pas de formes sigmatiques, et que le latin a *amāuī* en face de v. irl. *ro carus*. Mais les formes du type *dīxī*, si elles ne sont pas celles de la conjugaison faible, n'en résultent pas moins, pour la plupart, de développements récents : entre l'indo-européen et le latin, il s'est écoulé une longue période de temps où il a pu se produire des innovations multiples ; c'est durant une partie de cet espace de temps que les formes en *-sī* se sont sans doute multipliées. Les preuves en sont nombreuses.

Le verbe *emō* a pour perfectum *ēmī*, et ceci se maintient dans les formes à préverbe, ainsi *eximō*, *exēmī* ; mais l'alternance vocalique n'était plus claire ni même utilisable là où il y a contraction au présent : *cōmō*, *prōmō*, *dēmō*, *sūmō* ; alors on a créé secondairement, comme substitut, un perfectum en *-s-* : *cōmpsī*, *prōmpsī*, *dēmpsī*, *sūmpsī* ; une trace de la forme ancienne est conservée encore dans l'archaïque *surēmit*, qui montre combien le perfectum en *-s-* est récent ici.

Celles des formes à préverbe de *iaciō* qui conservent la flexion en *-ĭ-* de *iaciō*, *iacis* conservent aussi le perfectum *iēcī*, ainsi *abiēcī* ; mais le perfectum de *amiciō*, *amicīs* n'a pas la forme en *-iēcī* dont le rapport avec *amiciō* n'aurait plus été clair, et l'on a fait *amixī*.

Le perfectum à redoublement perd, par haplologie, son redoublement quand il est précédé d'un préverbe : *sus-tulī*, *ex-pulī*, *oc-currī*, *ac-cendī* (ici la forme à redoublement n'est pas attestée, parce que le simple manque), de *-scendī* (même observation), etc. ; on rentre ainsi dans le cas, très généralement évité en latin, où le perfectum n'est caractérisé ni par un suffixe, ni par le vocalisme radical, ni par le redoublement. Il arrive alors assez souvent que le latin recourt à une forme différente de celle du simple ; c'est ainsi qu'en face de *cecinī*, on a *oc-cinuī* (sans doute d'après *sonuī* ; en face de *pepigī*, on a *compēgī* (forme évidemment analogique ; cf. dor. πέπᾱγα). La nouvelle forme *tenuī*, qui a remplacé l'ancien *tetinī*, est sans doute issue de *continuī*, *dētinuī*, etc. ; elle s'explique aisément par analogie. Dans plusieurs cas, c'est à la formation en *-s-* qu'on a recouru : de là *compunxī*, *dis-punxī*, *re-punxī*, en face de *pupugī*, *pepugī* ; Plaute a *prae-morsisset* en regard de *momordī* ; d'autres exemples n'apparaissent que plus tard.

Les présents à infixe nasal dont la racine se termine par une gutturale, et qui ont la forme en *-s-*, ont tous ce même infixe au perfectum, qui se dénonce ainsi comme fait purement et simplement sur le présent. La présence de l'infixe est très caractéristique ; car, au moins quand la racine a un *i*, la nasale ne se retrouve pas en général au participe en *-tus* ; c'est ainsi qu'on a : *fingō*, *finxī*, *fictus* ; *pingō*, *pinxī*, *pictus* ; *mingō*, *minxī*, *mictus* (exemple peu probant, parce qu'on a aussi le présent *meiiō*, accompagné de *mixī*, et que *minctus* est attesté) ; *stringō*, *strinxī*, *strictus* ; *ninguit*, *ninxit* (cf. *nix*, *niuem*) ; *uinciō*, *uinxī*, *uinctus* (avec *n*, parce que *uictus* a un autre sens ?) ; *lingō*, *linxī*, *linctus*. Les racines qui ont un *u* ou un *a* sont moins probantes, parce que la nasale y est étendue au participe en *-tus*, et ceci sans influence du perfectum : *iungō*, *iunxī* (sur véd. *ayukṣata* et gr. ἔζευξα, v. ci-dessus, p. 91), *iunctus* (à côté de *iugum*) ; *sanciō*, *sanxī*, *sanctus* ; *plangō*, *planxī*, *planctus* (l'exemple *pangō*, *pāctus* est à part, à cause de la quantité longue de l'*a* de *pāctus* ; *panxī* s'est développé sans doute dans les formes à préverbe). L'extension de la nasale est curieuse dans *fungor*, *func-*

tus, où il n'y a pas de perfectum actif, puisque le verbe est déponent.

Cet ensemble de formes suffit sans doute à faire apparaître le caractère récent du perfectum en *-s-* en latin. Et d'autres détails viennent confirmer cette conclusion ; par exemple, un ancien dénominatif comme *speciō* a pour perfectum *spexī*. Un perfectum tel que *mansī* est très imprévu ; car le type en *-s-* n'existe en latin que dans les racines terminées par une occlusive ou une sifflante ; mais le vocalisme de *man-* qui ne peut s'expliquer que devant voyelle, dans *maneō*, *manēre*, suffit à révéler que *mansī* est une formation nouvelle, sans aucun rapport direct avec gr. ἔμεινα.

La forme en *-s-* est celle à laquelle la langue a dû recourir là où le type en *-u-*, qui est de règle après voyelle (*amātus*, *amāuī* ; *monitus*, *monuī* ; etc.), le type à redoublement et le type caractérisé par le vocalisme étaient impossibles. Or, le type à redoublement n'existe guère en latin que pour les racines dont l'initiale est une occlusive, et même en particulier une occlusive sourde, ou *-s-* + occlusive (type *stetī*, *scicidī*, *spopondī*) ; il n'y a qu'un exemple de redoublement par *f-*, à savoir *fefellī*, où l'on notera que *f* intérieur n'a pas le traitement phonétique, qui serait *b* ; il n'y a pas d'exemple de redoublement pour *s* ; il n'y en a qu'un pour *m* (*momordī*) ; il n'y en a aucun pour le groupe consonne plus liquide : de là la nécessité de lat. *planxī*, en regard de got. *faiflok*. Le type à alternances vocaliques ne saurait exister dans nombre de cas, notamment quand la racine comporte l'une des diphtongues *er*, *el*, *en*, *em*, par exemple dans *mergō*, *mersī* ; ou quand il y a l'une des diphtongues en *a*, par exemple, dans *saepiō*, *saepsī* ; *laedō*, *laesī*, etc. Dans *serpō*, *serpsī*, il s'agit de plus d'une racine qui à l'origine n'avait pas d'aoriste : en sanskrit *ásṛpat* (en face de *sárpati*) n'apparaît que dans l'Atharvaveda (v. Delbrück, *Vergl. Synt.*, II, p. 241) ; en grec, l'aoriste de ἕρπω n'existe pas chez Homère, et est rare dans tous les textes (v. Jacobsthal, *Gebr. d. Tempora i. d. kret. Dialektinschr.* [I. F., XXI, Supplementband], p. 56), et l'aoriste de ce verbe est en attique εἵρπυσα, visiblement fait après coup (d'après εἵλκυσα); *serpsī* est donc une formation latine.

Si le perfectum en *-s-* du latin continuait d'anciens aoristes, et n'était pas composé presque uniquement de formes nouvelles, il devrait présenter un vocalisme propre; or, les exemples de ce genre sont très rares; on a, il est vrai, *dīuĭdō*, *dīuīsī* (et aussi *dīuīsus*, qui enlève de sa valeur à *dīuīsī*), et ceci concorde avec le vocalisme indo-iranien et slave; mais le second exemple d'alternance entre un infectum et un perfectum en *-s-* présente un contraste exactement inverse: *ūrō*, *ussī* (*ŭstus*); sans doute on peut expliquer *ussī* par l'influence de *ŭstus* (= skr. *uṣṭáḥ*; comme *dīuīsus* par l'influence de *dīuīsī*; on peut supposer que *ussī* a été créé postérieurement sur *ustus* parce que toute autre forme caractéristique de perfectum de *ūrō* (cf. skr. *óṣati*, gr. εὕω) était impossible. Mais il demeure vrai qu'il n'y a que deux exemples d'alternance vocalique dans le type en *-s-*, et qu'ils sont contradictoires entre eux.

On s'est souvent demandé si la longue attestée par les grammairiens pour *e* et *a* dans les exemples comme *tēxī*, *rēxī*, et sans doute *uēxī*, *trāxī*, n'a rien à faire avec le degré long de véd. *ávāṭ*, v. sl. *věsŭ*; rien du moins ne le prouve. Car cette longue se retrouve au participe en *-tus*, dans *rēctus*, *tēctus*; et elle n'y est pas analogique de l'aoriste, puisqu'elle se rencontre là même où il n'y a pas d'aoriste en *-s-*, ainsi dans *frāctus* (*con-frāctus*, *an-frāctus*), *āctus* (*ad-āctus*, etc.) L'*ē* et l'*ā* de ces formes sont donc produits par une action de la sonore suivante, assourdie devant *t*. Un *i* ne s'allonge pas dans les mêmes conditions, comme le prouve *strĭctus* (fr. *étroit*, it. *stretto*) en face de *stringō*; ceci tient à ce que *i* et *u* s'allongent en principe moins facilement que *e* et *o*, et surtout que *a* (cf. A. Meillet, *Études sur l'étymologie et le vocabulaire du vieux slave*, p. 122); dans son *Englische Lautdauer*, M. E. A. Meyer a du reste montré que les voyelles sont d'autant plus brèves, toutes choses égales d'ailleurs, qu'elles comportent plus de fermeture buccale. — Rien ne prouve donc que l'aoriste en *-s-* ait gardé en latin un vocalisme spécial.

Abstraction faite du vocalisme, qui n'y a rien de caractéristique en général, le latin est la langue dont les formes en *-s-* rappellent le plus celles de l'indo-iranien, et ceci à deux points de vue.

D'abord on a lieu de soupçonner que, comme l'indo-iranien, le latin a possédé des aoristes en *-s-* thématiques, soit **-se/o-*. En indo-iranien, les aoristes de ce genre sont à peu près exclusivement propres aux racines terminées par une ancienne gutturale (prépalatale ou postpalatale), ainsi : skr. *ákrukṣat*, *ádhukṣat* (la forme phonétique *adukṣat, dukṣaḥ* est aussi attestée), *aghukṣat*, *árukṣat*, *amṛkṣanta*, etc. (toutes les formes citées sont empruntées au Ṛgveda); l'Avesta a *uz-vażat*; l'aoriste *dvikṣat* de l'Atharvaveda s'explique par le fait que la racine *dviṣ-* a des formes pareilles à celles des racines terminées par une gutturale (ainsi *dvéṣṭi*, comme *váṣṭi*). Ce type n'a pas de correspondant grec tout à fait sûr ; mais la seule forme qui ait chance d'appartenir à ce type, ἶξον, a précisément une racine terminée par une gutturale (cf. Wackernagel, *Vermischte Beiträge*, p. 47). Une forme comme lat. *dīxit* (c.-à.-d. un ancien **deixed*) a l'aspect d'une forme thématique, et rien mieux que l'existence d'un type thématique en **-se-* ne facilitera l'explication de la flexion du type lat. *dīxī, tutudī, uēnī*, etc. ; or, *dīxit* est tout à fait pareil à skr. *adikṣat*, au vocalisme près. Et ce sont les racines terminées par une gutturale qui fournissent la majeure partie des formes latines en *-sī* : parmi les présents à infixe nasal, seuls sont accompagnés d'un perfectum en *-sī* ceux dont la racine se termine par une gutturale, type *finxī, uinxī*, etc. ; tout le petit groupe des verbes en *-ctō* a son perfectum en *-xī : plexī, pexī, flexī, nexī* ; et, parmi les formes en *-sī*, celles qui appartiennent à des racines terminées par gutturale constituent à elles seules environ la moitié, ainsi *algeō, alsī*; *augeō, auxī*; etc. Tout cela ne saurait être fortuit, et le rapprochement avec l'indo-iranien est frappant.

Un second fait commun au latin et au sanskrit est plus certain. Tout le perfectum latin présente un suffixe secondaire *-is-* qui figure dans toutes les formations autres que celles du présent de l'indicatif ; on a ainsi, *uēn-er-am*, *uēn-er-ō*, *uēner-im*, *uĕn-is-sem*, *uĕn-is-se*, et, même au présent de l'indicatif *uĕn-iṣ-tī*, *uĕn-is-tis*, *uĕn-ĕr-unt*, le suffixe secondaire *-is-* répond exactement au suffixe aussi secondaire de l'indo-iranien, *-iš-*. Les exemples iraniens ne sont pas nombreux, mais le maintien de *-i-* intérieur dans des formes telles que gāth. *čivīšī*, *xšnəvīšā* est important parce qu'il établit la nature de l'*i* indo-iranien : puisque cet *-i-* se maintient en iranien en cette position, c'est qu'il s'agit de i.-e. **i*, et non de i.-e **ə* (v. A. Meillet, *Dialectes indo-européens*, p. 65 et suiv.) ; on a donc le droit de poser ici lat. *-is-* = skr. *-iṣ-*. Or, comme lat. *-is-*, le skr. *-iṣ-* est nettement secondaire, et le type lat. *dīx-is-tī*, où l'on trouve réunis le suffixe *-s-* et le suffixe *-is-* a son pendant exact en sanskrit ; car les formes connues sous le nom d'aoriste en *-siṣ-* ne sont que des aoristes en *-s-* élargis au moyen de *-iṣ-* : *ayā-s-am* (avec un aoriste en *-s-* seul possible, puisque le présent est *yāti* « il va » = zd *yāiti*), et *ayā-s-iṣ-am* ; *gā-s-i* « j'ai chanté » et *gā-s-iṣ-at*, *gā-s-iṣ-uḥ* ; *ākṣi* « j'ai atteint » et *ākṣiṣuḥ* (ces trois exemples dans le Ṛgveda) ; *ájñā-s-am* (élargissement par *-s-* de l'aoriste radical attesté par grec ἔγνων) et *ajñā-s-iṣ-am* ; *áraṃsta*, et *raṃsiṣam* ; *apyāsam* et *pyāsiṣīmahi* ; *ábhāsi* et *bhāsiṣam* ; *dhyāsuḥ* et *adhyāsiṣam* ; c'est sans doute par hasard que **jyās-*, sur lequel repose *ajyāsiṣam*, n'est pas attesté. Le caractère secondaire des autres aoristes sanskrits en *-iṣ-* est loin d'apparaître aussi clairement ; mais le cas des aoristes en *-s-iṣ-* donne une indication assez précise, et la concordance avec le type latin est nette.

Si l'on tient pour établi, d'après ce qui précède, d'abord que l'aoriste sigmatique est en principe, au point de vue indo-européen, une formation secondaire tirée de thèmes existant dans la langue, et non une formation primaire, immédiatement rattachée à la racine, et, en second lieu, que cet aoriste existait à peine en indo-européen commun et qu'il résulte presque entièrement de développements propres à chacun des dialectes indo-européens et relativement récents, les singularités qu'il présente apparaissent moins inexplicables qu'il ne semblait au premier aspect.

Le fait que l'élément de formation est simplement *-*s*-, et non un suffixe de forme normale, muni d'*e*, s'explique par ceci que c'est un élargissement, non un suffixe proprement dit. Il est à peine utile de rappeler que les formes qui ont été parfois invoquées pour établir l'existence d'un suffixe *-*es*- ne prouvent rien de pareil ; ainsi l'ε de gr. ἐκορέσθης, ἐστορέσθης repose sur i.-e. *ə, ainsi que celui du type τενέω, etc. (forme de futur, et non d'aoriste ; cf. W. Schulze, *Sitzungsberichte* de l'Académie de Berlin, 1904, p. 1434 et suiv.). On notera que les suffixes paraissent n'avoir tenu qu'une place très petite dans le système des formes primaires du verbe indo-européen. Il ne manque pas de présents secondaires à suffixe : en *-*ye*- (type skr. *páçyati*, lat. *-spiciō*), en *-*ske*- (skr. *pṛccháti*, lat. *poscit*), en *-*ne*- (got. *fraihna*). En revanche les formations primaires sont radicales (ainsi gr. λείπω, ἔλιπον, λέλοιπα) ; on y trouve aussi un infixe (skr. *riṇákti*, lat. *linquō*) ; mais les formes qui semblent présenter un suffixe, comme φαίνομαι, ἐφάνην en grec, sont assez peu nombreuses, presque exceptionnelles. Il ne faut naturellement pas invoquer le futur, qui est formé à l'aide d'un suffixe, mais qui se dénonce à tous égards comme n'ayant eu en indo-européen presque aucune importance.

N'étant pas un suffixe, l'élément *-*s*- n'intervient pas dans les alternances vocaliques : il n'en présente aucune par lui-même, puisqu'il ne comporte aucune voyelle sous aucune forme, et dès lors ne saurait modifier le jeu des alternances. La seconde des difficultés indiquées ci-dessus se trouve ainsi résolue.

Quant au caractère arbitraire de la répartition des aoristes en *-*s*- sur le domaine indo-européen, il s'explique par ceci que le point de départ indo-européen était très étroit, et que les formations observées résultent pour la plupart de développements autonomes dans chaque langue : l'importance prise par l'aoriste en *-*s*- en sanskrit, en grec et en slave ne reflète en rien, on l'a vu, un état indo-européen, soit général, soit même dialectal. Il résulte simplement de l'usage qui a été fait de la forme dans certaines catégories morphologiques productives de certains idiomes.

Il subsiste une grave difficulté : celle que pose le degré vocalique long, attesté par l'accord de l'indo-iranien et du slave, mais dont on n'a aucune trace certaine dans les autres langues, et que le grec ignore entièrement. Si l'élément de formation devait être posé comme un suffixe *-*es*-, et s'il s'agissait d'un type morphologique très ancien, on serait obligé d'aborder ici la discussion de l'hypothèse de M. Streitberg, I. F., III, p. 392 et suiv., adoptée avec quelques corrections par M. Hirt, *Ablaut*, p. 183 et suiv. Mais, sans entrer dans l'examen périlleux de la question des origines préindo-européennes du degré long, les conclusions obtenues ci-dessus écartent, à ce qu'il semble, toute explication qui supposerait une haute antiquité à l'aoriste sigmatique. Comme celle de la vr̥ddhi, la longue de l'aoriste en *-*s*- a d'ailleurs un trait particulier : elle se rencontre en syllabe fermée aussi bien qu'en syllabe ouverte, et l'on a véd. *áchāntsam* comme *áyāṃsam*. Ce détail suffit à montrer que la longue de l'aoriste sigmatique n'a pas une origine rythmique, tandis que la longue des causatifs tels que skr. *bhāváyati* (cf. v. sl. *-baviti*), *svāpáyati* (cf. lat. *sōpīre*), *pāráyati* (cf. v. h. a. *fuoren*) s'explique aisément par un allongement de i.-e. **o* suivi de deux syllabes brèves. On est amené ainsi à tenter d'expliquer la longue radicale indo-iranienne et slave des aoristes sigmatiques par celle qu'on rencontre dans quelques présents-aoristes athématiques : véd. *tāṣṭi* (à côté de 3me plur. *tákṣati*), v. sl. *jamĭ* = lit. *édmi* (en face de skr. *ádmi*; la longue de lat. *ēs*, *ēst* est mal établie; l'arm. *utem*, qui a passé au type en *-e-* comme l'ancien parfait *gitem* « je suis » repose sur un thème **ōd-* à vocalisme *ō*; pour le timbre *o*, cf. v. h. a. *tuom*, v. sax. *dōm*, v. angl. *dōm*, de la racine **dhē-*); lit. *sėdmi* (et v. sl. *sěždą*, dont le passage aux présents en *-i-* est sans doute secondaire), véd. *nauti* (3me pluriel *nuvánti*), *yaúti*, *rauti* (*ruvanti*), *kṣauti* (*kṣuvánti*), etc. L'intonation des présents lituaniens *gélbmi* « j'aide », *gëdmi* « je chante », *sérgmi* « je garde », *dérkt* « il fait mauvais temps », *riáugmi* « j'ai des renvois », *ráudmi* « je gémis », *véizdmi* « je vois » s'expliquerait bien par d'anciennes diphtongues, *ēl*, *ēr*, *ēu* (et *ōu*, ce dernier dans *ráudmi* ; le premier dans *riáugmi*), *ēi* et *ōi* ; le *éi* de *véizdmi* a d'ailleurs son correspondant en slave, où l'impératif v. sl. *vižďi* atteste l'existence du type athématique et où serbe *vȉdīm*, r. *vižu* attestent l'intonation rude de l'*i* représentant l'ancienne diphtongue à premier élément long. Le nombre des exemples n'est pas très grand, et l'on ne saurait du reste en attendre beaucoup ; mais on en possède assez pour établir l'existence du type athématique à longue radicale dans le groupe oriental des langues indo-européennes, et c'est tout ce qu'il faut pour rendre compte du vocalisme à degré long des aoristes radicaux en indo-iranien et en slave.

Si l'on explique ainsi le vocalisme du type véd. *avāṭ*, v. sl. *věsŭ*, il n'y a aucune raison d'attendre en grec un type ϝηξ-, et quand on trouve en fait ϝεξ-, il n'y a pas lieu d'en être surpris ; d'abord l'aoriste grec en -σ- ne repose que pour une très faible part sur d'anciens aoristes en -*s*- indo-européens ; et de plus la forme sur laquelle reposent ces aoristes, essentiellement secondaires, peut n'avoir pas été au degré vocalique long ; le degré long n'est même pas attesté dans ceux des présents-aoristes athématiques que le grec a conservés. On est ainsi dispensé d'expliquer par une innovation analogique l'ε du type grec ϝεξ- ; car il n'y a pas de raison décisive qui oblige à reconnaître une identité totale entre les formes grecques et les formes indo-iraniennes et slaves.

Une forme qui tient dans les plus anciennes langues indo-européennes une aussi grande place que l'aoriste en *-*s*- apparaît donc comme secondaire et, pour la plus grande partie, relativement récente. Si la doctrine exposée ici est correcte, cet exemple montre combien il faut de critique pour attribuer à l'indo-européen l'emploi régulier d'une forme grammaticale avec certitude.

Outre l'aoriste sigmatique, l'élargissement *-*s*- fournit à l'indo-européen oriental (indo-iranien, slave, baltique, grec) ses futurs, à l'indo-iranien son désidératif, à l'italo-celtique son subjonctif (et futur) en -*s*-. Et il existe un autre élargissement, dont le rôle est à peu près parallèle à celui de *-*s*- à savoir *-*ā*-. Sans examiner en détail toutes ces formations, il convient de les passer brièvement en revue pour situer l'aoriste sigmatique dans l'ensemble dont il fait partie.

Le futur oriental ne dépend en rien de l'aoriste. Le futur indo-iranien en -*syá*- ne saurait être rattaché à l'aoriste d'aucune manière. Dire que le suffixe -*syá*- est constitué par *-*s*-, plus le suffixe secondaire -*ya*-, c'est énoncer une hypothèse gratuite ; un futur tel que véd. *kariṣyáti* « il fera » ne saurait être tiré d'aucun aoriste : *kariṣyáti* est fréquent dans le Ṛgveda, tandis que l'aoriste *kārṣīt* est beaucoup plus tardif; véd. *maniṣye* n'a rien à faire avec l'aoriste véd. *máṃsi* ; etc. Le futur grec pourrait être identifié à un subjonctif d'aoriste en *-*s*-; mais ce n'est qu'une possibilité en l'air : au point de vue grec, il n'y a rien de commun entre le futur et l'aoriste sigmatique ; l'un est une formation commune à tous les verbes, tandis que l'autre ne se rencontre que dans certaines catégories ; il arrive que l'un ait seulement les désinences moyennes, tandis que l'autre admet les désinences actives. En ce qui concerne le lituanien, il est contraire à toute méthode de voir dans le type *iñsme* de certains dialectes un injonctif appartenant à l'aoriste sigmatique, alors que *imsiù*, de tous les dialectes est autre chose, et que *iñsme* est aussi autre chose.

Les désidératifs comme véd. *ririkṣati* n'ont évidemment rien à faire avec l'aoriste. M. W. Schulze a montré que le lit. *kláusiu* a la même caractéristique i.-e. *-*əs*- que véd. *siṣāsati*, *çuçrūṣate*, etc. (v. *Sitzber.* de l'Académie de Berlin, 1904, p. 1434 et suiv.).

Les formes de subjonctif (et de futur) italo-celtiques en -*s*- sont entièrement indépendantes de celles du prétérit en -*s*- dans les mêmes langues. Le subjonctif italo-celtique en -*s*- est une formation autonome qui ne se rattache à aucun autre thème verbal. La chose est très claire en latin où *capsō*, *capsim* et *faxō*, *faxim* sont bien séparés de *capiō*, *faciō*, et plus encore de *cēpī*, *fēcī*; *ausim* de *audeō* et plus encore de *ausus sum*; *iussim* de *iubeō* et de *iussī*; *sīrim* de *sinō* et de *sīuī*. Elle est plus nette en vieil irlandais où *gessu*, *-ges* par exemple sert de subjonctif à *guidim*, et où le futur du même verbe est *gigse*, *-gigius* (v. Vendryes, *Gramm. d. v.-irl.*, § 332 et 334, p. 171 et 173); le redoublement du futur irlandais en *-s-* rappelle de près celui des désidératifs indo-iraniens. Il est inutile de rappeler ici que les futurs des langues italo-celtiques sont d'anciens subjonctifs spécialisés en fonction du futur. — Sans doute on ne saurait séparer ces subjonctifs de l'ensemble des formes en *-s-* dont fait partie l'aoriste sigmatique ; et par exemple les aoristes en *-ss-* comme v. irl. *carus* ne trouvent de correspondants exacts que dans les subjonctifs et futurs latins du type *indicāssō*, et les désidératifs latins tels que *capessō* (l'explication de M. Brugmann, *I.F.*, XV, 78 et suiv. est trop arbitraire pour être admise); mais il ne suit pas de là que *indicāssō* doive passer pour un subjonctif des indicatifs attestés par v. irl. *carus*. Ce sont simplement des formes du même type, et historiquement du même groupe, mais dont on n'a pas le moyen de faire la théorie complète.

Tout obscure qu'en soit l'origine, il faut rappeler ici la caractéristique *-sē-* du prétérit du subjonctif latin (dans *essēs dīxissēs*, *essēs*, *ferrēs*, *uellēs*, *dīcerēs*, etc.); la forme *foret* = osq. fusíd, qui existe à côté du présent *fuat* semble indiquer que ce prétérit est, comme le présent du même mode, indépendant à la fois des thèmes du perfectum et de l'infectum.

L'élément *-ā- a une extension bien moindre que *-s-; mais il paraît se comporter assez exactement de la même manière. D'une part il fournit des prétérits : le type en *-o-* de lit. *lìko* « il a laissé », qui est baltique commun ; le type en *-ā-* de lat. *erās*, *dīxerās*, *dīcēbās* et de v. irl. *ba* ; le type en *-a-* qui sert à l'aoriste médio-passif de l'arménien, *lkhay* « j'ai été laissé », *nstay* « je me suis assis », etc. ; il est probable que, au moins en partie, le second thème en *-a-* de beaucoup de verbes slaves, comme *bŭrati*, *zŭdati*, etc., repose sur ce même *-ā-* (cf. ci-dessus p. 93). D'autre part l'italo-celtique a un subjonctif en *-ā- parallèlement au subjonctif en *-s- ; ce subjonctif était à l'origine indépendant du thème du présent ; cette indépendance est encore très sensible dans le vieil irlandais qui oppose par exemple le subjonctif *bia* au présent *benaim*; le latin même en a trace dans *fuam* qui ne répond à aucun présent connu, dans les vieilles formes *-uenam*, *tulam*, et même dans *tagam* qui a une tout autre extension que *tagit* (dont il est permis de se demander si les quelques formes attestées n'auraient pas été faites sur *tagam*). En irlandais, les formes sans redoublement servent de subjonctifs, celles qui ont un redoublement, de futurs comme dans le type en *-s-*. Il semble que les formes en *-*ā*- sont faites en grande partie sur des aoristes; ainsi lit. *lìko* tient la place de la forme représentée par gr. ἔλιπε, arm. *elikh*; arm. *lkha-w* tient la place de la forme représentée par le grec ἐλίπετο; lat. *erat* tient la place de celle que représentent hom. et dor. ἦς, zd *ās*; etc.

Les éléments *-*s*- et *-*ā*- jouent peut-être aussi un rôle dans la formation de certains présents indo-européens; mais il est impossible de rien dire de précis à cet égard parce que les présents de ce genre qu'on cite sont tous accompagnés d'autres thèmes verbaux, ou même de thèmes nominaux, pourvus des mêmes éléments, et que par suite tout se passe comme si l'on avait à faire à des racines terminées par *-*ā*- ou *-*s*-.

Il y a donc des éléments de formation indo-européens *-*s*- et *-*ā*- qui ne peuvent être qualifiés de suffixes, et qui servaient seulement à élargir des thèmes verbaux existants. Ces éléments ne se sont développés d'une façon complète qu'au cours de l'histoire particulière de chacune des langues, et on ne saurait en déterminer l'importance et le rôle en indo-européen commun.

Au moment où cet article a été envoyé à l'impression, je n'avais pas encore pu prendre connaissance du mémoire de M. Fr. Ribezzo, *I deverbativi sigmatici e la formazione del futuro indo-europeo* (extrait du *Rendiconto delle tornate dell. R. Accad. di archeologia... di Napoli*, 1907). Les vues exposées par M. Ribezzo sur les rapports entre le futur et l'aoriste ne contredisent pas directement les vues exposées ci-dessus; il suffira de les signaler ici. Je me félicite de m'être rencontré sur quelques points de détail avec M. R., de qui je ne puis discuter ici la théorie générale.

GR. ΒῩΚΑΝΗ, LAT. *BŪCINA*

PAR

A. CUNY

Gr. βῡκάνη, lat. būcina

Par **A. CUNY**

Parmi les très rares exemples qui attestent l'existence du **b* indo-européen, un de ceux que l'on cite ordinairement est le latin *būcina* que l'on rapproche de grec βύκτης, v. sl. *bučati* et autres mots (βύκτης adjectif veut dire « mugissant », substantif il a le sens d' « ouragan »). C'est ce que fait par exemple M. Walde dans son *Lateinisches etymologisches Wörterbuch*, 1906. *Lauttabelle B*, p. XXXIX. Plus loin il est vrai, p. 74 (s. v. *būcina*), l'auteur enseigne encore que le gr. βυκάνη n'est certainement pas emprunté au latin *būcina*. Mais il laisse le choix entre deux étymologies, l'une qui voit dans *būcina* un composé de *bōs* et de *canō*, et l'autre qui en fait un mot qui devrait son origine à une onomatopée (*buk₂*) et qui serait apparenté à βυκάνη par descendance indo-européenne. On a vu par la citation de la table phonétique B que, personnellement, c'est cette dernière étymologie qu'il préfère.

M. Thurneysen, dans l'article *būcina* du *Thesaurus* latin, est plus prudent et se contente de dire : « *būcina* et gr. βυκάνη *utrum uocabulum italicum an graecum primo fuerit in controuersia est. Nomen a sono bucinae ductum esse uidetur*, cf. gr. βύκτης, *a. ind. buk-kāraḥ* « *uagitus* », et « cf. *bucca*. » On voit pourtant que, lui aussi, il penche pour la seconde étymologie indiquée.

Or, il est à peu près sûr que βυκάνη et ses dérivés en grec ne sont pas autre chose que des emprunts à une langue italique. Pour les emprunts de ce genre, cf. A. Meillet, *Dialectes indo-européens*, p. 22. Ce qui le prouve, c'est la date tardive à laquelle ces mots sont attestés chez les auteurs grecs, et la perpétuelle hésitation que manifestent les manuscrits entre la graphie par βυ- et la graphie par βου-. — Βυκάνη (βουκάνη) n'est pas attesté dans la littérature avant Polybe, puis Denys d'Halicarnasse. On le trouve par exemple, *Polyb.* 15, 12, 2 : ἅμα δὲ τῷ πανταχόθεν τὰς σάλπιγγας καὶ τὰς βυκάνας ἀναβοῆσαι. Le verbe βυκανᾶν (βουκανᾶν) se rencontre sous 6, 35, 12 et 6, 36, 5 chez le même auteur. Le substantif βυκανητής apparaît 2, 29, 6 : ἀναρίθμητον γὰρ ἦν τὸ τῶν βυχανιτῶν (*sic*) καὶ σαλπιγκτῶν πλῆθος. Déjà Schweighausen avait corrigé βυκανητῶν. Βυκανητῶν se lit encore dans un fragment de Polybe conservé par Athénée (*Pol.* 30, 13, 11) : καὶ πύκται τέσσαρες ἀνέβησαν ἐπὶ τὴν σκηνὴν μετὰ σαλπιγκτῶν καὶ βυκανητῶν (*cum tubicinibus et bucinatoribus*).

Quant à Denys d'Halicarnasse (*Antiquitates Romanae*), son témoignage est important pour le sens primitif du mot. Il raconte, II, 8, *s. f.*, qu'avant les assemblées générales le roi envoyait aux patriciens des hérauts qui les convoquaient nominativement, et il ajoute : τοὺς δὲ δημοτικοὺς (*plebeios*) ὑπηρέται τινὲς καὶ ἀθρόοι κέρασι βοείοις ἐμβυκανῶντες ἐπὶ τὰς ἐκκλησίας συνῆγον. Ἔστι δὲ οὔτε ἡ των πατρικίων ἀνάκλησις τῆς εὐγενείας τεκμήριον, οὔτε ἡ τῆς βυκάνης φωνὴ τῆς ἀγνωσίας τῶν δημοτικῶν σύμβολον, ἀλλ' ἐκείνη μὲν τιμῆς, αὕτη δὲ τάχους· οὐ γὰρ οἷόν τ' ἦν ἐν ὀλίγῳ χρόνῳ τὴν πληθὺν καλεῖν ἐξ ὀνόματος (ceci se rapporte à l'époque de Romulus).

De même IV, 18 *s. f.* (réforme de Servius Tullius) : τὴν δὲ τετάρτην (la quatrième classe comprenait) πάλιν εἴκοσι καὶ δύο (*centurias*) σὺν τοῖς σαλπισταῖς καὶ βυκανισταῖς (*cum tubicinibus et bucinatoribus*). On distinguait chez les Romains les *tubicines*, les *cornicines* et les *bucinatores*.

Enfin, VII, 59 *med.*, on lit : συνετάττοντο δὲ καὶ τούτοις δύο λόχοι βυκανιστῶν καὶ σαλπιγκτῶν.

Le verbe βυκανίζω ne se trouve que très tard, chez Sextus Empiricus, chez Eustathe, dans l'*Etymologicum Magnum* et dans des glossaires. Le substantif βυκανιστήριον ou βουκανιστήριον (on trouve de même βουκανιστής) ne se lit également que dans des gloses. Βυκάνημα n'existe que chez Appien : σάλπιγξιν ἀθρόαις καὶ βυκανήμασιν ἐς κατάπληξιν χρώμενοι — Βύκινον qui correspond au latin *būcinum* (on a aussi *būcinus* « son de la *būcina* »), se trouve chez Hérodien : βυκάνη, τὸ βύκινον, ἐξ οὗ καὶ βυκανίτης, ὁ σαλπίζων. Enfin chez Eustathe on relève τὰ βύκανα (v. le *Thesaurus*).

De telles fluctuations dans la forme de ces mots soit pour la syllabe initiale, soit pour les syllabes de dérivation, soit pour la finale, montrent bien que les Grecs étaient ici mal à l'aise en face d'un mot qui n'était pas indigène. Ils lui ont fait subir des rajeunissements d'après la forme latine (Hérodien βύκινον, lat. *būcinum*), et enfin chez les auteurs de la très basse époque, le mot βουκινάτωρ (écrit plus rarement βυκινάτωρ) a été emprunté de toutes pièces, faisant oublier le βυκανητής, le βυκανιττής et les autres formes (βυχ-) entre lesquelles l'on avait toujours hésité.

Ce n'est pas que Polybe ait emprunté directement, et le premier, βυκάνη au latin *būcina*. Il n'a fait sans doute qu'imiter en cela les parlers grecs du sud de l'Italie qui avaient pris βυκάνη aux dialectes italiques avoisinants. En effet * *būcana* attesté par cet emprunt montre bien que ce dernier a été fait à un parler qui, à la différence du latin, ignorait l'affaiblissement des voyelles brèves en syllabe non initiale, c'est-à-dire non intense. Il ne fallait pas aller bien loin de Rome pour rencontrer de semblables parlers puisque le falisque CVNCAPTVM montre qu'un des plus voisins ne connaissait pas cette loi. Mais l'emprunt βυκάνη, comme celui de λίτρα que tout le monde admet, (italique * *liprā*, lat. *libra*), a été fait sans doute plus au sud, à un des parlers osco-ombriens. Il ne faut pas en effet songer à un emprunt à un latin archaïque **būcana* d'avant les effets de l'intensité initiale, car ceux-ci se sont produits à une date très antérieure à Polybe. De plus, le mot, même en latin, est dialectal dans une certaine mesure comme le mot *bōs* lui-même dont il dérive (dat. abl. plur. *bōbus* romain par son *ō*, dialectal par son *b* initial), et *būbus* complètement dialectal à part son *b* intérieur. La forme *bōcina* est attestée une fois dans les gloses (v. le *Thesaurus*). On y trouve aussi *uōcina*, mais ce n'est peut-être qu'une invention de grammairien : *būcina... quasi uŏcina* (*op. cit*). Quoi qu'il en soit, si l'on admet l'étymologie par *bōs* et *canō* et l'attestation d'une forme dialectale **būcăna* par βυκάνη, celle-ci s'explique plus régulièrement par un italique **gwō-can-ā* que par **gwou-can-ā*, étant donné l'exemple décisif reconnu par M. Niedermann : dial. *būfō*, cf. v. sl. *žaba* (**g₂ʷēbh-*) qui serait en romain **uōbō* (**g₂ʷōbh-*). Cf. aussi *fūr* du gr. φώρ, etc... Le thème du premier composant serait **gwō-* (de **gwōu-*), cf. gr dor. βῶν, skr. *gā́m*, v. sax. *kō*, i. e. **g₂ʷōm* né dans certaines conditions phonétiques et étendu par l'analogie. Cf. encore ombrien *bum* = rom. **uōm*. Le composé *būcina* aurait le sens d'instrument pour appeler les bêtes à cornes (et autres), et l'on verra que les textes montrent bien que tel a d'abord été l'emploi de la *būcina*. Sa forme rappelait du reste celle de notre cor de chasse (*cornu ; Jagdhorn*), car Végèce, *Milit.* 3, 5, écrit : *Tuba quae directa appellatur, bucina quae in semet aereo circulo flectitur*. La matière avait sans doute changé depuis l'époque primitive, car elle était d'abord la corne comme le prouve le βοείοις κέρασιν de Denys d'Halicarnasse et l'équivalence avec κερατίνη que l'on constate par exemple chez saint Jérôme (*in Oseam*, 5, 8) : *quorum* BVCINA PASTORALIS *est et* CORNV RECVRVO *efficitur : unde graece* κερατίνη *appellatur*... Ce texte rappelle en même temps le milieu dans lequel a été employé d'abord le mot *būcina*. Isidore (*Orig.*, 18, 4, 1) est plus net encore : il dit : *pagani agrestesque ad omnem usum būcinā ad compita uocabantur*. Mais ces auteurs sont tardifs. Heureusement, chez Varron (*De re rustica*), le sens premier est aussi transparent (2, 4, 20) : *subulcus debet consuefacere omnia ut faciant sues ad bucinum*. Sans doute il s'agit ici des porcs, mais l'aire géographique du mot **pork̑os* montre, on le sait, que si l'élève de la race bovine était de date indo-européenne, celle de la race porcine ne date que de la culture de l'Europe du nord. L'usage de la « corne à bœufs » s'est naturellement étendu quand on s'est mis à élever d'autres animaux. Très probant aussi est un passage de Properce qui rappelle celui de Denys d'Halicarnasse (*Prop.*, IV, 1, 13) : à l'époque de la Rome primitive, dit le poète :

Būcina cogebat priscos ad uerba Quirites (*pastores*, ajoute avec raison le *Thesaurus*). Cf. IV, 10, 29 :

.....*pastoris būcina lenti*/*Cantat*, et IV, 4, 69 :
....(*būcina*) *canit*. Rapprocher aussi ce passage de Virgile :

(*Æn.*, VII, 519) *Tum uero ad uocem celeres, quā būcina signum*
Dira dedit, raptim concurrunt undique telis
Indomiti agricolae ;

et un peu plus haut : *Pastorale canit signum cornuque recuruo.*
Tartaream intendit uocem (v. v. 513-4).

De même encore chez un auteur qui traite des choses de la campagne, Columelle, on lit (6, 23, 3) : *ut ad sonum bucinae pecus... saepta repetere consuescant*. Enfin, même dans l'emploi militaire du mot, on trouve des traces de son origine rurale, car Servius, dans son *Commentaire* sur l'Énéide, écrit (*ad Æn.*, XI, 474[1]) : *bucina insonans sollicitudinem ad bella demonstrat... praelium autem tubae indicant*. Habitués à sonner de la trompe pour rassembler leurs troupeaux, les Italiotes s'en servaient aussi pour donner l'alarme en cas de nécessité. D'où extension dans l'usage du mot *būcina*.

C'est ce que prouve encore un texte de Cicéron (*in Verrem*, 5, 96) : *Signum quod erat notum vicinitati bucina datur : homines ex agris concurrunt.*

La seule objection que l'on puisse faire à l'étymologie proposée, c'est que le mot *būcina* n'existe pas chez les plus anciens auteurs de langue latine. Il se rencontre en effet pour la première fois à peu près en même temps chez Varron, chez Properce, chez Cicéron, soit vers la fin de la période républicaine. Mais, comme c'est un mot de la campagne et que l'instrument appelé *būcina* n'a sans doute commencé à être connu à la ville que quand il eut été adopté pour l'armée romaine, il n'y a pas lieu de s'étonner. (Sur ces mots ruraux en latin, cf.

1. *Bello dat signum rauca cruentum*
Būcina.

A. Ernout, *MSL*, XIV, 473-475). Il n'est pas nécessaire d'autre part que *bŭcina* soit aussi ancien en latin de Rome que la loi d'affaiblissement des brèves inaccentuées, car on constate souvent, après les effets propres d'une loi phonétique, des *substitutions phonétiques* qui modèlent les mots récemment empruntés sur la forme des anciens mots phonétiquement réguliers (ainsi déjà Streitberg, *Urgermanische Grammatik*). Pendant un certain temps **bŭcana* eût été insupportable au sentiment linguistique d'un Romain non hellénisé, et si des emprunts grecs tels que *Stĕphănus*, *cŏlaphus*, etc. ont été maintenus dans la langue savante, on peut se demander si la langue populaire n'en avait pas fait mécaniquement **Stépĭnus*, **cólĭpus*. C'est du moins ce que laisse supposer le traitement de tels mots dans les langues romanes (fr. *Étienne*, *coup*, etc.). Il est donc possible que *bŭcina* n'ait été adopté à Rome qu'assez tardivement. Polybe aura gardé la forme ancienne βυκάνη sous l'influence de la tradition grecque orale et peut-être aussi parce qu'il se rendait compte que *bŭcina* en était une altération. En tout cas, il convient de ne plus rapprocher *bŭcina* de βύκτης, etc. et de ne pas le citer en faveur du **b* indo-européen, car l'ancienne étymologie, si elle n'est pas absolument sûre, a pour elle beaucoup plus de vraisemblance.

GOTIQUE *BRIGGAN* : *BRĀHTA*

PAR

R. GAUTHIOT

GOTIQUE *BRIGGAN* : *BRĀHTA*

Par **R. GAUTHIOT**

Le fait qu'en grec comme en latin, la racine indo-européenne qui signifie « porter » fournit bien un présent (lat. *ferō*, gr. φέρω), mais pas d'aoriste ni de parfait, a été relevé particulièrement par M. Osthoff dans son travail sur les formations supplétives (*Vom Suppletivwesen*, p. 10). Après avoir signalé l'opposition de lat. *tulī* à *ferō* et celle de gr. ἤνεγκον (hom. ἤνεικα) à φέρω, M. Osthoff, insistant sur ce caractère spécial de la racine indo-européenne qui a le sens de « porter », montre qu'en sanskrit le parfait de *bhárati* « il porte » est à date ancienne *jabhāra* qu'il explique par une contamination de *jahāra*, parfait de *hárati* « il prend, il tient », et de la racine *bhar-* ; et quoi qu'il en soit, il demeure certain que le parfait de *bhárati* est irrégulier, bien que moins surprenant peut-être que lat. *tulī* et gr. ἤνεγκον. Il n'est devenu régulier, c'est-à dire que *jabhāra* n'a été remplacé par *babhāra*, qu'avec le temps. Pour le celtique, que M. Osthoff introduit aussi dans le débat, et avec juste raison car il est un excellent témoin, il convient de noter ce que dit de *berim* et d'autres verbes du même genre M. Vendryes, dans sa *Grammaire du Vieil-Irlandais* (p. 182) ; cette grammaire présente en effet cet intérêt spécial d'être purement descriptive et de ne faire appel à aucune explication historique ni étymologique. Aussi le caractère propre de la conjugaison supplétive y apparaît-il avec la plus grande netteté : on y voit, par exemple, comment c'est le *sens*[1] qui est à la base des formations

1. Cf. Osthoff, *Vom Suppletivwesen der indo-germanischen Sprachen*, p. 6.

supplétives et comment des raisons propres à chaque langue peuvent venir renforcer, maintenir ou diminuer la tendance générale. Ainsi, en vieil-irlandais, l'indépendance des divers thèmes verbaux à l'intérieur d'un même verbe est venue renforcer la tendance indo-européenne du verbe qui signifie « porter » (cf. Vendryes, *Gramm. du v.-irl.*, p. 181).

Car c'est décidément bien d'un fait indo-européen qu'il s'agit : et presque tous les dialectes attestent l'absence de l'aoriste et du parfait correspondant au présent régulièrement formé de la racine i.-e. **bher-*. En arménien, l'aoriste radical *eber* « il a porté » est un imparfait (cf. gr. ἔφερε, skr. *ábharat*), et c'est le même thème *bere-* du présent qui se retrouve à la fois dans *berem* « je porte » et dans *beri* « j'ai porté » (v. A. Meillet, *Esquisse d'une gramm. comp. de l'arm. classique*, p. 78). A ce témoignage il convient enfin de joindre celui du slave, si l'on admet l'hypothèse suivante qui est de M. A. Meillet et qui figure ici grâce à une communication personnelle de sa part. Le v. sl. *berą* qui répond très exactement à gr. φέρω, lat. *ferō* etc., ne présente ni à l'aoriste sigmatique, ni au participe passé actif, ni à l'infinitif enfin de formes correspondantes ; on n'a ni **berxŭ* (**brěxŭ*), ni **bĭrŭ*, ni **berti* (**brěti*), mais au contraire *bĭraxŭ*, *bĭravŭ* et *bĭrati* qui sont faits non sur un thème **ber-* mais sur un thème supplétif **bĭra-*. Or, les trois formes citées sont jointes en vieux slave et s'opposent au présent et à son groupe précisément parce qu'elles reposent sur le parfait et sur l'aoriste indo-européens. Si donc elles proviennent également d'un même thème étranger à celui du présent, c'est que le parfait et l'aoriste radicaux ont dû faire défaut. Or, c'est précisément là ce que l'on était en droit d'attendre d'après les autres dialectes indo-européens pour le verbe qui signifie « porter ». Cet état de choses est d'ailleurs mis en œuvre par M. A. Meillet dans le présent volume (v. p. 91), à propos de l'aoriste sigmatique.

Seul le germanique semble faire exception à l'intérieur de l'indo-européen ; comme l'a déjà signalé M. Osthoff (*Das Suppletivwesen* p. 10), ni le gotique, ni l'allemand ne présentent rien de pareil à ce que nous avons vu jusqu'ici. On a de la façon la plus régulière got. *bairan*, v. isl. *bera*, germ. occidental (v. angl., v. s., v. h. a.) *beran*, à côté de got. *bar*, v. isl. *bar*, germ. occidental (v. s., v. h. a.) *bar* ; le timbre de la voyelle radicale dans v. angl. *bær* est dû à une évolution dialectale postérieure et *bær* représente bien un plus ancien **bar*. Ces formes se sont perpétuées partout où le verbe lui-même a continué d'être en usage : les dialectes scandinaves ont encore aujourd'hui dan. *bære*, *bar*, suéd. *bära*, *bar*, tout comme l'allemand *ge-bären*, *ge-bar*. Mais il est à noter qu'aucune raison spéciale n'oblige à croire à l'ancienneté de l'alternance vocalique dans le verbe **beran*. Comme il a été dit plus haut à propos des formes celtiques, il convient de tenir compte du système grammatical de chaque langue ; et à ce point de vue le germanique était aussi défavorable au maintien de la différence ancienne entre le présent du verbe « porter » et son parfait que le vieil irlandais s'y montrait favorable. Si le germanique a réduit, comme tous les autres dialectes indo-européens, les formes verbales à deux, présent et passé, ce n'est pas pour les maintenir indépendantes l'une de l'autre (ainsi faisait le vieil-irlandais), ni pour les opposer, mais pour les unifier; si le système des verbes forts est une des innovations les plus caractéristiques du germanique, il a eu pour conséquence première de lier étroitement le présent au parfait et de les rendre rigoureusement dépendants l'un de l'autre. (cf. Kluge *Grundriss* I² p. 429). Et il est fort possible que *bar* soit dû à une innovation.

S'il en était vraiment ainsi, il resterait un fait curieux et souvent relevé qui attesterait en germanique la survivance de la tradition indo-européenne d'après laquelle le verbe qui signifie « porter » n'a pas de parfait correspondant au présent ; c'est l'existence du verbe tout à fait anomal et complètement isolé got. *briggan*, *brāhta*. Ce verbe, le second qui ait le sens de « porter », est bien germanique car il existe non seulement en gotique, mais aussi comme chacun sait, en germanique occidental (v.h.a. *bringan*, *brâhta* ; v. ang. *bringen*, *bróhte*) ;

seul le scandinave l'ignore, et c'est à date récente que le danois et le suédois l'ont emprunté à l'allemand. Ce verbe est surprenant; non seulement il est obscur au point de vue étymologique, car le rapprochement le meilleur que l'on connaisse, celui avec les formes celtiques cymr. *he-brwng* « deducere », corn. *hem-bronk*, qui remonte à Fick (Wtb[4]. 2, 186), n'est satisfaisant ni au point de vue du sens, ni, comme l'a montré M. Brugmann (*I.F.* XII, p. 155), au point de vue phonétique, mais il est, au point de vue morphologique, tout à fait contraire au système germanique. M. Brugmann l'a dit fort justement dans l'article cité plus haut un groupe tel que got. *briggan*, *brāhta*, appelle une explication d'autant plus impérieusement que c'est en germanique qu'il apparaît. Pourquoi a-t-on comme passé de *briggan* une forme aussi différente de celle du présent que *brāhta* ? On prévoit quelle est notre réponse : c'est parce qu'il s'agit du verbe « porter » ; on a *brāhta* à côté de *briggan* comme l'on a v.-sl. *bĭrati* à côté de *bera*, ou d'autre part v. -irl. *ro uic* « il a porté » à côté de *berim* « je porte », lat. *tulī* à côté de *ferō*, gr. ἤνεγκον à côté de φέρω. L'étymologie même de *briggan* n'importe pas, en somme, et ce n'est pas d'elle que peut dépendre ce qui fait l'originalité de sa flexion. On sait d'ailleurs que là encore le système germanique a exercé partiellement son action, qu'en vieux haut allemand et en vieil anglais il s'est passé par endroits ce qui a dû se faire pour le germanique **beran* à date ancienne; on a vu apparaître *brang*, *brungun* en vieux haut allemand (v. Braune *Ahd. Gramm.*[2] p. 241), innovations qui se montrent encore à date tardive. Sans insister autrement, il convient pourtant de signaler que le participe passé qui semble avoir servi sinon de modèle, du moins d'appui à la forme du prétérit qui vient d'être citée, présente un caractère d'antiquité beaucoup plus clair : il apparaît en effet en vieux haut allemand beaucoup plus fréquemment que *brâht* et il s'y montre régulièrement sans le préverbe *gi-* (v. Braune *Ahd. Gramm.*[2] p. 234) ; de plus, il existe aussi en vieil anglais à côté de *bróht* (v. Sievers *Ags. Gramm.*[3] p. 235).

On voit combien il est difficile d'affirmer la manière dont se sont passées les choses et de dire ce qu'était à l'origine la flexion de got. *briggan* ; mais il reste assuré que le groupement de got. *briggan* avec *brāhta* remonte à l'époque du germanique commun, qu'il est dû au sens de *briggan*, que l'étymologie y est probablement tout à fait étrangère[1] et qu'enfin il est bien dans la tradition indo-européenne.

Il n'est pas plus facile de déterminer la relation chronologique exacte des formes v. angl. *bringan* et northumbrien *breng(e)an*, *bróhte*, ou v.h.a. *bringan* et v.s. *brengian*, *brāhta*. M. Brugmann a mis en lumière cette seconde difficulté aussi clairement que la première (*loc.cit.* p. 155) ; et l'on ne saurait mieux faire que de renvoyer à son article pour l'étude de ce point spécial. Mais, d'autre part, il convient de faire remarquer que les formations en *i*, à sens itératif comme est celle de v.s. *brangian*, sont précisément des plus envahissantes, et qu'en germanique comme ailleurs (cf. lat. dial. *tongeo*, got. *þagkian* p. ex.) elles tendent à supplanter certaines formations simples plus anciennes (v. Brugmann, *Grundriss*, II, p. 1162). Aussi n'y a-t-il rien de surprenant à ce que le prétérit régulier de germ. **brañgjan*, got. *brāhta*, v.h.a. *brâhta*, v. angl. *bróhte*, serve de forme supplétive dans un cas où le germanique se trouvait ne posséder aucune forme ancienne de prétérit. Le germanique occidental présente un exemple bien connu et qui ne risque plus de passer pour isolé, de cette aptitude des formes itératives du type de got. *þagkian* à servir en cas de supplétisme ; c'est celui de v.h.a. *wellen*, v. sax. *willien*, *wellian*, v. angl. *willan*. On sait en effet que ce verbe supplée, au présent de l'indicatif, de façon plus ou moins complète et plus ou moins bien attestée selon les dialectes, à l'absence des formes normales au moyen d'emprunts à la flexion de germ. **waljan*, qui entrent ainsi en concurrence avec l'ancien optatif correspondant à got. *wiljau*. C'est de cette façon que l'on a en vieux haut allemand à côté de

1. Pour les rapprochements étymologiques proposés, cf. Wiedemann, *B. B.*, XXVII, p. 228 sqq. et Uhlenbeck *P. B. B.*, XXX, p. 270 sqq.

willu, *wili*, *wili* au singulier, *wellemês*, *wellet*, *wellent* au pluriel, en vieux saxon et en vieil anglais des formes avec *e* et *i* comme voyelle radicale diversement réparties (v. Sievers, *P. B. B.*, IX, p. 544 sq., Holthausen *Alts. Elementarb.* p. 177). M. A. Meillet a signalé d'ailleurs un fait analogue en arménien ; là les verbes qui ont *-eay* à l'aoriste n'ont pas le participe normal en *-eal* ; leur participe passé est emprunté à celui de la forme factitive, il est en *-uçeal* ; c'est ainsi que la forme qui sert de participe passé à *phax-çim* « je fuis », *phax-eay* « j'ai fui » est le participe *phaxuçeal* de *phaxuçanem* « je mets en fuite » (cf. A. Meillet, *Esquisse d'une gramm. comp. de l'arm. class.*, p. 86 et suiv.).

Le couple got. *briggan* : *brāhta* peut donc s'expliquer sans faire intervenir aucune considération analogique ; l'anomalie qu'il présente a pour cause l'absence de parfait et d'aoriste qui, dès l'indo-européen, caractérisait la racine qui fournit le présent de « porter ».

GENETIV UND ADJEKTIV

VON

J. WACKERNAGEL

GENETIV UND ADJEKTIV

VON

J. WACKERNAGEL

I

Woher stammt die italokeltische Genetivendung -*ī* ? Polemik ist überflüssig gegen diejenigen, die sie direkt oder auf einem Umwege, eventuell unter Annahme einer ursprünglichen Lokativbedeutung, aus einem diphthongischen -*oi* -*ei* herleiten, worin *o*, *e* dem Stammausgang angehören würde : nur monophthongisches -*ī* ist fürs älteste Keltisch und fürs älteste Latein bezeugt (worüber zuletzt Schmidt KZ., 38, 81), und von lokativischer Bedeutung liegt keine Spur vor. [1]

Ferner entbehrt jeden Anhalts die Theorie, dass die Endung ursprünglich bloss bei den -*io*-Stämmen zu Hause gewesen sei. Zudem wird dadurch nichts gewonnen ; -*ī* als Genetivendung ist bei den -*io*-Stämmen kaum leichter erklärbar als bei den -*o*-Stämmen.

Wol aber verdient sehr ernstliche Beachtung der Versuch, unser -*ī* an die Feminina auf -*ī* anzuknüpfen (Sommer Handbuch 371. Brugmann Kurze Vergl. Gr. 2,435. Oertel Harvard Studies in Class. Philol. 16,114 A. Hirt IF 17,49). Hier wird an tatsächlich belegte Nominalformen angeknüpft : altlat. **deivī*

1. Ich begreife nicht wie, man dies mit der « auch » genetivischen Funktion der ig. Enklitika *moi*, *toi* stützen will, als ob diese von Haus aus Lokative gewesen wären. Tatsächlich haben weder ai. *me te* noch griechisch μοι τοι lokativische Bedeutung gehabt. Wer ihnen solche des schliessenden *i* wegen vindiziert, müsste z. B. auch in *toi* Nom. pl. von *to*- einen ursprünglichen Lokativ erkennen.

« des Gottes » hat in ai. *devī* « die Göttin » ein tatsächliches Gegenstück [1]. Und wenn ig. *gvenā deiyī* « das zum Gott gehörige Weib » hiess, so liegt das begrifflich von « Weib des Gottes », also genetivischer Funktion der *ī*-Form, nicht allzu weit ab. Trotzdem kann ich nicht beistimmen. Erstens ist die Bedeutung « zum Gott gehörig » von Michels (Germania 36 [1891] 133) nur konstruiert. Zweitens macht das Genus Schwierigkeit. Hirts Annahme, dass jene Nominative auf *ī* schon von Haus aus auch Attribute von Maskulina hätten sein können, widerspricht den Tatsachen. Drittens bleibt unerklärt, warum -*ī* als Genetivendung gerade nur den -*o*-Stämmen eignet, während das « femininale » -*ī* bei allen andern Stämmen mehr zu Hause ist, als bei den -*o*-Stämmen, wo es sich mit -*ā* in die Herrschaft teilen muss.

Das Zutreffendste hat bis jetzt Brugmann Grundr. [1] II 568 f. insofern geäussert, als er die Möglichkeit offen lässt, dass -*ī* die älteste Genetivendung der -*o*-Stämme gewesen sei, die im Baltoslavischen durch die Ablativendung -*ōd*, sonst durch die pronominale Genetivendung -*osįo* verdrängt wurde, aber im Italokeltischen bewahrt blieb. Unbefangene Würdigung der Tatsachen führt notwendig auf einen derartigen Ausweg trotz dem Machtspruch van Wijk's (Gen. 66 A.), dass das -*ī* « auf keinen Fall ursprünglich eine nominale Genetivendung » gewesen sei. Nur wird man Spuren dieses ig. Genetivs auf -*ī* ausserhalb des Italokeltischen zwar nicht absolut verlangen dürfen (— wie manche grundsprachliche Flexionsendung ist nur in éiner Sprache bewahrt ! —), aber doch den Nachweis von solchen willkommen heissen.

Bekannt ist die Regel des klassischen Sanskrit, dass in den Nominalstämmen auf *a ā i ṛ an* und einige wenigen auf *as* der Stammausgang durch betontes *ī* ersetzt und diese Form mit *kṛ*- « machen » *bhū*- (nebst *as*-) « werden » in der Weise

1. Diese Uebereinstimmung fehlt allerdings bei *lupī* (das Michels uaa. allein zu Grunde legen). Ein indogermanisches *vl̥qi* gab es nicht sondern nur *vlqīs*.

eines Präverbiums verbunden werden kann zum Ausdruck des Sinns « zu dem und dem, was man vorher nicht gewesen ist, machen oder werden », während in dieser Funktion bei den übrigen Nomina einfach der Stamm eintritt, ausser dass der Stammauslaut *u* durch *ū* ersetzt wird. Der zweite Teil der Regel betr. solche Verwendung der Stammform hat wenig Realität. So gut wie gar keine bei den konsonantischen Stämmen. Für diese ist sie aus Ausdrücken wie ŚB, 4, 5, 2, 10 (p. 395, 1) *puṃs-kṛtya* « unter Anwendung männlicher Form », id. 3, 1, 3, 7 (p. 228, 3) *ánaruḥ ..bhavati* « er wird heil », 10 (p. 228, 11) *ánaruṣ karoti* « er macht heil », TS. *haviṣ-kṛta-* « zur Opfergabe gemacht », MS. ŚB. *havir-bhūta-* « zur Opfergabe geworden », durch Verallgemeinerung gefolgert, ohne dass man wirklich davon Gebrauch gemacht hätte. Jene vorklassichen Musterbeispiele erklären sich aber auf anderem Wege. *puṃs-kṛtya* gehört mit vedisch *karṇa-gṛhyā* « am Ohr fassend », *pāda-gṛhya* « am Fuss fassend » zusammen und stellt mit diesen eine letzte Nachwirkung des einstigen nominalen Charakters des Absolutivs auf *-(t)yā* dar, vermöge dessen dieses ursprünglich der Zusammensetzung mit einem Nominalstamm fähig war; *ánaruḥ* mit *kṛ-* kann erstarrter NA. ntr. sg. sein; *haviṣ-kṛta-* u. dgl. beruhen auf der stets lebendigen Fähigkeit der Verbaladjektiva auf *-ta-* zu nominaler Komposition. — *-ū* vor *kṛ- bhū- as-* aus *u*-Stämmen ist klassisch allerdings lebendig z. B. *laghū-kṛ-* « erleichtern » *paśū-kṛ-* « zum Opfertier machen, schlachten », aber eben nur klassisch : es beruht auf dem Vorbild des *-ī* der *i*-Stämme. Und noch evidenter ist das Vorbild von *-ī* bei derartiger präverbialer Verwendung der *ī*- Stämme, bereits vorklassisch belegt in Kāṭh. 13, 6 (p. 187, 20-188, 2) *starī-karoti* « er macht unfruchtbar » zu vedisch *starī-ḥ* N. sg. « die unfruchtbare », und in ŚB, 6, 3, 4, 26 (p. 522, 5) *aśvābhidhānī-kṛta-* « zum Pferdehalfter gemacht » zu AV. ŚB. *aśvābhidhānī*.

Dagegen das präverbiale *-ī* ist uralt[1]. Zwar auch nicht in

1. Ved. *akhkhalī-kṛtyā* « den Freuderuf *akhkhala* ausstossend » und die

allen Fällen. Schon Whitney Sanskrit Grammar 402 § 1094 a hat festgestellt, dass *-rī* für *-ṛ-* gar nicht belegt ist : also zwar nicht erfunden, aber doch nur eine Neuerung, die keinen Anklang fand. Dasselbe gilt für *-ī* aus *ā*-Stämmen. *-ī* für *-an-* und in Einzelfällen für *-as-* ist zwar belegt, aber ausser MU. *a-manī-bhāva-* « das vom Manas frei werden » nur klassisch (z. B. *yuvī-bhūta-* « jung geworden » *unmanī-kṛta-* « von Sinnen gebracht ») und offenkundig aus den *-a*-Stämmen übertragen. Endlich *-ī* für *-i-* kennt man vorklassisch nur in *muṣṭī-kṛ-* « die Hände ballen », dessen Entstehung aus dualischem *muṣṭī* durch Ait. Br. 1, 3, 19. 20 über jeden Zweifel erhoben wird (vgl. Delbrück Altind. Synt. 5, 97), und in *dvī-* für *dvi-* nach Whitney § 1093 a im Kāṭhakam, das füglich als Nachbildung von *ekī-* gelten kann.

Alt und voll lebendig ist *-ī* nur bei den Stämmen auf *-a-*, von AV. *phalī-* und *vātī-* an. Hier muss es ererbt sein ; was sollte als Vorbild dafür gedient haben ? Zwar Delbrück Altind. Synt. 5, 76 u. Vergl Synt. 1, 539 f. betrachtet das vorerwähnte *muṣṭī* sowie den Nominativ der Adjektiva auf *-in-* als Ausgangspunkt, wird damit aber der Funktion von *-ī* nicht gerecht. Zudem hat Bartholomae Grundr. d. iran. Philol. I 148 *ī*-Formen von *a*-Stämmen mit *buyā̊ buye* komponiert als avestische Entsprechungen nachgewiesen.

Unweigerlich muss anerkannt werden, dass die Grundsprache aus den *ŏ*- Stämmen einen Adverbialkasus auf *-ī* bildete (Vgl. Delbrück Syntakt. Forsch. 4, 62 A.)[1].

Wenn nun anderseits das Italokeltische auch einen *ī*-Kasus bildet und zwar auch aus den *-ŏ-* Stämmen, so kann das nicht eine zufällige Uebereinstimmung sein. Die formale Gleichartigkeit liegt auf der Hand. Ich mache noch besonders

zahlreichen im Gaṇa *ūrī* zu P. 1, 4, 6 wegen präverbialer Funktion aufgeführten Adverbien auf *-ī* können hier bei Seite bleiben.

1. Bezzenbergers Kombinationen über die verwandtschaftlichen Beziehungen des *-ī* (ΓΕΡΑΣ 157.162 f. 172) sind etwas kühn. Aber auch wenn richtig, können sie die folgenden mehr an dem Boden der Wirklichkeit haftenden Vermutungen nicht stören.

darauf aufmerksam, dass auch das einsilbige -*ī* der -*io*-Stämme dem Altindischen mit dem Latein und dem Keltischen gemeinsam ist. Es heisst vorklassisch *matī-kṛ-* « eggen » von *matyà-m* « Egge » (im AV. dreisilbig), ohne dass ein Gegenbeispiel vorläge. Dazu klassisch *kāṃsī-kṛta-* « wie ein *kāṃsya*-geworden », *sātmī-kṛ-* *-bhū-* « zuträglich (*sātmya-*) machen, werden ». Wenn Pāṇini 6, 4, 152 dieses *ī* für *yī* auf die Patronymika und hier wieder auf solches -*ya*- beschränkt, dem ein Konsonant vorausgeht, z. B. *gārgī-bhūta-* « zum Gārgya geworden », so ist dies als Einengung ältern weitern Gebrauchs wol verständlich. Das von der grammatischen Theorie geforderte *sāṃkāśyī-bhūta-* steht mit dem -*ii* Varros (Grammaticae Romanae fragmenta rec. Funaioli I, 273 fr. 252) und dem *Mercurii* des Properz auf éiner Linie.

Freilich die gewöhnliche Verwendung des altindischen -*ī* scheint vom lateinischen Genetiv weit abzuliegen. Aber die übliche Begriffsbestimmung ist zu eng. -*ī-kṛ-* und -*ī-bhū-* (wofür -*ī-as-* nur im Potential eintritt) bedeuten :

a) « dazu machen » « dazu werden » z. B. TS. *mithunī karoti* « paart » ; AB. 7, 13, 4 *mithunī bhavanti* « paaren sich » ; ŚB. 1, 7, 4, 1 u. sonst *mithunī syām* « möge ich mich paaren » zu vedisch *mithuná-* « Paar, gepaart » ; ŚB. 13, 4, 1, 3 (p. 979, 8) *brāhmaṇī-bhūya* « zum Brahmanen geworden seiend » ; — in den Sūtra *śakalī-kṛ-* « zerstückeln » *samī-kṛ-* « ebnen », und so überaus oft, auch in der klassischen Sprache, wofür dies Pāṇini, 5, 4, 50 nebst Vārtt. 1 als eigentliche Bedeutung hinstellt. Entsprechend im Avesta Y. 62, 2 *dāityō-aēsmi-buyå* « mögest du zu einem werden, der *dāityō-aēsma-* ist d. h. der gutes Holz hat » (nebst gleichartigen an derselben Stelle) ; — aber auserdem auch :

b) « dessen teilhaft machen » bezw. « werden » z. B. TS. *grāmī-bhū-* « in Besitz eines Dorfes (*grāma-*) gelangen » (BR. zu *grāmín-*, das aber erst klassisch ist und nur « Bauer » bedeutet), Ś B. *krūrī-kṛ-* « verwunden » zu Saṃh. *krūrá-* « Wunde » (nicht zu TS. *krūrá-* « grausam »), Āpast. Ś S. 18, 7, 8 *vimāthī-kṛtya* « hin und her zerrend » vgl. TB. 1,

8, 3, 4 *vimāthā́ṃ kurvate*; auch später noch, obwol von der Grammatik nicht ausdrücklich anerkannt : Kirātārj. 14, 39d *samandhakārī-kṛta* « in Finsternis gehüllt » : Patanj. 1, p. 411, 11 *samandhakāra-* Finsternis » (anders der Kommentar zu Kir.), Mbh. *koṣṭhakī-kṛtya* « umzingelt habend » : Pur. *koṣṭhaka-* « Ringmauer ». Dahin aus dem Avesta Y. 64, 3 *vaxšaθi-buye* « um zu wachsen, um des Wachstums (*vaxšaθa-*) teilhaft zu werden[1] ».

c) « in dessen Bereich bringen » bezw. « kommen » z.B. TB. *vaśī-kṛ-* « in seine Gewalt bringen » (neben altem *vā́śe-kṛ-*), PB. *matī-kṛ-* « unter die Egge (*matyà-*) bringen », ChU. 5, 3, 7 *kṛcchrī-babhūva* « geriet in Verlegenheit », was zu dem bereits vedischen Substantiv *kṛcchrá-* « Beschwerlichkeit » gehören muss, nicht zum Adjektiv gehören kann, das erst episch ist und in der Regel « Beschwerde verursachend » bedeutet, also zu *kṛcchrī-babhūva* nicht passt; kl. *antikī-* (*abhyāsī-samīpī-*)-*bhū-* « in die Nähe kommen » (Vārtt. 3 zu P., 5, 4, 50 nebst Pat.), *ātmī-kṛ-* « sich aneignen », *cittī-kṛ-* « zum Gegenstand des Nachdenkens machen ». Dasselbe auch im

1. Bartholomae Altir. Wörterb. s. v. konstruiert für dieses *vaxšaθi-* ein Adjektiv *vaxšaθa-* « wachsend ». Aber die avestischen Nomina auf *-aθa-* (und ebenso die darauf beruhenden mitteliranischen Bildungen : Bartholomae IF 19, Beiheft 81) sind ausschliesslich Nomina actionis, eventuell wie *ẓbaraθa-* Bereichnungen des Werkzeugs, nie adjektivische Nomina agentis. Dasselbe gilt für die entsprechenden indischen Nomina auf *-dtha-* bis ins Pali hinab; sie bezeichnen eine actio oder Ort oder Mittel einer actio. Abweichend (abgesehen von den unbelegten Begriffsbestimmungen der Scholiasten und Lexikographen) nur v. *cardtha-*, wo aus der Bedeutung « Bewegung » der Kollektivbegriff « alles Bewegliche » hergeleitet ist : aber auch dies ist nie Adjektiv. Die indoiranischen Nomina auf *-átha-* sind so durchaus Verbalabstrakta, dass man fragen darf, ob nicht in den ganz oder halb infinitivischen Dativen vedisch *cardthāya yajdthāya* [nur in diesem Kasus!] *vakṣdthāya śaydthāya sacdthāya* [nur in diesem Kasus!] av. *mahrkaθāi varədaθāi* nebst *fradaθāi* der älteste Teil ihres Gebrauchs steckt. Speziell *cardthāya* sieht aus wie ein Infinitiv zu griech τελέθω, wonach man überhaupt geneigt sein wird das -θ- -αθ- -εθ- griechischer Tempusstämme nicht mehr ausschliesslich auf ig. *dh* zurückzuführen, sondern z. T. mit den altindischen Nominalsuffixen *-tha-* *-dtha-* *-dthu-* in Verbindung zu bringen.

Pāli z. B. in der Gāthā Jāt., 5, 259, 26 *vyasanī siyā* « er sei einem Missgeschick (*vyasanaṃ*) anheimgefallen ». — Bei einigen schwankt man, wohin man sie stellen soll. AV. *vātī-kṛta-* Rez einer Krankheit, eigtl. etwa « dem Wind ausgeliefert » passt zu b) und zu c); av. *saoci-buye* « um flammend sie werden » gehört zu a), wenn man es auf AV. *śokā-* « flammend » bezieht, zu b), wenn auf RV. *śóka-* « Flamme ». In beiden Fällen ist der Palatal beachtenswert.

Das Latein kann mit *facio* und *esse* den Genetiv, besonders den auf -*ī*, in allen drei Bedeutungen gebrauchen. Zu den zahlreichen Goldkörnern, die in Ludwigs Arbeiten unter einer Spreu von Unverständlichem und Unmöglichem versteckt liegen, gehört die Bemerkung (Sitzungsberichte der Böhm. Akad., 1897, VII, 11), worin er auf die Ähnlichkeit dieses lateinischen und jenes altindischen -*ī* hinweist.

Der Anklang ist in der Tat frappant. Vom alten Latein an und besonders im alten Latein findet sich *facio* zunächst häufig mit Genetiven, die man als Genetivi pretii, besser (zur Unterscheidung vom instrumentalen Ablativ des Preises) Genetiv des Wertes nennen kann (vgl Wölfflin Archiv für lat. Lex 9, 101 ff. mit guten Nachweisen über die gelegentliche Verwechslung der beiden Ausdrucksformen) : Plautus bietet *multi facio* « hoch anschlagen ». z. B. Rud. 381 *ut multi fecit*: — *maximi f.* « sehr hoch anschlagen » z. B. Casina Prol. 2 *fidem qui facitis maximi*; — *tanti* « auf so viel anschlagen » z. B. Merc. 7 *humanas querimonias non tanti facere* ; — *nihili* « für nichts achten » z. B. Pseud. 1103 *nihili sui eri imperium facit*, vgl. Bacch 89. Capt. 616. 986. Merc. 440. Pseud. 1086, und in gleichem Sinn häufig *flocci non facio* (positiv Curc. 348 *meum tergum flocci facio* vgl. Cato bei Fest. 193, 11) und Bacch. 1102 *hoc non nauci facere*. Ferner Capt. 477 *neque ridiculos iam terrunci faciunt*. Alles dies sind Genetive auf -*i*. Im Anschluss daran *minoris facio* Epid. 661. Most. 446, und bei Terenz Ad. 163 *huius non faciam*, wozu Donat bemerkt : « huius » autem δεικτικόν : «aut enim stipulam aut floccum moverat aut summum digitum» ; vgl. das ähnliche *non tanti facere* bei Plautus. Endlich bei Paulus ex Fest 99 M. *non bettae te facio*.

Derselbe Genetiv findet sich auch bei andern Verben in Ausdrücken der Wertbemessung. Neben *multi facere* hat Plautus auch *magni pendĕre* Curc. 262. Ps. 221. Stich. 135, *parvi aestumare* Capt. 682, *parvi pendere* fab. inc. fr. 19 ; — neben *nihili facere* auch *nihili pendĕre* Men. 993. Most. 245. Trin. 607 ; — neben *flocci facere* auch (aber seltner) *flocci pendere* fragm. bei Fulgentius Plautus ed. Leo II, p. 553 (vgl. Terenz Eun. 293), *flocci aestumare* fab. inc. fr. 14,2, *flocci existumare* Most. 76. Unklar ist *mali pendit* Truc. 539. — Weiteres klassisch und noch später z. B. *nauci non habere, magni habere, pensi habere, parvi ducere*, verschiedene Genetive mit *putare, taxare* usw.

Ganz selten und vereinzelt ist in der alten Zeit der klassisch häufige Genetiv bei *refert* : Pl. Rudens 966. Ps. 1085 (unecht!). Terenz Hau. 468. Ph. 676; und der Genetiv bei Verba des Kaufens u. drgl., wo der Ablativ ererbt und üblich war (vgl. Wölfflin Archiv 9, 108) : Pl. Ps. 1190 *quanti te emit*, 1184 *quanti conductast*; Ter. Eun. 71 *quanti (redimas)*.

Während hier ein nachträgliches Weiterwuchern erkannt werden darf, so ist es umgekehrt sehr normal, wenn sich *esse* mit dem Genetiv des Wertes findet, um das intransitive Gegenstück zu *facio* cum Gen. zu liefern. So bei Plautus *tantist quantist fungus putidus* Ba. 821, *sumne autem nihili* Ba. 91, *hi senes nisi fuissent nihili* Ba. 1207, *sine sim nihili* Ps. 239, *ambo sumus non nauci* Parasitus fr. 3 ; bei Ennius *illic est nugator nihil<i> non nauci <est> homo* Sc. 423. Vgl. *nec mi adeost tantillum pensi* Pl. Truc. 765 und das bekannte *tanti est* der klassischen Sprache. — Ein Ausfluss hievon ist der attributive Gebrauch (vgl. Ussing zu Asin. 460. Vahlen Enn. Scaen. 423) : bei Plautus *homo nihili* Ba. 1188. Truc. 598 (vgl. Varro de l. lat. 9,54 de homine dicimus enim « *hic homo nihili est* » et « *huius hominis nihili* » et « *hunc hominem nihili* ») ; *minimi mortalem preti madidum nihili* As. 859, *illum nihili virum* Cas. 559, *propter nihili bestiam* Mil. 180, *nihili nequam bestiam* Mil. 285, *armigero nili atque improbo* Cas. 257, *homo trioboli* Poen. 381. Ja sogar absolute

Verwendung von *nihili* als Vokativ in Sinne von « o Nichtswürdiger » kommt bei Plautus vor : Asin. 462. Cas. 239. 245.

Delbrück Vergl. Synt. I 339 billigt die Erklärung von Schmalz, wonach man von dem attributiven Gebrauche, also z. B. von *hominem non nauci* auszugehen hätte, und meint mit ihm, dass sich daraus das prädikative *sumus non nauci* und daraus wieder *nauci non habere* entwickelt habe. Aber im Allgemeinen pflegen sich attributive Ausdrücke aus prädikativen zu entwickeln, nicht umgekehrt (Paul Principien [2] 114 ff.). Und wie hätte gar erst hier der breite verbale Gebrauch des Genetivs aus dem dürftigen adnominalen herauswachsen können ? Und sieht man dem *non nauci* mit seiner für einen adnominalen Genetiv undenkbaren Negation die Herkunft aus verbaler Verbindung nicht an? Aber auch *homo nihili, homo trioboli* sind als adnominale Genetive, wenn wir etwa den Maassstab des Griechischen anlegen, durchaus abnorm.

Dagegen ist alles verständlich, wenn wir vom verbalen Gebrauch ausgehen, und hier wiederum kommt *facio* (und etwa noch *sum*) die Führung zu. Es ist in solcher Verbindung d s weitaus häufigste Verbum ; und dass von ihm Uebertragung auf speziell der Wertbemessung dienende Verba stattfand, ist verständlicher als das Umgekehrte. Insbesondere aber ist der Genetiv des Wertes bei *facio* nur ein Auschnitt aus einer altlateinischen Gewohnheit *facio* überhaupt mit Genetiven auf -*ī* zu verbinden. Häufig ist bei Plautus *aliquid compendi facio* « ersparen, abkürzen » neben *alicuius rei compendium facio* (auch noch Pacuvius vs. 175 und Lucil 771 Marx) : ihm steht Ennius A. 14 *neque dispendi facit hilum* « sie vergeudet nichts, lässt nichts umkommen » gegenüber. Aehnlich *lucri f.* : Most. 354 *qui facere argenti cupiat aliquantum lucri* « wer etwas Geld zu gewinnen wünscht » (vgl. *me esse hos trecentos Philippos facturum lucri*) ; und mit Flexionswechsel *sumpti facio* « ausgeben » Cas. 425. Trin. 250. Ferner Mil. 784 *aequi* (Cod. *atque*) *istuc facio* « das ist mir gleich », vgl. Terenz Haut. 787 *istuc aequi bonique facio* « ich halte das für recht und billig » ; Cic.

Att. 7, 7, 4 *istuc aequi boni facit*. Liv., 34, 22, 13 usw. Diese Genetive sind überwiegend auf *facio* beschränkt und in dieser Verbindung aufs alte Latein. Aber *lucri facere* lebt in der klassischen Sprache weiter (z. B. Cic Verr. 3, 111. 115. 116. 174. Nepos Thrasyb. 1, 3) und erzeugt die Seitenbildung *lucri dare* « gewinnen lassen » (z. B. Cic. Verr. 3, 72. 75. 86. 90), wonach dann wieder *numerare lucri* (Cic. Verr. 3, 84) und *conferre lucri* (id. 3, 76). — Erst klassisch belegt ist *reliqui facio* neben *reliqui est*, am häufigsten gebraucht mit *nihil*, daneben mit *quod* (Cic. pro Sulla 31, 80), *quid*, *quidquam* als Objekt bezw. Subjekt, ohne dass doch das *reliqui* von dem Neutrum regiert sein könnte. Denn *nihil reliqui facere* hat nicht die Bedeutung « nichts übriges machen », sondern « nichts übrig lassen »[1]. — Ein alter Parallelausdruck zu *aequi bonique facio* und wol als Variation zu verlorenem **boni facere* zu betrachten ist *boni consulere* « gut aufnehmen » : Plautus Truc. 429 *quidquid attulerit, boni consulas* (von Quintilian, 1, 6, 32 übersetzt mit *bonum iudices*); Varro l. l. 7, 4 *potius boni consulendum*. (Weitere Beispiele silbern).

Dass sich dieses *-ī facere* in die Genetivkonstruktionen schlecht einreiht, zeigt die Verlegenheit, worin sich die Grammatiker ihm gegenüber befinden. Um so besser passt es zu *-ī kr̥-* des Altindischen. Wie dieses bedeutet es das Umsetzen in den Nominalbegriff (*lucri facere* « zum Gewinn machen » *nihili facere* « zu einem Nichts machen ») und das Versetzen in denselben oder in dessen Bereich ; *compendi facere* steht gerade so neben *compendium facere* wie ai. *vimāthī-kr̥-* neben *vimātham kr̥-*. Nur um eine Nuance weicht *-ī facere* von *-ī kr̥-* ab. Dieses drückt eine tatsächliche Verwandlung des Objekts in den durch die *ī*-Form bezeichneten Begriff aus, während *facere*, weil es eben auch « Setzen » bedeutet, überwiegend nur eine Verän-

1. Man lässt den Genetiv auf Attraktion beruhen ; was ich nicht verstehe. Umgekehrt liegt m. E. wirklich Attraktion d. h. Assimilation an das Objekt vor an Stellen wie Cic. Verr. 3, 104 *mihi reliquos feci agros*. Epist. 3, 13, 1 *te nullum onus officii cuiquam reliquum fecisse*, Att. 3, 8, 2 *haec cura vix mihi vitam reliquam facit*. Ein ursprüngliches *reliqui* hat hier das *-um -am -os* des zugehörigen Objekts angenommen.

derung vom Standpunkt des Subjekts, ein Versetzen in eine andere Kategorie angiebt. Daher die Möglichkeit an seiner Stelle auch Verba des Taxierens und *consulere* eintreten zu lassen.

Vielleicht ist noch ein weiterer Genetivbrauch des Latein, der im sonstigen Genetivbrauch der indogermanischen Sprachen nicht recht unterzubringen ist[1], im Genetiv auf *-ī* zu Hause und mit der *-ī-* Bildung des Indoiranischen in Verbindung zu bringen : der Genetivus qualitatis. Man braucht bloss seinen prädikativen Gebrauch mit *esse* und *fieri* zu Grunde zu legen ; so berührt er sich mit den oben S. 129 behandelten altindischen Verbindungen nach Art von *krūrī-kr-* « mit einer Wunde behaften[2]. Dass der Genetiv qualitatis in der Regel auf

1. Dem Griechischen ist der Gen. qual. trotz Prisc. 18,28 [*G. L.* III, 221, 10 ff.] und Lobeck zu Phryn. S. 215 eigentlich fremd. Aus vorhellenistischer Zeit könnte man am ehesten die Ausdrücke mit τρόπου dahin stellen : Herodot I, 107, 11 H. τὸν εὕρισκε οἰκίης μὲν ἐόντα ἀγαθῆς, τρόπου δὲ ἡσυχίου. Eurip. Med. 809 μηδείς με φαύλην κἀσθενῆ νομιζέτω μηδ' ἡσυχαίαν, ἀλλὰ θατέρου τρόπου (wonach Aristoph. Av. 109). El. 949 εἴη πόσις μὴ παρθενωπὸς ἀλλὰ τἀνδρείου τρόπου. Eupolis fr. 103, 2 [I, 285 K.] βληχητὰ τέκνα κοὐδαμῶς τοῦ — τρόπου. Aristoph. Vesp. 1002 ἄκων γὰρ αὔτ' ἔδρασα κοὐ τοὐμοῦ τρόπου. Pl. 246 ἐγὼ δὲ τούτου τοῦ τρόπου πώς εἰμ' ἀεί. Ist der Genetiv hier ablativisch gemäss Aristoph. Th. 93 τὸ πρᾶγμα κομψὸν καὶ σφόδρ' ἐκ τοῦ σοῦ τρόπου? Wieder anders Thuk, 1, 113, 2 u. sonst (γνώμης). Pl. Gorg. 482 A (λόγων). Dem. 18, 296 (βουλευμάτων). — Die Genetivi qual. der griechischen Bibel wie ἐν ἀνθρώποις εὐδοκίας sind natürlich Hebraismen ; sie haben auf die Volksprache gewirkt z. B. neugr. ἄνθρωπος τῆς 'μπιστωσύνης « vertrauenswürdiger Mann », was Hesseling Museum 14 (1907), 246 unrichtig beurteilt. Dagegen die Belege des ausgehenden Altertums, die Lobeck aaO. bringt, darf man gewiss als Latinismen in Anspruch nehmen. — Der Genetivus mensurae ist wol ursprünglich adverbal.

2. Es sei daran erinnert, dass der Genetivus qualitatis vor Cicero auf den Singular beschränkt ist, während wir schon bei Plautus Pluralablative wie *crassis suris*, *summis divitiis* treffen. Und im Singular wiederum scheint er in der II. Deklination am meisten zu Hause. Belehrend ist der Kasuswechsel an Stellen wie Plautus Vidul. 42 *sit... cibique minimi maxumaque industria*; Terenz Ad. 441 *illius modi civium... antiqua virtute ac fide ;* Cic. Verrin. 5, 12, 30 *inter eiusmodi viros et mulieres adulta aetate ;* Cic. Leg. 3, 19, 45 *vir magni ingenii summaque prudentia ;* Cic. Epist. 4, 8, 1 *praestanti prudentia virum, maximi animi hominem.* Anderseits hat man freilich konstatiert, dass die alte und noch die klassische Sprache bei *animus* und bei *ingenium* den Ablativ bevorzugt, z. T. mit Ausschliesslichkeit ; vgl. über *ingenium* Edwards in Studies Gildersleeve [1902], p. 301 ff.

Substantive beschränkt ist, die ein Adjektiv bei sich haben, rührt daher, dass nur in diesem Fall Bedürfnis nach einem solchen Casus vorhanden war. Der Genetivus qual. muss das Latein für die abhanden gekommene Fähigkeit Bahuvrihis zu bilden entschädigen; ja er könnte geradewegs aus -ī-Formen im Bahuvrihi (wie solche im Avesta vorliegen : oben S. 129) erwachsen sein, z. B. *magni animi* aus *magn'-animī*.

Nun finden sich freilich schon bei Plautus ein par mal gewöhnliche Genetive ganz wie die Formen auf -ī mit *facio* verbunden (s. oben S. 131 f.), und auch der Genetivus qual. blieb nicht auf den Singular der II. Deklination beschränkt. Die alten Genetive traten allmählich mit in die Funktionen der ī-Formen ein, weil ihrerseits diese mit ihren speziellen, indoiranisch bei -ī zu treffenden Funktionen die des Genetivs verbanden. Wir wissen nicht, ob diese Mitvertretung des Genetivs durch -ī schon der Grundsprache angehörte, und im Indoiranischen verloren gieng, oder ob umgekehrt in der Grundsprache nur die enge indoiranische Funktion des -ī galt und die Genetivbedeutung erst in der italokeltischen Zeit hinzukam. Letzteres ist wahrscheinlich; aber sicherer Entscheid wird erst möglich sein, wenn andre Sprachen Spuren des ī-Kasus ans Licht gebracht haben werden. Dass -ī auch genetivische Funktion bekam, begreift man : die Bedeutung « in den Bereich » (oben S. 130) kommt derjenigen der Genetivformen nahe[1]. Am spätesten wird -ī adnominal geworden sein.

1. *Multi parvi nihili facere* usw. berührte sich mit dem Typus, der in griechich (bes. ionisch) πολλοῦ ποιεῖσθαι, λόγου οὐδενὸς ποιεῖσθαι, λόγου σμικροῦ εἶναι u. ähnl. vorliegt, und der in Anbetracht der Verbindungen ἐν οὐδενὶ λόγῳ ποιεῖσθαι, ἐν ἀνδρῶν λ. π., ἐν σμικρῷ ποιεῖσθαι wol eigentlich zum Genetivus localis gehört. Ferner mit dem griechischen Genetiv bei Verben des Schätzens, Kaufens, Tauschens. — Aber umgekehrt *multi facere* von vornherein als ursprünglichen eigentlichen Genetiv zu fassen, ist unratsam wegen der Beschränkung dieser Verbindung auf eingliedrige Adverbartige Ausdrücke und auf die Endung -ī, und unmöglich wegen der Zusammengehörigkeit mit der Sippe von *compendi facere*. Ja man darf vielmehr die Frage aufwerfen, ob nicht dem πολλοῦ ποιεῖσθαι ein älteres *πολλι ποιεῖσθαι vorausgegangen sei.

Wie es überhaupt mit dem adnominalen Gebrauch des Genetivs steht, soll im Folgenden untersucht werden.

II

Delbrück Vergl. Synt. I 446 ff. und Solmsen Berliner Philol. Woch. 1904, 999. 1907, 1322 f. haben nachgewiesen, dass bei Homer und in den Denkmälern der aeolischen Dialekte zum Ausdruck aller Art von Zugehörigkeitsverhältniss, als Attribut nicht bloss von Personen, sondern auch von Gegenständen, aus dem Personennamen abgeleitete possessive Adjektive gleichwertig mit dem possessiven Genetiv gebraucht werden. Dieser Gebrauch reicht viel weiter und tiefer als man sich gewöhnlich klar macht, und ist ursprünglich allen Griechen eigen gewesen.

Erstens zu allen Zeiten bei gehobenem poetischem Ausdruck. Die Tragiker nehmen nicht bloss Homers Τελαμώνιος, Ἀγαμεμνόνεος (in der Form -νιος), Νεστόρεος (in der Form -ρειος) wieder auf. Ἡράκλειος, bei Homer auf die Verbindung mit βίη beschränkt, verwenden sie ganz allgemein z. B. mit ἆθλος (Soph. Phil. 1131), mit βέλη (Phil. 1131, wo das unmetrische Ἡρακλείοις kaum mit Brunck in Ἡρακλέους, sondern vielmehr in Ἡρακλέοις zu bessern ist), mit δέμνια (Soph. Tr. 916), mit ἔξοδος (Tr. 51), mit θάλαμος (Tr. 913), mit ξύμμαχος (Eurip. Heracl. 487), mit ὅπλα (Soph. Phil. 262), mit πόνοι (Tr. 170), mit φρήν (Tr. 576), mit φροντίς (fr. trag. adesp. 29, 2, p. 848). Dazu die unhomerischen Ἀδμήτειος, Αἰάκειος, Ἀστάκειος, Ἀχίλλειος, Εὐρύτιος, Κυκλώπιος, (-ίς), Κυχρεῖος, Λαβδάκειος, Λαΐειος, Λαομεδόντιος, Ὀρέστειος, Ὄρφειος, Πέρσειος, Πριαμίς, Σισύφειος, Τηρέιος, Τυνδάρειος, -ρίς usw. Und während Homer aus Götternamen abgesehen von den abgeblassten δῖος und ἀρήιος wol nur I 538 Δῖον γένος (Artemis) und B 506 Ποσιδήιον ἀγλαὸν ἄλσος (vgl. 266 Ποσιδήιον als Substantiv) bildet, ist den Tragikern Δῖος (Aesch., Eur., Soph. Tr. 956?) sehr geläufig und bilden sie auch Ἀμμωνιάς, Δημήτριος (Aesch. fr. 44, 5), Ἑρμαῖος, Λητῷος, Πάνιος,

Ποσειδώνιος (das ältere Ποσίδειος Soph. fr. 465), Φοίβειος (-ήιος) u. dgl. Es stimmt dies, um das gleich hier vorwegzunehmen, zu den zahlreichen populären Ableitungen aus Gottesnamen, insonderheit auch den Festnamen auf -ια [1], den Bezeichnungen von Heiligtümern auf-ιον (Weiteres unten S. 139. 142). Auffällig ist der konstante Genetiv des Namens des Hades (vgl. Solmsen Rhein. Mus. 61, 496 f. A.).

Parallelen dazu liefern in grosser Fülle die alexandrinischen Dichter, zumal der an tragischer Sprache genährte Lykophron. Noch später byzantinische Poesie ist es vertraut : auf dem kürzlich von Krumbacher veröffentlichten serbischen Verlobungsring liest man Δουκικῆς ῥίζης κλάδον « einen Sprossen aus Dukas Stamm ». [2].

Immerhin könnte das alles dem Einfluss Homers und daneben auch (was für Pindar gilt) dem der aeolischen Dialekte zugeschrieben werden, in denen diese Bildung von Adjektiven aus Personennamen bis ins v. und iv. Jahrhundert lebendig ist. Aber vieles von dieser Art gehört der lebendigen Rede, auch derjenigen Athens, an. Nicht bloss Homer sagt δόμον Πηλήιον εἴσω (Σ 60 = 441), Ὀδυσσήιον ἐς δόμον (σ 353), χαλκήιον ἐς δόμον « in das Haus des Schmieds » (σ 328), sondern es heisst auch auf Anaphe (IG. XII, 3, 248, 11 f.) ποτὶ τὸν Εὐδώρειον οἶκον καὶ τὸν Μειδίλειον, auf Delos τῆς Σωσιτελείας οἰκίας (Inventar von 279. a. Ch.) und ἡ οἰκία ἡ Ἐπισθενεία (Bull. Corr. hell. 29, 530), und selbst Plato sagt Phaedr. 227 B ἐν τῇδε οἰκίᾳ τῇ Μορυχίᾳ. Und ganz ähnlich ist es, wenn Kratinos fr. 151 [I 60 K.] τοῖσι Κιμωνίοισιν ἐρειπίοις « in den Ruinen von Kimons Haus », sagt (vgl. die Κιμώνια μνήματα) und Dio Cass. 54, 24, 2 die *basilica Aemiliana* ἡ στοὰ ἡ Παύλειος (49, 42, 2 τὴν

1. Beiläufig : lat. *Megalēsia* « Fest der Μήτηρ μεγάλη » gehört mit Ἑκατήσια zusammen und ist ihm wol nachgebildet. Grundlage dafür wieder war Ἀρτεμίσια (Ἀφροδίσια, Χαρίσια).

2. Kundigere mögen entscheiden, ob so gesuchte Ausdrücke wie Ἀβραμιαῖος mit νεανίας παῖδες σπερμάτων im IV. Makkabäerbuch (9, 21. 10, 23. 18, 1), Ἰσακείῳ λογισμῷ ebenda 7, 14, ἐπὶ Ἄργῳ τῷ Ὀδυσσείῳ Pollux 5, 45, aus Wirkung der Poesie auf die Prosa der Spätzeit zu erklären sind.

στοὰν τὴν Παύλου καλουμένην) nennt. Vgl. Ἐπιλύκιον als Bezeichnung des von Epilykos umgebauten Amthauses des Polemarchen und Ἐρασιστράτιος (scil. πύργος) als solche einer Siedelung bei Mykale. In dieselbe Sphäre gehören att. Διφίλειον Λευκίππειον Κτησιακόν Φιλημονιακόν bei Bezeichnung von μέταλλα oder ἐργαστήρια nach ihrem Besitzer und in eben solcher Verbindung Ἀθηναικόν und andre Adjektiva aus Götternamen (IG. II 780. 781. 782[b]. IV. 2, 1078[c]. Dittenberger Sylloge 875 Anm. 2). — Oder wenn bei Homer die Insel des Aiolos Αἰολίη νῆσος heisst, was als poetische Bildung betrachtet werden kann, so kennt derselbe doch auch (π 471) einen Ἕρμαιος λόφος auf Ithaka, also derartige Bildung eines geographischen Namens in lebendigem Gebrauch. Dazu liefert die Folgezeit eine unausschöpfbare Fülle von Belegen. Besonders beachtenswert, weil es sich um Attika handelt, ist der Ἄρειος πάγος (poetisch βουλὴ Ἀρεία. IG. III, 824, 1. 3848, 1). Aehnliche Ausdrücke finden sich mit ἄκρα, ἀκρωτήριον, ἀκτή, κώμη, λιμήν, νῆσος, ὄρος aus Götter- und Heroennamen gebildet. Von den Ἡράκλειοι στῆλαι wird gleich die Rede sein. Eine κρήνη Ἀχίλλειος gab es in Milet, eine Ἀρεία κρήνη in Theben, Ἀγαμεμνόνια λουτρά zwischen Smyrna und Klazomenai, Ἡράκλεια λουτρά (Aristoph. Wolken 1051) d. h. heisse Wildbäder sonst. (Vgl. die zahlreichen analog benannten *Aquae* in Italien). Aehnlich die Ἰησονίη ὁδός bei Kyzikos (Apollon. Rh. 1, 988), die ὁδὸς Ἡρακλεία *via Herculanea* in Italien, der δρόμος Ἀχιλλήιος (Herodot, 4, 55, 44, 4, 76, 14. u. aa.) am Pontos. Ferner die φυλὴ Αἰσχριωνίη auf Samos und viele derartige Ausdrücke für Volksteile anderwärts. — Eben dahin solche Verbindungen wie Ἡράκλεια Μινώα, Κνωσσοῦ Μινωίου (Hy. Apoll. 396), und besonders die zahlreichen aus Götter- Heroen- und Menschennamen gebildeten Ortsnamen auf -ιον -ία[1]: alles eigentlich substantivierte Possessiva. So schon 66 Ποσιδήιον.

1. Interessant ist das aus dem Stadtnamen Ἡράκλεια gebildete Ethnikon Ἡράκλειος (Tafeln von Heraklea I 11 usw.). Es gehört zusammen mit Ἀμμώνιοι bei Herodot, Bez. der Anwohner und Pfleger des Ammonshei-

Diese Gruppe von Belegen ist besonders lehrreich darum, weil sie erweist, dass der ganze Typus keinem Teil der griechischen Welt fremd, und dass er volkstümlich lebendig war. Aehnliche Schlüsse können aus so gebildeten Bezeichnungen materieller Gegenstände des alltäglichen Gebrauchs gezogen werden, wie Χαρώνιοι κλίμακες als Stück des athenischen Theaterapparats (Pollux 4, 132), und zahlreiche Gerätenamen : die Νεστορίς « der Becher Nestors » und die auf den Thonkünstler Therikles zurückgehenden Θηρίκλεια (ποτήρια) oder Θηρίκλειαι (κύλικες) sind längst bekannt, aber das delische Tempelinventar (Sylloge Dittenb. 588) bietet ausserdem φιάλας Γοργείους, ἀργυρίδα Μικύθειον, σκαφίον Φιλωνίδειον, σκ. Στησίλεον, Ἱστιαϊκά und dergl., wo teils der Künstler teils der Stifter teils sonst ein früherer Besitzer den Namen geliehen haben mag. Schon Empedokles kannte die Ἡρακλεία λίθος, Ἀχίλλειος -ηίς ist ionisch und attisch Attribut einer bestimmten Gerste und des daraus Bereiteten. Von Φειδώνια μέτρα spricht auf Grund gewiss alten Brauches Ephoros ; Αντιόχειοι, Λυσιμάχειοι, Φιλίππειοι sind Münznamen, Θιβρώνειον Bezeichnung schlechten Geldes.

Weiterhin werden in hellster Zeit Vorgänge des öffentlichen Lebens so benannt: Κυλώνιον ἄγος, εἰρήνη Νικίειος, bei den Rednern Ἀρχιδάμειος πόλεμος, und der Krieg ὃν οἱ πλεῖστοι προσαγορεύουσιν Ἀννιβιακόν (Polyb. I, 3, 2). Vgl. *bellum Persicum* bei den Römern « Krieg mit Perseus ». Gäng und gäbe sind Adjektive aus Namen von Autoren : Ὁμήρειοι γλῶσσαι hat Aristophanes, Δρακόντειοι νόμοι der Komiker Xenarch fr. 4 [II 469 K.] vgl. Πολυμνήστεια. Vieles der Art später (darunter die bekannten metrischen Termini) : sogar Διόκλειοι ἔλεγχοι von

tigtums, mit νεανίσκοι Ἱερώνειοι : Epheben in dem von Hieron gestifteten Gymnasium in Neeton (Ig. 14, 240, 4 = 5260,4 Coll.), und bezeichnet die Bürger von Heraklea als Zugehörige des Herakles ; vgl. Πυθαγόρειοι. In der gleichen Weise bildet Stephanus Byz. Ποσειδώνιος aus Ποσειδωνία, Παρθένιος aus Παρθένου ἱερόν. Auf italischem Boden sind solche theophore Benennungen von Völker- und Genossenschaften gäng und gäbe: Schulze Eigenn. 465 ff. Ist der Typus Ἀλεξανδρεύς, woraus Ἀλεξάνδρεια eigentlich abgeleitet ist, dem Prinzip nach ähnlich zu erklären ? Anders Fick Vorgriech. Ortsnamen 159.

einer Schrift gegen Diokles; vgl. 'Οδύσσεια u. ähnliche Titel von Gedichten, Σωκρατικοὶ λόγοι διάλογοι.

Vieles lasse ich bei Seite (absichtlich die Fälle, wo das Adjektiv qualitativ « nach Art des betr. » bedeutet, also in einer auch dem Deutschen nicht ganz fremden Weise steht, wie 'Αγαμεμνόνια φρέατα, Αἰάντειος γέλως, Λύγκειον βλέμμα, Πλατωνικὸν ὕψος, Διομήδειος ἀνάγκη) : es wäre erwünscht einmal eine volle alles umfassende Zusammenstellung zu erhalten.

Derselbe Wunsch gilt für das Latein [1] : wie schon Delbrück Vergl. Synt. I, 447 andeutet, haben wir hier zweierlei Schichten, einerseits eine nationale, anderseits eine jüngere durch das Vorbild der griechischen Kunstlitteratur bedingte. Die Bildungen aus *Hercules* verteilen sich auf beide. Alt ist *Herculaneus* sowol in Ausdrücken wie *pars Herculanea* (Plautus Truc. 562), *ficus Herculanea* (Cato), *sacrificium Herculaneum*, *nodus Herculaneus*, als wo es örtlich fixiert ist, zumal in der Heimat des italischen Herkuleskultus, in Campanien (*via Herculanea*, *Herculaneum* als Stadtname); *rivus Herculaneus* bei Rom, *pagus Herculaneus* in verschiedenen Teilen Italiens. Dagegen *Herculeus* bei Virgil, Horaz u. den ff. ist wol Graecismus, nach 'Ηράκλειος, mit -*ĕus* für -ειος [2].

Der nationale Gebrauch der aus Personennamen gebildeten Possessiva ist dem griechischen ähnlich [3]. Das Vorherrschen des Gentilnamens über den Individualnamen lässt freilich, wo es sich um menschliche Namen handelt, den Parallelismus nicht so klar hervortreten, vgl. Schulze Eigenn., 510 ff. (nebst Thurneysen, GGA. 1907, 799 über den Pflan-

1. Vgl. über das Latein Nägelsbach Latein. Stilistik [8] 95 ff. (Litteratur p. 96) u. bes. R. S. Radford Use of the suffixes -*ānus* and -*īnus* in forming possessive adjectives from names of persons : Studies Gildersleeve 95 ff.

2. Das angebliche Adjektiv *Herculei* Plautus Cas. 398 hat Lindsay Archiv 15,144 glücklich beseitigt.

3. Ueber derartige Benennung von Landgütern nach ihrem Besitzer in Italien und Gallien (z. B. *fundus Sabinianus*, *villa Seliciana* ; *fundus Sabiniacus*) reiches Material bei Schulze Eigenn. 12 ff. Dazu für Gallien Skok Die mit den Suffixen -*ācum* usw. gebildeten südfranzös. Ortsnamen : II. Beiheft der Zeitschr. für roman. Philol. (1906).

zenn. *Caecilia[na]*,. Aber klar liegt er bei den Gottesnamen. Ich erinnere an die Bildung der Festnamen auf *-alia* und der Tempelnamen auf *-al*, an den ausgebreiteten Gebrauch von *Martius* (z. B. *legionibus Martses* Plauta nº 307, *Picus Martius*, *hastas Martias* in dem SC. von 99 a. Ch. bei Gell. 4, 6, 2, *mensis Martius*), von *Neptunius*, von *Venerius* (z. B. Pl., Mil., 1413.1421 *V. nepotulus*), dessen klassische Verwendung allerdings durch das Vorbild von ἀφροδίσιος bestimmt ist, von *Volcanius* (z. B. *vim Volcaniam* Lucil 606 Mx.). Dazu die *scalae Caciae* am Palatin, benannt nach einem Gott *Cacus* Wissowa Relig. der Römer 144 f. 230. Die Römer haben das länger bewahrt als die Griechen; noch unter Diocletian wurden die Termini *Aegyptus Iovia*, *Aegyptus Herculia* geprägt. Sie gehn auch weiter als die Griechen, indem sie neben den alten Priestertiteln den Gott nicht durch den Genetiv benennen, sondern durch ein Adjektiv : so vom *flamen Dialis* abwärts bei allen *flamines*. Ebenso die *antistita* und *sacerdos Veneria* bei Plautus Rud. 329.350.624, und die *servi Venerii*. Entsprechend deutet Thulin Mitteil. des Archäol. Instituts (Rom. Abt.) 22 (1907), 301 die *sodales Titii* als « Priester oder Kultgenossen » eine Gottes *Titus*. Ebenfalls über griechischen Brauch hinaus geht pälignisch *iouiois puclois*, marsisch *[i]ouies pucle[s]* « *Joviis pueris* »[1] gegenüber dem genetivischen Διόσκουροι. — Weiteres zu allem diesem Schulze Eigenn. 458 ff.

So fiel es der Kunstpoesie von Catull an[2] leicht den Gewohnheiten der hellenistischen Dichtung auch hierin zu folgen. Selbst bei Bildungen aus griechischen Namen wirkten z. T.

1. *iovio-* als Adjektiv von *Jupiter* ist auch oskisch, marrucinisch und insbesondre umbrisch. Aber die Römer sagen *dīālis* (aus *diēs* : Solmsen Stud. 114 A. 2). Also ist lat. *Jovius*, inschriftlich in der *Venus Iovia* von Capua (Wissowa 237 A. 6), litterarisch erst seit dem II Jahrhundert n. Ch. belegt, wol Lehnwort aus einer andern italischen Sprache (oder mehrern andern).

2. Bei den Aeltern sind meist nur wörtliche Reproduktionen griechischer Verbindungen zu treffen wie Plaut. Ba. 946 *Ulixes Lartius* [mit seltsamer Verschiebung!], Lucil, 25 *Thestiados Ledae* (Eurip. IA. 49) *atque Ixionies alochoeo* (Ξ 317).

vielleicht einheimische Vorbilder nach. Virgils *Aeneia nutrix* (Aen. 7, 1) wurzelt, obwol das Adjektiv griechisch geformt ist, doch in heimischem Boden. τιθήνη scheint mit dem Adjektiv eines Personennamens nicht vorzukommen, aber ein altes *noutrix Paperia* « Amme des Papirius » (« der Papirier ») weist Schulze Eigenn. 513 neben *Turpilia uxor, Crania uxor* « Frau des Turpilius, des Cranius » nach. Im übrigen wären genauere Nachweise über die Praxis der römischen Dichter erwünscht: Bednara Archiv 14, 583 betrachtet die Erscheinung zu ausschliesslich unter dem metrischen Gesichtswinkel.

Dieser Setzung des Adjektivs gegenüber ist nun aber in beiden Sprachen die des Genetivs durchweg das jüngere. Beim patronymischen Ausdruck ist dies durchaus anerkannt [1]. Homer hat den Genetiv ohne nebenstehendes υἱός παῖς noch gar nicht; das älteste litterarische Beispiel ist Hermeshy. 145 Διὸς δ'ἐριούνιος Ἑρμῆς. Dass Ὀιλῆος ταχὺς Αἴας adjektivisch Ὀιλῆιος zu lesen ist, hat schon Ilgen erkannt, vgl. W. Meyer De Homeri patronymicis p. 25. (Ueber die Reste des Alten in Italien Thurneysen Indog. Forsch. Anz. 9, 187. Schulze Eigenn. 20 ff.) Aber auch sonst ist der jüngere Charakter des Genetivs erweisbar. Bei Homer wird bei der periphrastischen Personenbezeichnung durch βίη das Adjektiv nur in Ἡρακληείη, Ἐτεοκληείη, Ἰφικληείη angewandt, also nur bei vom Dichter ererbten Wendungen: für seine eignen Helden braucht er βίη c. Gen. (z. B. Αἰνείαο, Τεύκροιο usw., dazu Ἡρακλῆος Σ 117). Entsprechend der Genetiv bei μένος, das überwiegend, und bei ἴς, das ganz auf die Odyssee beschränkt ist. Und wie von dem Helden der Odyssee keine Patronymika gebildet werden, so sticht die Vereinzelung von Ὀδυσήιον 353 gegen das mehrfache Νηλήιος Πηλήιος ab und die Verbindung τοῖσιν Ὀδυσσῆος (χ 221) gegen die homerische Weise überhaupt. An diesen Abweichungen innerhalb der homerischen Dichtung macht sich fühlbar, dass mit andern Antiquitäten auch die des possessi-

1. Im Böotischen trat der Genetiv früh ein von Namen auf -δας, sonst erst im III. Jahrhundert: Claflin The syntax of the Boeotian dialect inscriptions (1905), p. 35 nebst Anm.

ven Adjektivs im Ionischen sehr zurückgetreten war. Herodot 7, 106, 4 τοῖσι Μασκαμείοισι ἐκγόνοισι ist sehr auffällig.

Danach kann Διοσκόρω usw. trotz vedisch *divó nápātau* nicht uralt sein : dazu stimmt, dass die ganze ältere Poesie mit Einschluss der Tragödie vor Eurip. Or. 465 diese Namensform meidet, vgl. Bethe Pauly-Wissowa 5, 1088. Auch die Erforschung der Orstnamen wird einmal dartun müssen, wie sich der Uebergang vom Adjektiv zum Genetiv nach Zeit und Gegend vollzieht. Einerseits wird in best. Namen selbst gewechselt : Herodots Ἀχιλλήιος δρόμος (oben S. 139) heisst bei Ptolemaeus, Arrian, Ammian Ἀχιλλέως δρόμος. Oder der Genetiv charakterisiert Neubildungen. Dem alten Δία, Δῖον, Ἀθῆναι Διάδες steht Διὸς ἱρόν in Ionien und das hellenistische Διὸς πόλις gegenüber. Ihre alte Stoa hatten die Athener βασίλειος genannt : nun hiess es Ἀττάλου στοά. Bei Πελοπόννησος bestätigt die ursprüngliche Genetivform des Vorderglieds den relativ späten Ursprung der Bildung. Der Genetiv dient der momentanen Neubildung z. B. in Ζηνὸς πάγος (Soph. Tr. 1191) Ἥρας πάγος (fr. 248, 3) gegenüber Ἄρειος πάγος. Ebenso Homer Πριάμοιο πόλις, Ἠετίωνος π. gegenüber den Ortsnamen (πόλις) Τροίη, att. Ἠετιώνεια [1].

In gewissen Fällen setzen die Dichter den Genetiv, um etwas Abnormes zu bieten. Im Widerspruch zum Gebrauch der ganzen ältern Zeit, der nur adjektivisches Ἡράκλειοι (-αι) στῆλαι kennt [2], und zu seinem eignen (Isthm. 4, 13) hat Pindar Ol. 3, 44 Ἡρακλέος σταλᾶν. (Bei Skymn. 145 f. Ἡρακλέους στῆλαι kann auch Einfluss des jüngern Gebrauchs vorliegen, der für die Kaiserzeit bezeugt ist). Ebenso sind zu beurteilen Soph. OC. 947 Ἄρεος εὔβουλον πάγον (vielleicht auch in dem Epigramm IG. III, 781, 3 : doch siehe Kaibel Epigr. 886, 3.) : sonst immer Ἄρειος πάγος,

1. Die Deutung Φίλιπποι « [Stadt] des Philipp » (Fick Bezz. Beitr. 23, 244. Hoffmann Maked 251) widerspricht den bis ins IV. Jahrhundert bewahrten Gewohnheiten des thessalischen Dialekts.

2. Plato (Tim. 24 E) und Polyb (Hultzsch [2], p. XLIX) haben Ἡρακλέους nur vor στήλας, sonst immer das Adjektiv : also ist damit Ἡρακλείους gemeint oder dafür einzusetzen.

Plato Theae. 210 D scherzhaft feierlich εἰς τὴν τοῦ βασιλέως στοάν für βασίλειον στοάν, Martial 9, 90, 15 *Martis Calendae* für *Calendae Martiae*, Juven. 9, 101 *curia Martis* als Bez. des Areopags.

Die fast durchgehende Bevorzugung des Genetivs von Personennamen beim Ausdruck von Besitzverhältnissen, die beiden Sprachen, der griechischen noch mehr als der lateinischen, in ihrer klassischen Zeit eignet, ist somit etwas Gewordenes. Ursprünglich herrschte das Adjektiv wie in den slavischen Sprachen. Entsprechendes ist bei nichtpersönlichen Individualnamen und bei Appellativa, welche bestimmte Individuen bezeichnen, zu treffen. Ohne mich hier ausbreiten zu wollen, verweise ich für die erstern auf Αἰτναῖος, das in der tragischen Sprache nicht bloss, was nicht hieher gehört, « vom Aetna stammend » bedeutet, sondern auch schlechtweg « des Aetna » : Aesch. Prom. 365 ῥίζαισιν Αἰτναίαις ὕπο. Karkinos fr. 5 (Nauck p. 799) Αἰτναίοισι Σικελίας πάγοις, und auf Cicero de imp. Cn. Pomp. 33, wo neben *ostium Oceani* offenbar auf Grund des in Rom lebendigen Sprachgebrauchs *ostium Tiberinum* « Mündung des Tiber » steht. Aehnlicher Art sind z. B. Χερσόνησος Βυβασσίη « Halbinsel von Bybassos » (Herodot 1, 174; 6), Ἀχερούσιοι ὄχθοι, *fretum Gaditanum*. — Als possessive Adjektiva aus individuellen Appellativen erwähnt Delbrück Vergl. Synt. 1, 447 f. Aesch. Pers. 8 νόστῳ τῷ βασιλείῳ und lateinisch *erilis* « des Herrn » (Köhm Altlat Forsch. 161). Auch πάτριος *patrius* findet sich so : Pindar O. 6, 62 πατρία ὄσσα « die Stimme seines Vaters », Plautus Merc. 73 *patrio corpore* « aus dem Leib seines Vaters », Cic. Flacc. 106 *ex maerore patrio* « aus der Trauer seines Vaters », Ovid Met. 8, 211 *patriae tremuere manus*. Und der στοὰ βασίλειος « Stoa des Basileus » entspricht in Rom die *regia* und die *flaminia aedes* « das Haus des Flamen Dialis ». Dem liesse sich vieles beifügen, namentlich aus dem Latein. Und noch viel mehr Beispiele treten uns entgegen, wenn wir ohne Beschränkung auf Individualnamen überhaupt die Fälle in Betracht ziehen, wo Genetiv und abgeleitetes Adjektiv konkurrieren. In den klassischen Sprachen ist hier durchweg das Adjektiv das Primitivere ; der Genetiv mehr der jüngern überhaupt analytischen Sprachstufe eigen. Ein späterer Grieche würde bei natürlichem Sprechen nicht wie Homer die Versammlung der Götter mit θεῖος ἀγών, noch das Schiffsgebälk mit νήια δοῦρα bezeichnet haben. Als auf eine weitere Parallele sei auf das Zurückweichen der Stoffadjektiva in den romanischen Sprachen hingewiesen. Es ist ein Stück sprachlichen Fortschritts (im Sinne Jespersens), wenn man sich der umständlichen Bildung eines Adjektivs immer mehr entschlägt, wo ein einfaches Verhältnis zweier Substantivbegriffe auszudrücken ist. Dass den slavischen Sprachen dieser Fortschritt fremd ist, ja dass sie in der Bildung possessiver Adjektiva vielleicht über das ursprünglich Gegebene hinausgegangen sind (vgl. Koslovskij Archiv slav. Philol. 23, 104 ff. u. unten, S. 148), ist für sie charakteristisch[1].

III

Wenn diese Betrachtungsweise zutrifft, so hatte der Genetivus adnominalis (worein ich den Genetivus partitivus nicht einbegreife) in der Grundsprache nur ein sehr umschränktes Gebiet. Was irgend zum possessivus gehört (also auch der subiectivus und nach Delbrück der definitivus), konnte durch ein abgeleitetes Adjektiv ausgedrückt werden und wurde es mit Vorliebe. Weiterhin war der von nomina verbalia abhängige Genetivus obiectivus überflüssig neben den Komposita mit einem Verbale als Hinterglied. Notwendig war der Genetiv nur, wo Besitzer oder Objekt durch einen

1. Auf das possessive Adjektiv in den indoiranischen Sprachen kann ich mich hier nicht einlassen. Nur nebenher sei bemerkt, dass in Yasna 51, 12 *vaepyō kəvīnō* « Buhlknabe des Kavi » natürlich nicht ein ungeheuerlicher Genetiv von *kavi-* steckt (Bartholomae IF. I 191. Altiran. Wb. 442), sondern ein aus *kavi-* abgeleitetes Adjektiv. — Meillet erinnert mich an Bugges ansprechende Herleitung des armenischen Gen. pl. auf *-ç* aus den Adjektiven auf *-sko-* (Lyk. Stud. I 74. Meillet, Esquisse 47).

mehrgliedrigen Ausdruck zu geben war. Aber auch in diesem Fall brauchte, wenigstens bei possessiven Verbindungen, nur ein Teil der Gruppe genetivische Form zu haben [1].

Anderseits ist der Genetivus adverbalis eine in manchen Sprachen zurückweichende Altertümlichkeit. Vergleichen wir das Attische mit Homer, so finden wir den Genetiv bei den Verba des Zielens, der Lust und des Schmerzes, des Wissens und Verstehens verloren, den Genetivus loci auf ἐδοῦ beschränkt. Das Latein ist, wenn wir gebührendermaassen die syntaktischen Gräzismen der augusteischen Dichter ausser Rechnung setzen, an Derartigem noch ärmer als das Attische. Es kennt z. B. den Genetiv bei den Verba des Tastens, Kostens, Herrschens und den Genetivus temporalis (abgesehen von adverbial gewordenen Bildungen wie *nox* « des Nachts ») gar nicht mehr; und mit den verba appetendi nur vorklassisch. Ganz verschwunden ist der Genetivus adverbalis im Armenischen (Meillet, Mém. Soc. ling. 12, 410. 412 f.). Und wo haben wir ihn noch im gesprochnen Neuhochdeutschen? Um so sicherer ist er der Grundsprache im weitesten Umfang zu vindizieren und darin und im Genetivus partitivus die eigentliche und ursprüngliche und zur Zeit der Sprachtrennung wol noch durchaus vorwiegende Funktion der sogen Genetivformen zu sehen. Die *ī*-Formen der *ŏ*- Stämme waren, so weit sie grundsprachlich bereits genetivisch waren, sicher adverbaler Bedeutung; ebenso von Haus aus die Kasusformen auf *-ŏs*, sonst würden sie nicht auch Ablativfunktion haben.

Beim geschlechtigen Pronomen lagen die Dinge allerdings

1. Den bekanten Verbindungen Γοργείη κεφαλὴ δεινοῖο πελώρου u. dergl. (Delbrück Vergl. Synt. I 446) schliesst sich aus dem Griechischen an das von den Neuern verkannte Αἰάντεον... Ἰλιάδα... βωμόν (Pindar Ol. 9, 112) « den Altar des Aias Iliadas » ; böot. Καλιαία ἐμὶ τõ Κέντρονος u. Γοργίνιός ἐμι ὁ κότυλὸς καλὸς καλõ (Harvard Stud. 2,89 ff.); Anthol. Pal. 6, 269, 3 f. Ἀρίστα Ἑρμοκλειδαία (cod.- κλείταο, corr. Bergk) τῶ Σαϋναϊάδα. — Andrer Art., aber doch hier zu erwähnen ist Pind. Ol. 213 Κρόνιε παῖ Ῥέας u. Aesch. Hik. 313 ὁ Δῖος πόρτις βοός « der Sprössling aus Zeus und der Kuh » : weniger altertümlich Soph. Trach. 644 ὁ Διὸς Ἀλκμήνας κόρος « der Sprössling von Zeus und Alkmene ».

anders. Grundsprachlich gab es wenigstens beim Demonstrativum und beim Relativum keine Possessivbildung [1]. Und die Fähigkeit als Vorderglied von Komposita zu dienen darf man ihm für die Grundsprache wol auch absprechen. Die Form auf *-osi̯o* musste hier also auch in Fällen gebraucht werden, wo beim Nomen ein Possessivum oder Komposition eintrat. Aeusserlich darf *-osi̯o* vermöge des Ausgangs *-ŏ* der Vordergliedsform der Nomina composita, dem alten Casus indefinitus, gleich gesetzt werden. Somit ist diese Genetivendung im Unterschied von *-ŏs* und *-ī* von vornherein auch adnominal. Und wol erst seit sie auf die nominalen *ŏ*-Stämme übertragen wurde, und ursprünglich wol auch nur insoweit, hat es auch einen nominalen Genetivus adnominalis gegeben [2]. Hängt die Bevorzugung des Adjektivs vor dem Genetiv in den slavischen Sprachen damit zusammen, dass diese den Genetiv auf *-osi̯o* eingebüsst haben?

Das Personalpronomen nimmt hierin eine Mittelstellung zwischen Nomen und geschlechtigem Pronomen ein. 1) Als älteste orthotone Genetivformen dürfen I. *émo* (ai. *m-áma* arm. *im*) II. *téu̯o* (ai. *táva*) angesetzt werden, also die Hochstufe der reinen Stammform: dies etwas sehr Primitives, übrigens zum geschlechtigen Pronomen stimmendes, wenn dessen Genetiv wirklich in der angegebnen Weise zu beurteilen ist. Daneben trat 2) wol schon grundsprachlich Flexion bei adnominalem Gebrauch: I. *émos mós* (gr. ἐμός avest. *ma-*). II. *téu̯os tu̯ós* (gr. τεός lat. *tuus* av. *θwa-*) durch formale Akkommodation an das Nomen. Dazu 3) das kasuell weniger scharf bestimmte Enklitikon I. *moi*. II. *toi*.

Das Altindische hat 1) mit bemerkenswerter Treue bewahrt,

1. Lat. *cuius* als Genitiv und *cuius cuia cuium* als Adjektiv ist noch nicht aufgeklärt, vgl. osk. *púiieh púiiu*.

2. Die auffällig zahlreichen vedischen Kompp. mit Genetiv als Vorder-, *páti-* als Hinterglied darf man nicht als Beweis für hohes Alter des nominalen Genetivus adnominalis geltend machen. Denn der Genetiv bei *páti-* ist der der Verba des Herrschens, also in das von Delbrück Vergl. Synt. I 332 f. (§ 163) Besprochene einzuordnen.

vorwiegend adnominal (Delbrück Altind Synt. 204); während von voraussetzbaren analogen Formen des Dual- und Pluralpronomens keine Spur geblieben ist. 2) hat es schon im RV. fast ganz zu Gunsten weitergebildeter Formen preis gegeben. Ein Rest ist einerseits das einmalige RV. 2, 20, 2 *tvā́bhir ūtī*, und sind anderseits die Adverbien *amā́* « daheim » *amā́t* « von daheim », ersteres auch in *amā-jū́r-* « daheim alternd » *amā́-tya-* « Hausgenosse » *amā-vāsyā́* [scil. *rā́trī*] « die Vollmondsnacht » eigtl. « die Nacht des Daheimwohnens ». Eigentlich sind es adverbielle Kasusformen von **áma-*, dessen alten Anlaut sie im Unterschied von dem ins Paradigma eingepassten *m-áma* bewahrten, während sie den Akzent adverbiell verschoben. Ihre Grundbedeutung ist somit « domi meae » « domo mea ». Auch sonst wird gern ein Ausdruck, der zunächst und seiner Form nach nur ein den Sprechenden angehendes Verhältnis ausdrückt, zur Bezeichnung desselben Verhältnisses bei beliebigen Drittpersonen verallgemeinert durch eine Art Selbstversetzung des Sprechers in die Person und Situation dessen, von dem er spricht. Dahin an Bildungen aus dem Pronomen der I. Person altindisch *mamatā mamatva-* « Egoismus » *mamāyate* « anhänglich sein » (pāli auch « sich aneignen »), ferner die Kompp. mit *aham- mama-* (Verf. Ai. Gramm. II, 1, § 123 b, p. 326); im Pāli *-māmaka-* als Hinterglied « anhänglich »; lateinisch *nostras* « einheimisch » (als Gegensatz zu *peregrinus*), das immerhin bei den römischen Autoren nur von Dingen gebraucht wird, die bei ihnen selbst einheimisch sind; neu-lat. *egoismus*; kanzleideutsch *nostrifizieren*. Lehrreich für die Erklärung solcher Ausdrücke ist das georgische Verbum, in welchem der Begriff « sich aneignen » durch « er sagt : es ist mein » gegeben wird (Schuchardt Wiener Zeitschr. 6, 375). — Eben dahin gehören lat. *Fortuna huiusce diei* « das Glück des betr. Tages » und die den verschiedensten Sprachen gemeinsame Verwendung der Ausdrucke für *heute gestern morgen* zur Bezeichnung des betr. Tages selbst, des vorausgehenden, des nachfolgenden Tages. So altind. aus *hyáḥ* « gestern » *hyo-godogha-* « Kuhmelkung vom vorhergehenden Tage » *hai-*

yaṅgavīna- « die Butter vom Rahm des vorher gehenden Tages » ; lat. *hesternus* « des vorausgehenden Tages » (Catull 64, 377. Properz 1, 15, 3), *procrastinare* « hinausschieben » ; deutsch *heutig-* « am selben Tage geschehend » *morgend morgendlich* « postridianus » (Grimms Wörterbuchs v.) ; russisch z. B. *po včerašnemy* « nach der Weise des vorhergehenden Tages ».

Ins Griechische vererbten sich die deklinierte Adjektivform (z. T. in einer erweiterten Form) und das Enklitikum, während für adverbalen Gebrauch, soweit das Enklitikum nicht passte, eine Neubildung eintrat. Und nun können wir auch hier (und das dient zur Bestätigung des S. 143 ff. beim Nomen Behaupteten) ein Zurückweichen der adjektivischen Bezeichnung des Possessivverhältnisses vor der genetivischen beobachten. Den Endpunkt der Entwicklung haben wir im Neugriechischen, wo die Possessivadjektiva völlig fehlen, ausschliesslich μου σου του της, μας σας των gebraucht sind. Zu frühest schwanden die dualischen νωΐτερος σφωΐτερος : sie sind auf die epische Sprache beschränkt ; ὅς « suus » ist noch ionisch (daher bei Herodot, Demokrit, [fr. 298 : Photius Reitzenst. 3, 5], den Tragikern), aber nicht mehr attisch ; σφέτερος noch attisch, aber hier selten, und in der inschriftlichen Prosa nach 400 nicht mehr nachzuweisen, später ganz erloschen. ἐμός σός ἡμέτερος ὑμέτερος leben allerdings länger, aber mit wachsender Konkurrenz des Genetivs. Verschiedene Bücher der Septuaginta kennen sie nicht mehr, wie Numeri, IV Reges, die meisten kleinen Propheten ; andre kennen sie nur noch zum Teil. Höchst zutreffend urteilt hierüber Thiersch De versione Alexandrina p. 124 f. Für das NT. stellt Blass Gramm. 171 f. fest, dass ἐμός nur im vierten Evangelium häufiger ist, σός bei Paulus nur dreimal belegt, ἡμέτερος ὑμέτερος bei Matthäus und Marcus ganz fehlen. An Stelle des homerischen ὦ πάτερ ἡμέτερε ist im Gebet der Christen πάτερ ἡμῶν getreten. Nicht massgebend sind die aus dem Latein übersetzten Texte : hier wurde der Gebrauch der Possessiva durch das Original nahe gelegt. Im übrigen vergleiche man Dieterich Untersuchungen 193 f., der die Erscheinung richtig konstatiert, falsch beurteilt. Bei starker Betonung des Eigentumsverhältnisses hilft man sich im spätern Griechisch mit ἴδιος, οἰκεῖος. — Ein Hebraismus ist μου als Beisatz zum Namen Gottes : er hängt mit der Verschiedenheit hebräischer von hellenischer Religiosität zusammen. Ein Latinismus μου beim Vokativ von Personennamen z. B. Brief Hadrians (Hermes 37, 89 Zeile 10) Ῥόμμιέ μου, Athen. 8, 47 p. 352 D καλέ μου Δημόκριτε.

Das Latein, das ja auch sonst stärkere Neigung für das Adjektivum zeigt (oben S. 141 ff), hat im Gegensatz zum Griechischen Alleinherrschaft des Possessivums; nur éin Rest adnominalen Gebrauchs[1] des Genetivs ist bewahrt.

Das Possessivum der I. sing. entbehrt im Griechischen einer besondern Vokativform, während ἡμέτερε von Homer an mehrfach belegt ist. Infolge dessen liegen bei Anrede an eine als « mein » zu bezeichnende Person zwei Ausdrucksmöglichkeiten vor (abgesehen von dem Sonderfall Z 344 δᾶερ ἐμεῖο κυνός, wo der appositionelle Genetiv zur Verwendung des sonst nicht adnominalen ἐμεῖο geführt hat, wol mit unter dem Einfluss der benachbarten Stelle Z 356 εἵνεκ' ἐμεῖο κυνός). Entweder ἐμός wird in den Nominativ gesetzt und zieht Nominativform des Nomens nach sich : τ 406 γαμβρὸς ἐμὸς θύγατερ (θυγάτηρ) τε. Oder dem nominalen Vokativ wird μου oder, was das Aeltere und Ursprüngliche ist, μοι zugesetzt z. B. bei den Tragikern τέκνον μοι, ὦ πόσι μοι (Eurip. Tro. 1081). Dadurch wird das Latein klar. Die plautinischen Anredeformen *meus ocellus* (Asin. 664. Poen. 367), *meus oculus* (Cist. 53), *oculus meus* (Pers. 765. Stich. 764), *meus festus dies*, *meus pullus passer* (Cas. 136 f.), ferner Vergils *sanguis meus* (A. 6, 835), Augusts *meus asellus iucundissimus* (Gell. 15, 7, 3) entsprechen dem γαμβρὸς ἐμός[2], das gemeinübliche *mi ocelle* dem τέκνον μοι. Also ist

1. Mit der jüngern Vorliebe für Setzung des Genetivs des Personalpronomens, z. B. *gravitate sui* bei Ovid, kann ich mich hier nicht beschäftigen.

2. An der Abneigung gegen Bildung einer besondern Vokativform nehmen im Latein auch andre Adjektiva teil, womit gr. φίλος, ὦ φίλος, φίλος ὦ Μενέλαε (φίλε in A-Ψ nur vor folgendem nominalem Vokativ auf -ε) und der baltische Gebrauch (Delbrück Vergl. Synt. I 436 ff.) zu ver-

wirklich in *mi* der alte indogermanische Genetiv-Dativ *moi* zu erkennen. Ueberall sonst war er, wenigstens als Adnominalis, neben den Formen von *meus* überflüssig und konnte sich daher daneben nicht halten. Speziell im Vokativ schwand **gnata mi* neben *gnata mea* naturgemäss. Aber *gnate mi* neben unconcinnem **gnate meus* oder unvokativischem *gnatus meus* musste willkommen sein. Nach *gnate mi : gnata mea* wurde dann Entsprechendes für die dritte Deklination Regel z. B. *pater mi : mater mea*. Ebenso ist das Fehlen von *mi* im pluralen Vokativ zu verstehen. Es bewährt sich also Brügmanns Deutung dieser angeblichen Vokativform durchaus.

gleichen ist. Dahin, ebenfalls mit Angleichung des Substantivs, solche lateinische Wendungen wie *dignus domino servus* (Pl. Amph. 857), *ocellus aureus* (Asin. 69), *tu populus Albanus* (Formel bei Liv. 1, 24, 7), *vir strenuus* (Truc. 945), o *Pompilius sanguis* (Horaz A. P. 291), während vokativischer Wert alleinstehender Nominative auf *-us* (z. B. *Messapus* Verg. A. 11, 464) zu den Gräzismen der augusteischen Dichter gehört (Pl. Most. 1135 *inscitissimus* ist sicher nicht vokativisch). Anders, aber nicht richtig, über das Auftreten des Nominativs pro Vocativo Skutsch Archiv 15, 41 ff.

LA STYLISTIQUE

ET

LA LINGUISTIQUE THÉORIQUE

PAR

CH. ALBERT SECHEHAYE

LA STYLISTIQUE
ET LA LINGUISTIQUE THÉORIQUE

Par **CH. ALBERT SECHEHAYE.**

On désigne généralement sous le nom de *Stylistique* une discipline qui occupe une place intermédiaire entre la *grammaire* et la *science* ou plutôt *l'art du style.* L'enseignement de la stylistique vise à faire connaître les principes, disons mieux, les données qui permettent de faire d'un idiome particulier un usage non seulement correct au point de vue des règles de la grammaire, mais encore aussi expressif, aussi exact que possible dans le rendu des nuances de la pensée.

Ce sont des nécessités d'ordre pratique qui ont fait naître cette discipline. Tout le monde sait que les phrases françaises que peut écrire un étranger tout imbu de grammaire, pour être irréprochables au point de vue des règles apprises, ne sont pas encore du français. La grammaire telle qu'on l'enseigne ne suffit donc pas, et la stylistique doit lui servir de complément.

La stylistique ainsi comprise ne se distingue pas moins nettement de l'art d'écrire ou de la rhétorique. Ces dernières disciplines veulent enseigner à perfectionner au point de vue esthétique l'usage que l'on peut faire d'une langue déjà parfaitement connue. Les enfants et les illetrés qui parlent leur langue maternelle ont de la « stylistique », c'est-à-dire qu'ils savent ce que la stylistique est chargée d'enseigner, leur parler est naturel et expressif ; mais ils peuvent encore apprendre le style.

Pratiquement la stylistique peut donc paraître nettement définie ; son champ est bien délimité, et il est facile d'en saisir l'idée. Ceci étant admis, on est en droit de se poser au sujet de cette discipline linguistique quelques questions d'ordre théorique, et de chercher à la définir autrement que par sa limitation extérieure ou par la nécessité pratique qui lui a donné le jour. Il faut se demander quelle est la nature précise de son objet, et en déduire les principes dont elle devra s'inspirer dans ses exposés et ses méthodes.

M. Ch. Bally, chargé dans notre Séminaire de français moderne de l'Université de Genève d'une conférence de stylistique française, a le mérite d'avoir toujours été préoccupé de systématiser les matières qu'il avait à enseigner. Il s'est efforcé de grouper en un corps de doctrine cohérent et scientifique les explications qui, au début, n'étaient données qu'à l'occasion d'un texte à traduire. Convaincu de la vanité de toute assimilation mécanique, quand il s'agit des ressources expressives d'une langue, il a eu l'ambition de transformer la stylistique traditionnelle, qui n'est qu'une compilation de faits, en une science. Il a aspiré à faire connaître à ses étudiants des principes et des méthodes à l'aide desquels ils pourraient mieux observer, mieux comprendre et par conséquent mieux s'assimiler la langue qu'ils veulent apprendre. M. Bally a créé ainsi un enseignement nouveau, méthodique et accompagné de travaux d'application ; puis il a consigné le résultat de ses recherches et de ses expériences dans des ouvrages aussi neufs qu'instructifs qui, malgré la modestie de leurs titres, méritent de retenir l'attention des linguistes. Ce sont le *Précis de Stylistique* [1] et un ouvrage en préparation intitulé *Manuel de Stylistique française* [2] dont M. Bally a bien voulu nous communiquer l'introduction.

Les mérites de ces ouvrages sont incontestables ; nous avons pour nous même tiré des travaux de M. Bailly de nom-

1. Genève, Eggimann, 1905.

2. *Manuel de Stylistique française* (accompagné d'exercices d'application). Heidelberg, Winter, 1908.

breuses et d'utiles suggestions. Personne ne peut les lire sans rendre pleinement hommage à la loyauté de pensée et à la pénétration qui les caractérisent. Nous croyons qu'ils sont appelés à rendre de signalés services à l'enseignement, à le renouveler ou vivifier dans quelques-unes de ses parties. Nous voudrions ici, non les apprécier en détail, mais traiter seulement la question de linguistique théorique qu'ils posent devant nous. Question importante, puisqu'il s'agit de la fondation et de l'organisation d'une nouvelle discipline.

Avant d'entrer dans l'examen des théories de M. Bally, nous voulons donner un bref aperçu du *Précis de Stylistique*, afin que le lecteur se fasse une idée concrète de ce que devient cette discipline dans la conception de son auteur.

Le premier chapitre est consacré à la définition de la stylistique. M. Bally y voit une science « purement objective » et non un art ou une simple compilation de notions utiles. Son seul souci est de lui trouver un objet propre ; il y voit *l'étude des moyens d'expression* selon une définition développée sur laquelle nous reviendrons.

Le chapitre suivant traite *des mots* et de leur sens. Il commence par une partie négative où toutes les fausses notions qui, avouées ou non, exercent une influence néfaste sur l'enseignement du vocabulaire, sont nettement stigmatisées. Les sens des mots ne sont pas des unités fermées et nécessaires, de telle sorte que chaque mot, en allemand par exemple, ait son correspondant en français. Les mots n'ont pas un sens qu'on puisse fixer dans une définition, ils en ont plusieurs. Ils n'ont pas même un sens dominant qui groupe tous les autres et qui puisse servir à sa définition générale. La valeur des mots n'est dans aucune relation nécessaire et actuelle avec leur étymologie ou leur dérivation, car ils ont leur vie propre, et les familles de mots sont, au point de vue des valeurs, des groupements extrêmement hétéroclites (comparez : *rameau*, *ramier*, *ramage*, *ramoneur* ; *habit*, *habiter*, *habitude*, etc.).

En fait, et c'est là la partie positive de cet exposé, la valeur réelle d'un mot ne se saisit que par intuition et, dans chaque cas particulier, à la faveur du contexte. L'étranger ne parvient à le bien saisir qu'à la longue et à force d'observations. Dans ce travail, une attention soutenue peut venir en aide d'une manière efficace à la pure assimilation inconsciente. Il faut alors s'attacher moins au mot qu'au « groupe impressif » dont il fait partie, au court membre de phrase évocateur d'idée. Il ne faut s'assimiler que ce qu'on a bien compris, et n'employer à son tour que l'expression évoquée naturellement par l'idée à exprimer. Aller trop vite et vouloir se faire un langage à coups de dictionnaire est une grave erreur de méthode.

Les mêmes principes sont repris et développés dans le chapitre des *synonymes*. M. Bally s'en prend à Lafaye et à ses définitions, comme à Arsène Darmesteter et à sa classification fondée sur l'étymologie. Les synonymes doivent être observés dans leur contexte vivant, et leurs valeurs doivent être déterminées non seulement par l'idée, mais aussi par l'intensité respective des représentations (*effrayant*, *effroyable*), et par la propriété que les mots ont d'évoquer divers milieux sociaux. C'est ainsi que s'exprime M. Bally dans sa *Stylistique française*, pour désigner les nuances que l'on explique plus communément par des différences de style (*cadavre* est un terme objectif qui évoque une idée précise et dépouillée de tout caractère accessoire, *corps* appartient au langage des convenances, *machabée* est emprunté au jargon d'une certaine catégorie de personnes, c'est de l'argot, *dépouille mortelle* et *restes* sont des expressions de la langue écrite). De là dépendent en partie les effets que les divers mots peuvent produire, et ces effets, comme les sens, varient pour un même mot d'un cas à l'autre. Ce n'est pas toujours le même caractère d'un terme qui dicte le choix qu'on en fait. Ici encore une observation patiente permettra seule de découvrir et de sentir les qualités expressives des divers synonymes.

Ce qui peut se dire des mots doit être répété des *groupes de mots* ou *locutions* (Chapitre IV, Phraséologie). Ces groupes ont des valeurs propres indépendamment du sens des mots qui les composent, et doivent par conséquent être considérés en quelque mesure comme des unités expressives. Il conviendrait de citer dans ce chapitre les pages très intéressantes que l'auteur consacre à la *périphrase*, à son utilité (enrichissement de l'expression par la multiplication des manières diverses de présenter une même idée) et à son abus (emploi des périphrases rebattues qui chevillent le style sans rien ajouter à la pensée : *l'astre du jour*, etc.). Cette condamnation s'étend d'ailleurs à toute phraséologie banale et vide.

En parlant du *langage figuré* (Chapitre V), M. Bally ne traite pas des distinctions logiques, intéressantes, mais à tout prendre futiles, qu'on a établies entre les figures. Il ne s'arrête qu'à leur valeur expressive et aux circonstances qui la conditionnent. Comme la périphrase, l'image peut être plus ou moins banale, et par conséquent plus ou moins usée; comme le mot, elle peut être plus ou moins littéraire ou plus ou moins commune, comme lui, elle ne peut être interprétée une fois pour toutes, mais elle révèle ce qu'elle vaut à l'observation intelligente d'une série de cas particuliers. Il faut la surprendre toute vivante pour connaître sa physionomie. « Telles sont, dit l'auteur, en terminant un chapitre que nous ne prétendons pas avoir analysé, les principales questions que la stylistique se pose dans l'examen du langage figuré. La recherche en est fort complexe, mais par sa nature même, elle est vivante et offre un puissant intérêt; *elle nous fait entrer dans le laboratoire où se préparent les mystérieuses destinées de la langue* [1] » (p. 115).

Dans le chapitre de la *construction*, qui fait suite, M. Bally, abandonnant à la grammaire le soin de parler de la « construction logique », nous enseigne à distinguer parmi les constructions qui rompent l'ordre normal, celles qui sont sans valeur expressive propre, de celles que commande quelque motif psychologique et qui trahissent les mouvements de l'âme. Dans ces vers :

1. C'est nous qui soulignons.

J'ai faim, dit-il, et *bien vite*
Je sers piquette et pain bis.
Puis il sèche ses habits ;
Même *à dormir le feu l'invite.*

bien vite je sers est une de ces constructions expressives, tandis que *à dormir le feu l'invite* est une inversion permise au langage de la poésie, mais indifférente pour le sens.

Ce chapitre n'est d'ailleurs qu'une préparation au suivant où l'auteur aborde un grand sujet, en passant en revue, sous le nom de « langage subjectif », tout ce qui, selon lui, sert dans le langage à exprimer, à traduire plutôt, le mouvement des émotions.

« Le sentiment, nous dit-il, a sa véritable expression ailleurs que dans le langage discursif ; .... il existe *parallèlement à ce dernier* un langage ..... auquel je donnerai ici le nom de langage subjectif ou affectif, *langage qui a probablement précédé l'autre,* qui a ses lois et ses procédés d'expression à lui, et qui présente enfin ce curieux phénomène *de pouvoir se superposer au langage des idées* [1] de telle sorte que nous pouvons énoncer une idée par des mots, et y mêler un sentiment par les procédés du langage sentimental » (p. 128) [2].

Ces procédés sont ceux de la mimique, dont la plupart des gestes seraient, d'après M. Bally, conventionnels au même titre que nos mots parlés ; (c'est là une opinion que nous ne saurions accepter sans réserve). Ce sont aussi les intonations de la voix qui varient suivant que l'on questionne, raconte, déduit, ordonne, se récrie, etc. Il y faut compter encore les particularités du langage exclamatif, avec ses constructions renversées ou brisées, ses ellipses si expressives, et celles du langage des

1. C'est nous qui soulignons.
2. M. Bally voudrait actuellement qu'on parlât, non de *langage subjectif*, mais de *moyens indirects d'expression*, et il reconnaît à ces moyens indirects la faculté d'exprimer autre chose que des émotions. Il se rapproche ainsi de notre conception du *langage naturel* ou *affectif* dont nous disons quelques mots plus loin.

représentations vives, avec ses gestes et ses onomatopées. C'est encore et enfin toute une série de tours syntactiques et de locutions auxquels M. Bally attribue une valeur affective propre : telle la proposition hypothétique avec ellipse qui exprime la menace : *Si tu le touches .....*, ou cette simple phrase : *Que voulez-vous ?* qui, prise littéralement, a un sens tout à fait terne, mais qui est devenue le signe et comme le geste de la résignation.

Un appendice relatif à la méthode à suivre pour se perfectionner dans un idiome étranger par des exercices de traduction, sert de conclusion au *Précis*, et ces dernières pages paraîtront peut-être à plusieurs ce qu'il y a de plus original dans un livre qui n'est banal en aucune de ses parties.

Le *Précis de Stylistique*, dont nous avons essayé de fixer la physionomie par une rapide esquisse, ne s'offre à nous que comme une première tentative, un ensemble de vues plutôt qu'un système, et les idées de l'auteur se sont déjà modifiées sur bien des points, comme la *Stylistique française* en fera foi. Mais nous pouvons examiner l'idée-mère de toute l'entreprise et les principes directeurs qui sont pour l'auteur bien établis.

Pour ce faire, revenons maintenant aux premières lignes de cet ouvrage et voyons de plus près la définition de la stylistique selon M. Bally. Il convient ici de citer le texte même :

« La stylistique étudie les *moyens d'expression* dont dispose une langue, les procédés généraux employés par elle pour rendre par la parole les phénomènes du monde extérieur, aussi bien que les idées, les sentiments et en général tous les mouvements de notre vie intérieure.

« Elle observe les rapports qui existent dans une langue donnée entre les choses à exprimer et leur expression ; elle cherche à déterminer les lois et les tendances que suit cette langue pour arriver à l'expression de la pensée sous toutes ses formes. Elle recherche enfin une méthode propre à faire découvrir ces moyens, à les définir, à les classer et à en montrer le juste emploi » (p. 7).

Nous avouons que ces lignes nous arrêtent. Il nous semble que toute cette définition revient à dire, avec des termes diversement nuancés, que la stylistique étudie les lois et les règles du langage en tant qu'expression adéquate des mouvements de la vie intérieure; autant vaudrait dire : en tant que langage, car que reste-t-il de notre parler, si on le considère en dehors de sa valeur expressive ?

Si la stylistique « étudie les moyens d'expression dont dispose une langue », on est en droit de se demander en quoi le programme de cette nouvelle science diffère de celui de toutes les autres disciplines linguistiques qui ont le même objet. Qu'il s'agisse de lexicologie (étude des mots), de flexion ou de syntaxe, qu'il soit question d'analyse logique ou des qualités du style, tout en linguistique concerne l'expression de la pensée. On ne peut nettement distinguer de cet ensemble de disciplines que la partie de la science du langage qui s'occupe de l'étude des sons considérés en eux-mêmes, et celle qui a pour objet les évolutions du langage.

M. Bally, qui se heurte au même problème, et qui voit dans la stylistique une science particulière nettement distincte de toutes celles que l'on connaît déjà, s'efforce de rendre sa définition plus explicite en comparant la discipline nouvelle avec une série d'autres disciplines linguistiques et en essayant de marquer les différences entre elles et la discipline nouvelle. Il la compare successivement à la syntaxe, à la lexicologie, à la sémantique, à l'étymologie, etc., mais sans parvenir, du moins à notre sens, à nous apporter la claire notion d'un objet spécial nettement distinct.

Est-ce à dire que cette définition soit sans valeur, vide de sens? Non, sans doute. Si ce sens n'est pas facile à préciser, on peut du moins le sentir. Cette définition trahit une intention parfaitement nette, une tendance bien définie et nouvelle, sinon chez les théoriciens du langage en général, du moins chez ceux qui ont entrepris d'écrire des manuels d'enseignement. Tout son effort porte sur certains termes soigneusement pesés et qu'il conviendrait de souligner. Il s'agit de savoir comment se rendent *tous les mouvements* de la vie intérieure. La stylistique étudie les moyens dont la langue dispose pour *refléter* la vie de l'esprit ; elle cherche à déterminer les lois et les tendances que suit une langue pour *arriver* à l'expression de la pensée *sous toutes ses formes*. Tâche bien difficile en effet, comme nous en avertit l'introduction de la *Stylistique française*, et tâche devant laquelle ont reculé les grammairiens occupés à la besogne plus simple qui consiste à noter l'expression constante de certaines relations et de quelques idées générales.

Les mots *d'expression* et *d'expressif* prennent sous la plume de M. Bally un sens plus riche et plus profond que celui qu'on leur donne généralement. Ils ne concernent pas seulement les idées, mais aussi tous les mouvements, toutes les modalités de notre être psychique. A côté de la pensée discursive qui est objective et froide, il y a, semble-t-il, quelque chose de subjectif et de vivant qui se trahit à travers le langage ou qui s'exprime par des moyens indirects qu'une observation méthodique et patiente peut seule révéler. C'est cette vie du langage ou, si l'on aime mieux, ce langage de la vie qui a été la préoccupation constante de M. Bally, et toute sa distinction entre la stylistique et la grammaire repose au fond sur une distinction implicite entre les éléments intellectuels et les éléments affectifs de la parole.

On le voit plus nettement dans l'Introduction du *Manuel de Stylistique* que dans le *Précis*. Dans son second ouvrage, l'auteur, cherchant à serrer sa pensée de plus près, la creuse et ce travail met au jour, pour ainsi dire, les assises profondes de tout son édifice. Il s'efforce d'abord de définir cette pensée complexe dont le langage est l'expression, et il pense y découvrir la combinaison de trois facteurs constamment entremêlés dans des proportions diverses. Il y a le *facteur intellectuel*, les idées pures, le *facteur affectif*, les émotions, les dispositions subjectives de la sensibilité, et enfin le *facteur social*, qui modifie l'expression « des idées et des sentiments par des conditions tenant à la présence réelle ou à la représentation d'un ou de plusieurs autres sujets ». La gêne, le mépris, le respect ou la condescendance par exemple, modifient en effet notre parole. Cette analyse est intéressante et en particulier tout ce qui est dit sur l'importance du facteur social est extrêmement juste. Cependant il ne saurait être question d'une simple coordination de ce troisième terme avec les deux premiers. Il est d'un autre ordre et ne fait pas avec eux un système d'alternatives. Comme on le voit par la phrase même citée ci-dessus, le facteur social, qui est extérieur à l'homme, se résout en lui en idées et en sentiments ; il se ramène donc aux deux premiers facteurs, et nous ne sortons pas de la distinction ci-dessus indiquée entre les deux facteurs intellectuel [1] et affectif.

Après avoir défini la pensée dont l'expression est l'objet de la stylistique, M. Bally ajoute : « Si l'étude du langage est l'étude d'un système de relation entre l'esprit et la parole, la stylistique ne peut être cela et tout cela ; car son domaine propre ne se distinguerait alors en rien du champ général de la recherche linguistique... mais quel est alors son objet particulier ? » Et l'auteur prépare sa réponse en donnant comme exemples deux questions qui ressortissent à la stylistique.

La première se pose à propos de la simple exclamation « *Le malheureux!* » qui exprime la pitié envers un homme dont on vient d'apprendre la mort violente ; l'autre a pour objet la plaisante interrogation du gendre de Monsieur Poirier : « Eh bien, mon cher beau-père, comment gouvernez-vous ce petit désespoir ? Êtes-vous toujours furieux contre votre *panier percé* de gendre ? » Ces deux expressions, nous dit M. Bally : *le malheureux* et *panier percé* ont d'abord une valeur d'idée (l'une exprime la pitié, l'autre la notion de prodigalité extrême), mais

1. Le facteur intellectuel pourrait se subdiviser en un facteur logique (formes nécessaires de la pensée) et un facteur de représentation (idées qui viennent des sens et ressortissent à la mémoire ou à l'imagination).

elles ont aussi des qualités expressives accessoires correspondant aux diverses nuances du sentiment qui anime le sujet parlant.

L'exclamation *le malheureux!* exprime un certain degré d'émotion. Plus faible ou plus forte, elle se traduirait par d'autres termes avec une autre syntaxe. Quant au terme de *panier percé*, il doit à son caractère de terme figuré, à la nature de l'image qu'il évoque, au langage familier auquel il est emprunté, sa nuance expressive spéciale, cette touche ironique et cocasse qui sied au sans-gêne de celui qui parle.

Il s'agit donc de noter, d'isoler soigneusement et de classer ces caractères des mots ou des groupes de mots dans l'expression. Selon M. Bally, le travail de la stylistique se divise en deux parties. La première a pour tâche de délimiter et d'identifier les faits d'expression. La seconde recherche leurs caractères propres, les classe d'après ces caractères, et étudie d'une manière générale le système et le fonctionnement des procédés d'expression fondé sur eux.

L'identification des faits d'expression consiste à les déterminer par leur valeur d'idée, à dire par exemple *panier percé*= idée de la prodigalité. Ce n'est à proprement parler, de l'aveu de l'auteur du *Manuel*, qu'un travail de lexicologie, quand il s'agit de mots, ou de syntaxe, quand il s'agit d'un procédé d'agencement dans la phrase; c'est de la grammaire en un mot, pour employer ce terme dans un sens tout général. Si la stylistique s'en mêle, c'est qu'elle a besoin de délimitations et d'identifications mieux faites que celles que la grammaire courante ne saurait lui offrir.

Le second travail est seul spécifiquement stylistique. Poussé plus loin que M. Bally n'a pu le faire dans ses deux livres, il aboutirait à donner une idée de la manière dont « les faits d'expression, groupés autour des notions simples et abstraites, coexistent à l'état latent dans les cerveaux des sujets parlants » et forment entre eux « *un système de moyens d'expression*, dont l'explication est la tâche la plus difficile qui incombe à la stylistique ».

Ce programme, nettement tracé, se prête aussi à des critiques plus précises, et nous permettra de mieux faire voir pourquoi, selon nous, la science que M. Bally a voulu créer ne saurait se distinguer de la science de l'expression linguistique en général.

Nous enregistrons d'abord, en la soulignant, la concession importante qui est faite à notre thèse, lorsque M. Bally reconnaît que la première partie du travail de la stylistique est un travail purement grammatical et lexicologique. Si la stylistique s'en charge, c'est que la grammaire n'a pas su s'en acquitter d'une manière vraiment scientifique. Fait caractéristique : M. Bally qui, dans le *Précis*, acceptait sans y regarder de bien près la grammaire traditionnelle et lui comparait la stylistique, fait un pas de plus dans son nouvel ouvrage, et prend à partie l'enseignement grammatical pour lui faire son procès. Cet enseignement, nous dit-il en substance, est *automatique*, *mécanique* et *analytique*. Il procède *automatiquement* en ce sens qu'il cherche avant tout à prescrire des règles et des formules *mécaniques*, et pour ce faire, il *analyse* les phrases en des unités qu'il appelle des mots, mais qui ne sont des unités réelles ni au point de vue psychologique, ni par conséquent au point de vue de l'élocution. Pour cette grammaire les phrases sont des combinaisons de mots conformes aux règles. Elle regarde aux rapports formels des mots entre eux et néglige de considérer les rapports autrement importants qui existent entre les éléments de la phrase et les idées exprimées. En réalité, elle déforme en le déchiquetant et en l'étriquant l'objet qu'elle prétend décrire, et les résultats d'un pareil enseignement sont dignes de sa méthode. Ce sont ceux auxquels nous faisions allusion en commençant

La conclusion d'une pareille critique n'est pas que la grammaire doit être condamnée, — telle n'est certes pas la pensée de M. Bally — mais qu'elle doit être réformé ; en tant que science des valeurs purement objectives des mots et de leurs relations grammaticales et logiques dans la phrase, elle mérite d'être revisée, complétée ; et pour cela il faudra sans doute avoir recours à une observation plus méthodique et plus respectueuse de la réalité. La délimitation et l'identification des faits d'expression est à refaire. Voilà une grande tâche et un programme aussi important que difficile à bien remplir. Tout le travail que la stylistique se propose à l'égard de l'expression des nuances de la vie affective serait, en dépit de la science grammaticale traditionnelle, à recommencer, en s'inspirant d'une méthode analogue, à l'égard de ce qui concerne l'expression des idées, et cette grammaire réformée se couronnerait d'une stylistique et formerait avec elle une science complète de l'expression en général.

Cette définition ne manque pas de clarté, mais elle suppose pour être utile que l'expression des sentiments et l'expression des idées sont nettement distinctes et se produisent par deux systèmes de procédés différents et parallèles; qu'elles constituent en un mot deux objets de science qu'on pourrait considérer à part et successivement. Si tel n'était pas le cas, il est évident que les deux parties de la discipline dont on nous trace le programme, la seconde, celle qui appartient en propre à la stylistique, aussi bien que la première qui n'est, selon M. Bally, qu'une grammaire et et une lexicologie réformées, viendraient se confondre en une seule science ayant un même objet et une même méthode et qui serait la science des valeurs linguistiques en général.

Cette conception d'une science stylistique distincte des autres repose sur une idée à laquelle pour notre part nous ne saurions souscrire.

Que représentent nos mots, comme tous les éléments conventionnels de notre langage: particules, préfixes, suffixes et combinaisons syntactiques de ces divers éléments? Des idées, et rien que des idées par eux-mêmes. Leur raison d'être, c'est d'être les substituts linguistiques de certaines notions. Dans ce sens leur valeur est purement intellectuelle. Nos expériences affectives deviennent pour nous des idées, comme les expériences qui nous viennent par les sens. C'est en vertu d'une assimilation de l'expression et de l'idée à exprimer que nous appelons un spectacle *effrayant* ou *effroyable*, que nous traitons quelqu'un de *prodigue* ou de *panier percé*, exactement comme nous désignons un animal par le mot *chien* et un autre par le mot *chat*. La seule différence entre les deux premiers cas et le troisième, c'est que dans ceux-là l'impression subjective que fait la chose sur notre sensibilité entre en ligne de compte dans la formation de l'idée, tandis que dans celui-ci elle n'y joue aucun rôle.

Tous les moyens d'expression conventionnelle représentent indifféremment des idées de tout ordre. La flexion, par exemple, qui exprime une idée objective de représentation quand elle sert à distinguer le mâle et la femelle dans les espèces animales, traduit par ses formes casuelles des idées de relation, et correspond au contraire à des idées modales, c'est-à-dire subjectives, quand, dans la conjugaison, elle marque la différence entre un indicatif, un subjonctif ou un impératif.

Mais il y a plus : les idées exprimées par des mots sont généralement non seulement d'origines psychologiques diverses, mais aussi de nature complexe ; c'est-à-dire que les facteurs intellectuels objectifs et les facteurs subjectifs se mêlent dans des proportions variables pour concourir à la formation d'une seule idée. On peut sans doute considérer ces facteurs à part en vertu d'une abstraction intéressante et utile à sa place, comme celle à laquelle M. Bally a soumis le mot *panier percé*. Mais cette abstraction est inutile au point de vue de la science du langage, parce qu'elle ne correspond à rien dans le mécanisme de la parole. Elle est le simple effet d'une réflexion logique, d'une transposition artificielle que nous faisons subir au langage sans que rien nous y invite. Il en est de même de nos phrases discursives qui traduisent nos pensées les plus diverses, sans que jamais la distinction de la vie intellectuelle et de la vie émotive soit entrée en ligne de compte dans leur systématisation. Ce serait seulement par une opération arbitraire qu'on y pourrait distinguer une sorte de langage purement intellectuel sur lequel la vie subjective viendrait appliquer l'expression de ses mouvements divers, à peu près comme dans les arts graphiques on superpose divers clichés pour obtenir une seule image.

Ce n'est pas qu'il n'y ait aucune distinction à faire entre l'expression des idées — de toute origine, telles que nous venons de les concevoir — et un autre élément expressif qui complète le langage et lui donne toute son intensité de vie. Mais cette analyse doit être faite d'après un autre principe : il faut distinguer entre l'élément conventionnel du langage et l'élément naturel ou spontané.

M. Bally, en comparant dans son *Précis* (p. 8) la syntaxe à la stylistique, cite ce vers de Racine :

Moi, que j'ose opprimer et noircir l'innocence ?

et il s'efforce d'établir que ce tour de syntaxe, qui a un sens grammatical, a en outre, en tant qu'il exprime la surprise et l'indignation, une valeur stylistique qui lui est inhérente. Il nous semble que ces sentiments sont exprimés moins par la phrase en elle-même, que par l'intonation de la voix et par le sens des mots qui, en nous faisant connaître la situation, nous prédisposent à éprouver certaines émotions. Il serait ridicule, mais possible de dire ce vers sur le ton d'une joyeuse surprise, et ce même tour de syntaxe, avec d'autres mots, exprimerait fort bien ce sentiment ou tel autre encore ; par ex. : *Moi, que je puisse revoir ma patrie ? Toi, que tu viennes à bout de ce travail ?*

Sans doute la grammaire se contente en général de faire de nos phrases une analyse logique et grammaticale qui n'en épuise pas le contenu. Dans le cas particulier, il conviendrait, après avoir mentionné l'emploi du subjonctif avec *que* et l'ellipse de la proposition principale dont il devrait dépendre, d'ajouter que ce procédé de syntaxe est employé ici avec un sens qui lui appartient souvent : celui d'une interrogation rhétorique équivalant à : *est-il croyable que...?* et ici nous entrons dans le domaine des idées d'origine affective. Ce tour, qui est susceptible d'exprimer encore d'autres nuances modales (l'ordre, la supposition, etc.), possède cependant cette valeur de la même façon qu'un mot ou qu'une locution possède un sens particulier à côté de plusieurs autres, et c'est là un procédé d'expression conventionnelle parfaitement assimilable à tous les autres.

C'est à cette valeur fondamentale que les éléments auxiliaires appartenant au langage spontané (l'intonation de la voix et l'interprétation par les circonstances) ajoutent dans chaque cas une nuance occasionnelle. Dans notre vers de Racine l'interrogation rhétorique devient une exclamation indignée. Mais ici l'idée n'a point d'expression propre, aucun symbole conventionnel, elle est seulement suggérée et se comprend par une intuition toute naturelle. Il y a là le principe d'une distinction réelle et extrêmement importante — celle des deux langages dont M. Bally a reconnu l'existence ailleurs, comme nous l'avons vu, à propos du langage subjectif. Il faut regretter qu'il ne s'y soit pas attaché pour la suivre dans toutes ses conséquences, plutôt que de chercher à statuer une différence entre la valeur grammaticale ou intellectuelle, et la valeur stylistique, c'est-à-dire affective, des tours de syntaxe ou des mots.

En appliquant avec une rigueur plus systématique sa méthode scientifique d'observation à tous les faits du langage, l'auteur du *Précis* et du *Manuel* aurait abouti nécessairement à concevoir l'idée d'une science de l'expression en général qui aurait eu pour objet de faire connaître le système général des procédés d'expression sans égard à la nature psychologique de la chose à exprimer.

Sans doute les problèmes que M. Bally a soulevés et qu'il a contribué à éclairer par ses analyses pénétrantes, sont du plus haut intérêt, mais nous ne pensons pas que la science du langage gagne rien à ce qu'on les isole d'autres problèmes grammaticaux, moins subtils peut-être à première vue, mais qui demandent à être étudiés à la lumière des mêmes principes. La vie du langage en tant qu'expression de la pensée est une, et on doit avoir l'ambition de pénétrer assez avant dans ses secrets pour voir s'éclairer d'une même lumière et les faits les plus simples, les plus connus de la grammaire, et les phénomènes plus déliés qui semblent déconcerter l'observation par leur finesse. Ce ne sont pas seulement les étudiants avancés de nos universités ou nous-mêmes qui avons besoin d'être initiés aux principes cachés qui permettent de mieux comprendre et de mieux s'assimiler la vie d'un idiome; ce sont nos écoliers qui auraient besoin d'être nourris d'un enseignement plus vrai, moins formel, qui soit une initiation graduée à la compréhension intelligente de tout mécanisme grammatical.

Des ouvrages comme ceux de M. Bally témoignent du mouvement général qui porte les linguistes à établir leur science grammaticale sur de nouvelles assises, et sous le nom de stylistique c'est la grammaire elle-même que leur auteur tend en réalité à réformer. Les conséquences de cette entreprise sont plus nombreuses et plus lointaines qu'on n'aurait pu le penser d'abord.

Dans notre essai intitulé *Programme et Méthodes de la Linguistique théorique*[1] nous avons cherché à poser en termes précis et dans leur ordre naturel tous les problèmes essentiels de la linguistique, y compris celui qui a occupé M. Bally. Sous le nom — que notre conception du problème justifie — de *Morphologie statique*, nous avons décrit une science des états de langage qui, faisant abstraction des sons concrets dans lesquels la pensée parlée se réalise, considère le langage dans sa forme abstraite, dans sa conception psychologique et ses formules grammaticales. C'est le problème qui nous intéresse ici, celui qui concerne la mise en usage d'un organisme linguistique au service de la pensée, l'expression en un mot. Si nous avons réussi à le poser et à dire comment il doit être abordé, on devra pouvoir trouver dans notre essai une doctrine ou les éléments d'une doctrine pour servir de base à cette révision générale de la grammaire et de ses méthodes.

Qu'on nous permette de formuler ici quatre principes qui dans leur ensemble nous semblent constituer la base de toute science de l'expression grammaticale. Ils sont déjà implicitement ou explicitement contenus dans notre *Linguistique théorique* ; mais nous sommes heureux de pouvoir ici les grou-

1. Paris, Champion, 1908.

per, les développer un peu et montrer comment ils s'appellent l'un l'autre pour former, réunis, un système complet.

On verra qu'aucun de ces principes n'est absolument inconnu; cependant leur rapprochement et quelques-unes des applications que nous faisons de tel d'entre eux sembleront peut-être nouveaux et, nous l'espérons, utiles. Ce sera notre contribution à l'œuvre entreprise par M. Bally. En effet, tous les principes fondamentaux de la stylistique telle que nous l'avons vue esquissée dans le *Précis*, et tous les faits dont cette discipline traite, trouvent naturellement leur place dans le cadre que nous allons tracer.

Premier principe: *La langue conventionnelle et discursive se manifeste au sein d'un langage naturel qui est comme son milieu.*

Ce principe a été soigneusement établi dans notre *Linguistique théorique*, et nous venons de montrer par un exemple comment nous entendons la distinction de ces deux langages. L'un d'eux n'a que des signes naturels interprétés avec l'aide des circonstances connues. Bien qu'il serve à l'expression des idées aussi bien que l'autre, on peut l'appeler *affectif* parce qu'il exprime les choses par la manière dont elles nous affectent: les gestes démonstratifs, les onomatopées, les cris et les intonations sont ses procédés. L'autre est conventionnel et se sert de symboles arbitraires et de leur agencement grammatical. Dans un passage du *Précis* cité plus haut, M. Bally parlait de deux langages qui sont *parallèles*, et il ajoutait plus loin que le langage affectif, qui *a précédé* l'autre, a cette curieuse propriété de venir *s'ajouter* au langage discursif. La relation qui existe entre ces deux langages peut se définir plus simplement; ils ne sont pas parallèles, mais, comme nous nous sommes exprimés ailleurs, «emboîtés» l'un dans l'autre, et celui qui vient s'ajouter ce n'est pas celui qui est apparu le premier dans l'ordre du temps, mais le nouveau venu. Le langage discursif ou grammatical est un phénomène secondaire au sein du langage naturel, exactement comme la vie est un fait nouveau au sein de la matière soumise aux seules lois chimiques et physiques.

Nous ne pouvons pas discuter ici toutes les questions que ce principe soulève ; mais nous tenons à faire remarquer encore qu'il y a des cas extrêmement nombreux où les signes spontanés de nos émotions semblent revêtir un caractère conventionnel (ainsi le cri *aïe* !, le geste du haussement d'épaules, etc.), mais que ces cas ne sont pas en contradiction irréductible avec notre manière de voir. Il s'agit d'éléments de langage intellectuel devenus, à force d'habitude, des réflexes de la sensibilité. Psychologiquement, ils sont désormais assimilables à tous les mouvements instinctifs, et ils font partie à ce titre du langage prégrammatical. Ce sont eux qui ont induit M. Bally à penser que tout dans le langage des gestes et des intonations était conventionnel, exactement comme le sont les mots du lexique et les procédés de la syntaxe, et cette opinion a sans doute été un obstacle qui l'a empêché de reconnaître la vraie nature et les vraies limites des deux langages dont il constatait l'existence.

Voyons maintenant ce qui découle de ce principe. La conception régnante, c'est qu'une phrase est avant tout, et par définition, une construction logique. Lorsqu'on rencontre une phrase incomplète ou anormale au point de vue de la structure, on dit qu'elle a été obtenue comme un produit secondaire par la déformation de la phrase logique bien agencée : « *Quelle horreur* ! » voudrait dire : « *Quelle horreur est cela* ! » et ainsi de suite.

Il faut reconnaître ce que cette théorie a de vrai. L'effort collectif auquel est due la création de la grammaire, vise à la formation d'un langage intellectuel, c'est-à-dire objectif, discursif et logique. Une phrase, dans sa définition idéale, répond à un acte de pensée, bien un, et analysé dans ses parties constitutives mises en relation les unes avec les autres. Il en résulte que la plupart des mots dont nous nous servons (pas tous, pas les interjections par exemple) servent habituellement à construire des phrases pareilles, et ont tous les caractères propres à cette fin. C'est pour cela que toute phrase faite avec des mots paraît être une ébauche plus ou moins parfaite de quelque construction logique, et peut être complétée ou corrigée. Mais ne considérer nos phrases que sous ce seul aspect, c'est se contenter de considérations finales et théoriques; c'est prêter au sujet parlant les intentions qu'il pourrait avoir, et qu'il n'a pas. C'est faire un grand tort à la réalité psychologique.

Comment les hommes se comprennent-ils? En tout premier lieu par intuition. Et, dans une foule de cas, deux choses suffisent parfaitement pour communiquer une pensée: d'abord l'élément tout objectif des circonstances que les deux interlocuteurs voient ou connaissent d'avance, en second lieu les manifestations spontanées ou voulues, mais naturelles, de l'un d'eux par l'acte, par le geste, par le mouvement émotif. Emboîté dans ce langage que nous appelons prégrammatical ou extragrammatical, notre parler conventionnel se contente d'y ajouter ce qui est nécessaire pour faire entendre la pensée. Si la pensée est discursive, il faudra une phrase discursive bien construite; mais si la pensée a moins un caractère logique qu'un caractère imaginatif ou émotif, s'il s'agit de traduire une succession de représentations vives ou le mouvement d'une émotion forte; si la pensée est incomplète, embryonnaire ou mal agencée, son expression aura les mêmes caractères. La syntaxe réelle, celle qui se fait — non pas celle qui devrait se faire — est un phénomène psychologique, c'est-à-dire conditionné par tous les facteurs de la vie psychique, et non un phénomène purement intellectuel, et la première condition pour la compréhension psychologique d'une phrase grammaticale, c'est de la situer dans son milieu extragrammatical.

Nous ne pouvons point dire et développer ici les applications pratiques de ce principe primordial; nous nous contentons de faire remarquer que la plupart des sujets abordés par M. Bally dans son chapitre du langage subjectif sont de son ressort. Et nous passons à un second principe.

Après avoir situé le langage grammatical dans son milieu, il convient d'aborder son étude en disant quelque chose de la véritable nature de son élément constitutif: *le symbole*. Nous entendons par symbole le signe simple doué d'une valeur par convention linguistique[1]. Nous parlons de symboles et non pas de mots ; ces derniers sont la plupart du temps des entités plus complexes dont la définition est un problème de syntaxe. Ce que nous dirons peut cependant, moyennant quelques réserves, être appliqué à nos mots simples.

Second principe : *Le symbole n'est pas un signe arbitrairement choisi pour correspondre à une idée préexistante, mais la condition linguistique nécessaire à une opération psychologique, à savoir la formation d'une idée verbale.*

La face négative de ce principe est assez claire et ne présente pas de difficulté. Ce n'est pas qu'elle n'ait une grande importance. Sur ce point, comme en ce qui concerne la phrase, la définition abstraite et logique des choses a tendu constamment à se substituer à la connaissance de leur réalité concrète. Les erreurs que M. Bally combat dans les premiers chapitres de son *Précis*, à propos de l'étude des mots et des synonymes, viennent toutes de l'habitude que l'on a de considérer le mot comme un signe arbitrairement choisi pour correspondre à une notion existant par elle-même en dehors de ses conditions linguistiques.

L'aspect positif de ce principe serait par contre beaucoup plus difficile à développer. Qu'est-ce qu'un symbole ? Dans quelles conditions psychologiques un signe arbitraire peut-il représenter une idée ? C'est là un des problèmes fondamentaux de la linguistique, et de sa solution dépend celle d'une foule d'autres questions. Nous avons essayé ailleurs[2], non pas de le résoudre, mais de faire voir un des points essentiels de la question, en montrant la solidarité absolue qui lie le symbole à son idée et l'idée à son symbole, solidarité fondée sur l'identité psychologique qu'il y a entre ces deux phénomènes parallèles : création du symbole et formation de l'idée. Notre principe ci-dessus dit la même chose en d'autres termes. Sans aller beaucoup plus loin dans l'examen de ce problème,

1. *Linguistique théorique*, p. 80.
2. Op. c., p. 119.

nous voudrions seulement faire remarquer ici que l'acte intellectuel qui préside toujours à la création d'un symbole et sans lequel il ne saurait exister, peut être et n'est sans doute dans la plupart des cas que très imparfait. Nous voulons dire par là qu'un mot, par exemple, suppose toujours une idée, mais que cette idée n'est pas nécessairement une idée rigoureusement établie résultant d'une série d'opérations intellectuelles assez nombreuses et bien conduites. Une représentation plus ou moins complexe où quelques traits sont particulièrement saillants, et qu'accompagne une modalité affective, suffit pour la création d'une idée associée à un symbole.

C'est l'imperfection de nos idées verbales en comparaison avec les réalités du monde objectif qui fait qu'un même mot peut simultanément évoluer dans plusieurs directions différentes et finir par avoir des sens très divers, sans que ceux qui s'en servent en soient seulement bien conscients. Nous désignons par le même terme des choses qui sont autres, parce qu'elles ont un trait commun, et nous croyons ensuite que ces choses sont identiques, parce qu'elles sont désignées par le même mot. Si nous considérons par exemple le mot *jour* avec toutes ses acceptions diverses (vingt-quatre heures, époque fixe, lumière, espace vide, etc.), nous devons reconnaître que pour la plupart des sujets parlants l'unité verbale voile cette variété sémantique, tandis qu'au contraire la simple comparaison de deux synonymes éveille chez tous le sentiment d'une légère nuance entre les valeurs des deux termes en présence (*jour*, *journée*).

Il résulte encore de cette imperfection des notions verbales que nous ne distinguons pas, parmi les éléments qui les composent, entre ceux qui tiennent aux choses et ceux qui tiennent à nous, entre ce qui est d'origine intellectuelle et ce qui est d'origine affective. Quand je parle à un ouvrier en blouse, je l'appelle « *Monsieur* » par politesse ; mais si je parle de lui à un tiers, je risque de dire simplement : « *cet homme* », terme que je n'emploierais pas pour désigner un autre homme, mon médecin par exemple. S'il m'arrivait d'intervertir les termes et de dire du médecin : *cet homme* et de l'ouvrier : *ce monsieur*, j'aurais l'impression d'avoir commis une erreur, et cela vient du fait que cette distinction d'ordre purement affectif (*mon sieur* est un terme de respect) s'est confondue avec la distinction intellectuelle qui s'établit entre l'image d'un homme en blouse et celle d'un homme en habit.

Une troisième conséquence de cette imperfection logique des valeurs dans les symboles, c'est que même un sens purement objectif est souvent compliqué d'idées secondaires subordonnées qui la déterminent d'une façon spéciale absolument contingente au point de vue logique : *babord* veut dire le côté gauche, mais en terme de marine seulement ; on désigne par le mot *fumée* la fiente des cerfs et autres bêtes fauves, en tant qu'elle intéresse le chasseur ; un *cicerone* est un guide... en Italie, etc. Les langues plus primitives que les nôtres portent ce caractère à un plus haut degré dans leur vocabulaire, et cela est tout naturel, parce que les notions exprimées par un peuple non cultivé ne sont pas si abstraites, et s'arrêtent à l'aspect concret, sensible et contingent des choses. Tout ce que nous venons de dire à propos des mots pourrait, à la faveur d'une certaine transposition, être dit également de tous les symboles et en particulier de ceux (particules, suffixes de flexion, etc) qui jouent un rôle en syntaxe.

Nous avons dit qu'au sein du langage prégrammatical on voit apparaître sous l'impulsion des besoins de la vie intellectuelle un langage conventionnel organisé ; au sein de ce nouveau langage, par l'effet des mêmes forces continuellement agissantes, il peut se produire un progrès ultérieur qui a pour effet de rendre le langage de plus en plus apte à traduire une pensée claire et logique. Le symbole, qui est par définition une unité psychologique, peut aussi être — dès ses origines ou à la suite d'une évolution sémantique — le représentant d'une idée bien définie. Nous n'avons pas à rechercher ici comment cela se produit. La langue d'une communauté qui progresse au point de vue intellectuel acquiert, soit spontanément, soit par l'effort conscient de quelques individus, des ressources d'expression de plus en plus parfaites, et entre autres choses elle tendra à se créer un vocabulaire correspondant à des notions précises soigneusement établies. Il ne faut pas oublier qu'il ne s'agit là que d'un phénomène partiel et secondaire. L'intelligence, qui procède à ce travail, n'a d'ailleurs pas d'autres idées à sa disposition que celles qui sont fixées à la faveur des mots préexistants. Elle devient consciente de la valeur des termes par la comparaison d'équations comme : *jour* = *vingt-quatre heures* et *jour* = *lumière*, etc ; c'est ainsi qu'elle conclut à la nécessité de mieux fixer la valeur de certains termes ou d'en créer pour répondre à des idées bien définies. Encore ce travail n'affecte-t-il qu'une partie du langage ; les mots à sens parfaitement clair, les notions scientifiques sont sinon peu nombreuses, du moins peu usitées. Quand aux autres mots, ils sont tous affectés des imperfections logiques signalées plus haut.

La langue dont tous les symboles représenteraient chacun quelque idée clairement définissable est une conception théorique qui n'est réalisée nulle part, sauf peut-être dans les idiomes artificiels du genre de l'Espéranto. Une telle langue est-elle susceptible de vivre d'une vie propre et de se substituer aux autres ? Nous effleurons ici une question que nous ne résoudrons pas ; nous nous contentons de constater que dans nos langues vivantes chaque symbole est, par définition, non le représentant d'une idée pure, mais un fait linguistique et psychologique, que sa valeur s'explique par les conditions particulières qui ont présidé à sa genèse, et qu'il ne se définit que par lui-même.

Notre troisième principe a trait à la manière dont ces symboles ainsi définis sont agencés entre eux dans le mécanisme grammatical :

Troisième principe. *Les symboles, en tant qu'éléments de phrase, ne doivent pas être considérés à l'état isolé, mais en groupes synthétiques composés.*

Ce principe a, comme on le voit, aussi son aspect négatif, et sous cette forme il est très généralement reconnu. M. Bally, dans son chapitre de la phraséologie, ne fait pas autre chose que de montrer qu'on ne peut souvent bien juger de la valeur d'un mot qu'en le prenant dans le groupe, ou même dans la locution dont il est partie constitutive, laquelle possède une valeur propre indépendamment de la valeur de ses éléments (*sur le champ*, *faire cas de*, *l'Ecriture sainte*). C'est parce que la locution a une valeur globale que nous l'appelons un *groupe synthétique*.

Mais il convient de s'arrêter davantage à l'aspect positif de ce même principe, parce que, bien considéré, il nous ouvre d'une manière inattendue des aperçus généraux d'une très grande portée sur la grammaire et sur son mécanisme.

On peut appeler en grammaire *composé* tout groupe de deux ou de plusieurs mots qui est fixe à la fois dans son ordonnance et dans la relation logique de ses parties ; nos composés nominaux : *Fête-Dieu*, *rouge-gorge*, *aveugle-né*, répondent à cette définition. La composition est un effet de l'habitude, elle est la condition première de toute synthèse, et c'est à bon droit qu'on peut voir des composés dans nos locutions synthétiques.

Un composé n'est pas nécessairement inséparable ; aussi longtemps que ses parties gardent quelque chose de leur individualité propre, elles peuvent recevoir des déterminations particulières ou être séparées par d'autres éléments intercalés, sans que le composé soit détruit, pourvu que l'ordonnance de ses parties soit respectée. En allemand un *Motorwagen* deviendra un *Motor(post)wagen* ; en français on dit : le *nouveau* (*et l'ancien*) *monde*, et ceci s'applique tout aussi bien à nos locutions qu'à nos mots composés : *faire cas de*, *faire* (*grand*) *cas de*, *faire* (*surtout*) *cas de*, etc. C'est avec beaucoup de raison que Brugmann a revendiqué le droit de parler de « composés à distance ». Nos adverbes négatifs : *ne... pas*, *ne.. jamais*, *ne... plus* sont des composés dans lesquels l'intercalation d'un troisième terme variable est régulière.

Ceci étant posé nous avançons, sans pouvoir le démontrer

en détail, mais à titre de thèse, que ce n'est pas seulement notre lexique en tant qu'il comprend des mots composés, ou notre phraséologie en tant qu'elle est faite de locutions, mais bien notre syntaxe tout entière, c'est-à-dire tout le mécanisme grammatical de l'agencement des phrases, qui repose sur ce même et unique principe. Ce ne sont pas seulement les mots, mais les symboles, toutes les parties expressives du langage conventionnel qui sont susceptibles de composition. Nos mots dérivés sont des composés d'un élément radical avec des préfixes ou des suffixes significatifs ; que leur origine soit due à une *composition* proprement dite suivie de synthèse ou à une opération analogique, cela est indifférent pour le résultat. Et ce que nous disons des dérivés s'applique aussi aux formations flexionnelles en tant qu'elles ne sont pas absolument synthétiques. Nos formes de flexion analytique, comme les temps composés du français (*j'ai vu*, etc.) ne sont autre chose que des locutions, et toutes les règles de syntaxe qui réclament tel agencement de mots, de formes ou de particules, ne sont également que des règles de composition.

Ici encore nous substituons à une notion logique une notion psychologique et linguistique. En bonne logique, une règle de syntaxe implique la détermination d'une idée ou d'une relation, et celle d'un moyen constant servant à son expression. En réalité nos règles se réduisent à une série de lois de composition en vertu desquelles nos mots, nos formes de flexions, nos symboles s'appellent les uns les autres et demandent à être groupés d'une certaine façon pour être expressifs. Nous ne nions pas qu'il n'y ait dans nos langues quelques règles, et même beaucoup, qui répondent en quelque mesure à la première définition, mais nous pensons que le plus grand nombre sont entachées d'exceptions et de restrictions qui sont la marque de leur imperfection logique.

Nous n'avons pas à dire ici comment les règles vraiment logiques naissent, ou comment les autres sont susceptibles de se perfectionner. Nous affirmons seulement que la rigueur logique en syntaxe n'est jamais qu'un caractère partiel et secondaire. On admet assez généralement — sans toujours tirer toutes les conséquences que ce principe comporte — qu'en grammaire la règle n'est qu'une vérité générale, abstraite d'un ensemble de faits. C'est l'application de la règle qui est le phénomène initial, et la règle, loin de commander aux faits, n'en est que la constatation. Puisque les règles reposent sur des faits, sur des habitudes linguistiques, et non sur des principes de logique abstraite, il n'y a pas à distinguer en grammaire entre ce qui est logique ou régulier et ce qui ne l'est pas. Ce qui apparaît comme une exception ou comme une bizarrerie illogique, n'est au fond qu'une règle plus spéciale. On déroge aux lois de la grammaire, non quand on accepte les inconséquences de l'usage, mais quand on corrige l'usage pour le rendre plus logique et pour en simplifier les règles.

A côté de la notion logique et abstraite de la règle de syntaxe, il y a donc place pour une définition plus conforme à la nature des choses, et il convient que cette définition soit générale et applicable dans tous les cas. Nous essayons de la fournir en disant que toutes les règles reposent sur la constatation de groupes synthétiques composés entre divers symboles. Il y a une seule espèce de règles qui semble échapper à cette définition : nous voulons parler des lois d'ordonnance qui déterminent la place de certains mots d'après leur catégorie et leur fonction, c'est-à-dire simplement en vertu de leur valeur, sans aucun égard à leur qualité matérielle. La composition combine toujours des mots ou des symboles déterminés, connus sous un aspect phonique concret, l'ordonnance ne regarde que l'aspect intellectuel des éléments : la règle qui veut que le sujet se mette devant son verbe, ou celle qui place la préposition devant son substantif sont des règles d'ordonnance. Nous ne pouvons dire ici tout ce qui concerne les règles de cet ordre ; nous pensons qu'elles s'ajoutent aux autres lois syntactiques, dont elles sont le plus souvent dérivées, sans en modifier le mécanisme général[1].

1. Op. c. p. 115.

Notons seulement en terminant combien le problème de la syntaxe apparaît modifié à la lumière de notre troisième principe, et comme nous nous rapprochons de cet ordre de faits que M. Bally étudie dans sa stylistique. Il ne s'agit plus d'énumérer les règles plus ou moins nombreuses qui, dans une langue, président à l'expression de certaines relations logiques et de quelques idées générales, il s'agit d'étudier l'ensemble extrêmement complexe des groupes synthétiques composés existant dans la langue qu'on veut connaître.

Ces groupes en nombre presque infini se juxtaposent et s'entrecroisent dans la trame du discours. Il y en a de toutes sortes, depuis les plus fortement constitués, où la synthèse absorbe presque les symboles dans une unité nouvelle, jusqu'à ceux qui, au contraire, conservent aux divers éléments leur individualité presque entière en les unissant par le lien plus simple d'une composition à peine sentie. Toutes sortes d'idées et de nuances psychologiques s'expriment par le moyen de leurs valeurs synthétiques ; la syntaxe, la lexicologie et la phraséologie sont également intéressées à l'existence de ces groupes, qui, dans leur ensemble, constituent un instrument infiniment plus riche de ressources, plus souple et plus nuancé que la simple juxtaposition de symboles expressifs.

Au point de vue syntactique comme au point de vue lexicologique, la partie du système grammatical qui traduit plus spécialement la pensée discursive n'est qu'une partie, la plus logiquement réglée et par conséquent la plus facile à connaître, au sein de l'ensemble confus d'un vaste mécanisme dont le principe est constamment le même.

Qu'on nous permette de reprendre ici en la modifiant un peu une comparaison que nous avons déjà esquissée ailleurs. Sur un écran obscur se projette un disque lumineux entouré d'une large pénombre. Au centre tout est lumière, mais sur les bords la clarté diminue graduellement et se perd enfin dans l'obscurité la plus complète. Tel nous paraît être le langage organisé dans son milieu prégrammatical. Les signes de ce dernier langage n'expriment par eux-mêmes que l'état subjectif des sujets parlants, et laissent seulement deviner les pensées plus ou moins claires qui les accompagnent. Les symboles et les procédés syntactiques du langage représenté par le centre lumineux, sont les correspondants conventionnels, mais clairement interprétables, d'idées bien définies. Entre l'obscurité et la lumière s'étend, comme une pénombre graduée, un langage organisé qui a ses symboles et ses règles, mais qui ne représente encore que des associations mal classées, et dont les règles sont des habitudes psychologiques plutôt que des procédés de pensée rigoureux. C'est dans ce langage intermédiaire que les modalités diverses et toutes les nuances émotives de la vie psychique trouvent tout naturellement leurs procédés d'expression, et c'est lui qui est l'objet particulier des études de stylistique. Mais c'est aussi de lui que dans l'évolution du langage se tire sans cesse, par voie de choix et d'élimination, la grammaire du parler discursif, comme la lumière se tire de la pénombre par la concentration des rayons. Et nous arrivons à cette conclusion, paradoxale à première vue, que la stylistique — c'est-à-dire l'ensemble des recherches que M. Bally a comprises sous ce nom — bien loin d'être une grammaire supérieure, s'occupe des principes du langage organisé pris en lui-même, et que c'est la grammaire, c'est-à-dire la science des règles et des procédés logiques, des flexions et des mots à sens bien définis, qui fait suite à la stylistique, parce qu'elle nous parle d'une partie du langage organisé qui, sans différer essentiellement du reste, a reçu un caractère spécial par l'action prépondérante des motifs d'ordre intellectuel.

A cette vue générale sur le mécanisme du langage, il convient d'ajouter quelque chose sur son fonctionnement.

Nous énonçons donc pour terminer un QUATRIÈME PRINCIPE qui est un principe de distinction. *Il ne faut pas confondre la langue, ensemble de dispositions acquises par un individu, avec le langage, qui est la langue mise en œuvre dans la parole par celui qui possède ces dispositions.*

La *langue* a pour siège le cerveau seul. On l'acquiert en s'assimilant tout ce que l'on entend dire autour de soi, et en apprenant à attribuer à des symboles et à des groupes de symboles les mêmes sens que les autres leur attribuent. Comme ce travail ne se fait pas d'une manière passive, et que chacun y met quelque chose de son originalité, les dispositions acquises varient un peu d'un individu à l'autre, et chaque personne a sa langue, son état grammatical. Une langue, dans le sens ordinaire, est un état moyen, la somme des traits communs d'un grand nombre d'états grammaticaux existants en un temps et un lieu donnés. Le *langage*, c'est la langue mise en œuvre; son siège c'est l'individu devenu volontairement actif et exprimant en se servant de tous les moyens qu'il trouve à sa disposition, la pensée qu'il veut transmettre et l'émotion qui l'agite. Le langage est à chaque moment une création originale, l'application de procédés abstraits et généraux à une fin spéciale : une traduction et une interprétation d'états psychiques en gestes, en mots, en phrases agencées.

Le choix d'un symbole pour exprimer quelque chose est toujours un phénomène *sémantique*; en effet on attribue à un symbole un sens particulier toutes les fois qu'on en fait usage. Cela peut se faire justement parce que les symboles ont des valeurs plutôt psychologiques que logiques et objectives. La clarté de l'expression ne repose pas sur le symbole ou même le groupe de symboles pris en lui-même, mais, en dernière analyse, sur l'intuition et sur l'apport expressif du langage extragrammatical. C'est parce que le discours (et aussi la compréhension du discours) ne peuvent exister sans un travail constant de création et d'interprétation, que le langage a de la vie. C'est pour cela aussi qu'on ne comprend et qu'on n'apprend rien sans revivre la parole par un effort d'attention et d'imagination.

Ce que nous venons de dire à propos du simple choix de symboles équivalents aux idées à exprimer, est plus vrai encore quand il s'agit de désigner une chose par une expression figurée, et qu'on va consciemment chercher le terme qui ne fait que suggérer une idée en la désignant par un de ses caractères saillants. Nous avons vu que l'étude du langage figuré rentre dans le champ de la stylistique, et qu'un des problèmes que l'on doit se poser à propos des expressions imagées est justement de savoir jusqu'à quel point chacune d'elle est une libre création du sujet parlant, ou une sorte de symbole convenu imposé par la langue et, par là même, déjà dépourvu d'une partie de sa valeur expressive.

Mais parler, ce n'est pas seulement choisir des symboles, c'est aussi les agencer entre eux pour construire des phrases. Ici encore le langage jouit d'une grande liberté à l'égard de la langue qui lui propose ses groupes synthétiques sans les lui imposer. Celui qui parle tantôt les admet et renforce par là même leur caractère synthétique, tantôt au contraire s'en sert plus librement, les sépare ou les analyse en rendant à chacun de leurs éléments leur individualité entière. Surtout ici, l'analogie entre en jeu. La création syntactique qui va naître variera suivant que telle ou telle règle d'agencement, c'est-à-dire tel modèle, flottera devant les yeux de celui qui parle ou retiendra son attention par sa valeur expressive appropriée. Appliquons tout ce que nous venons de dire à l'acte syntactique le plus simple, la création d'un terme dérivé ou composé. Que de fois nous sommes créateurs, même quand nous prenons des termes d'ailleurs usités, mais qui se présentent à notre conscience et que nous choisissons en vertu du sens de leurs parties ou de leur somme ! C'est ce que je fais si, par exemple, pour expliquer un point de philosophie positiviste, je dis : « La religion, d'après cette doctrine, est une *super-stition*, c'est-à-dire un ancien *état* de choses qui se *survit.* » En parlant ainsi, je prête au mot *superstition* une valeur qu'il n'a peut-être jamais eue, je le refais pour ainsi dire. Ce travail, qui se produit généralement d'une façon moins évidente, est un des facteurs de la vie du langage. Tous nos mots dérivés, tous nos composés, nos locutions et les parties de notre phraséologie peuvent avoir, dans la parole, leur étymologie, c'est-à-dire se rapporter à certains éléments de la langue à l'aide desquels ils ont été construits, et à certaines règles de composition. Si cela est vrai de la phraséologie, cela est vrai également de la syntaxe et d'une manière générale de toute la partie constructive du discours. La langue n'impose pas un mécanisme unique à la phrase ; mais chaque phrase crée le sien, et quand on se sert, comme c'est le cas généralement dans le parler discursif, de formules syntactiques toutes faites et absolument consacrées par l'usage, toujours est-il que l'intelligence, en y acquiesçant à nouveau, les repense, les reconsacre, si l'on ose parler ainsi, et leur infuse une vie qu'elles ne possèdent pas par elles-mêmes.

M. Bally constate quelque part dans son *Précis* [1] que la stylistique, sans se confondre avec la science des évolutions du langage, a des points de contact avec la sémantique, l'étymologie, et nous ajouterions, avec la syntaxe évolutive. Nous venons de voir pourquoi et comment cela se fait. Nous remarquons en terminant que ce contact n'implique aucune confusion avec les disciplines qui portent ces noms.

En effet la science des états de langage n'a point à s'occuper de la manière dont les dispositions linguistiques sont acquises. Elle s'occupe seulement de décrire ces états. Cependant comme une langue qui n'est qu'un ensemble de dispositions psychologiques, est, à tout prendre, un concept abstrait, un objet idéal, incomplet, et que la disposition psychologique ne se réalise que dans des actes, cette science, pour saisir son objet dans sa pleine réalité, doit considérer la grammaire mise en œuvre, et passer de la langue à la parole. C'est ici, à l'endroit précis où s'opère ce passage, qu'elle touche aux sciences évolutives que nous venons de nommer. Elle pénètre comme le disait M. Bally dans un passage cité plus haut, « dans le laboratoire où se préparent les mystérieuses destinées de la langue » ; seulement après avoir franchi le seuil, elle s'arrête sans pénétrer plus avant, satisfaite d'avoir compris le fonctionnement du langage.

1. PP. 8 et sv.

Les sciences évolutives vont plus loin ; elles se préoccupent de savoir comment cette langue mise en œuvre, cette parole vivante est comprise par les sujets qui l'entendent, comment la langue au cours de cette transposition se transforme, et comment, par une série d'échanges qui créent ou qui modifient les dispositions linguistiques des sujets agissant les uns sur les autres, le système de la grammaire évolue dans toutes ses parties. La science dont nous nous sommes occupé ne sort pas de l'individu isolé dont l'état grammatical est censé donné. Qu'est-ce que cet état et comment fonctionne-t-il ? Voilà tout le problème.

Nous ne prétendons aucunement l'avoir résolu ; nous voudrions seulement avoir montré qu'il implique dans une étroite solidarité tous les problèmes de la grammaire courante et tous ceux, très réels et très importants en eux-mêmes, de la stylistique telle que M. Bally l'a comprise, et nous pensons qu'au cours des longues recherches auxquelles ces problèmes pourraient donner lieu, les quatre principes que nous avons énumérés et sommairement développés, éclaireront la route des chercheurs.

LA FORMATION

DU

PRÉTÉRIT IRLANDAIS MODERNE

PAR

G. DOTTIN

LA FORMATION

DU

PRÉTÉRIT IRLANDAIS MODERNE

PAR **G. DOTTIN**.

I

Le vieil irlandais avait conservé les formations indo-européennes de l'aoriste en *-s* pour les conjugaisons faibles, et du parfait pour les conjugaisons fortes ; il avait créé un prétérit en-*t*, d'origine obscure, et dont l'emploi était limité aux verbes forts, à radical terminé par une liquide, une nasale ou une gutturale. Mais ces divers prétérits ne nous apparaissent pas répartis dans des fonctions spéciales [1]. La chute des finales a singulièrement altéré leur physionomie primitive. On peut s'en convaincre en examinant les tableaux suivants où j'ai rassemblé les terminaisons des prétérits à la voix active et à la voix déponente.

Actif

	PRÉTÉRIT EN *-s*		PRÉTÉRIT EN *-t*		PRÉTÉRIT RADICAL	
	abs.	conj.	abs.	conj.	abs.	conj.
Sg. 1	*su, siu*	*us, ius*		(*u*). *t*		—
2	*si*	*ais, is*		(*i*). *t*		—
3	*ais, is*	—, *a, i*.	(*i*). *t*	*t*	(*i*)	(*i*)

1. Voir, sur cette question et sur toutes celles qui concernent le vieil-irlandais, J. Vendryes, *Grammaire du vieil-irlandais*, dont j'ai adopté la terminologie.

relat.	*ais*		*tae*	*e, ae*
Pl. 1	*simmi*	*sam, sem*		
relat.	*simme*			
2.		*sid*	*tid*	*id, aid*
3.	*sit*	*sat, set*		
relat.	*site*			

Sauf pour le prétérit en *-s*, les formes absolues ne sont pas attestées ou se confondent avec les formes conjointes. Les formes conjointes du singulier du prétérit en *s* ne présentent, aux deux premières personnes, que la caractéristique du temps; elles ont même perdu, à la troisième personne, cette caractéristique elle-même; le singulier du prétérit en *t* et du prétérit radical ne distingue plus les personnes que par la qualité des consonnes finales.

Déponent

	PRÉTÉRIT EN *-s*	PRÉTÉRIT EN *-t*	PRÉTÉRIT RADICAL	
			abs.	conj.
Sg. 1.	*sur, siur*			*ar*
2.	*ser*			*ar*
3.	*siar*			*air*
Pl. 1.	*sammar, semmar*	*tammar*	*immir*	*ammar*
2.				
3.	*satar, setar*	*tatar*		*atar*

Ces deux séries de désinences, actives et déponentes, sont, l'une et l'autre, incomplètes. Le déponent n'a plus de désinence spéciale à la deuxième personne du pluriel; l'actif n'a pas de désinence propre à la première et à la troisième personne du pluriel du prétérit en *-t* et du prétérit radical; on n'a point d'exemple du singulier du prétérit en *-t* à la forme déponente. Certains verbes, comme *comalnad*, *feidligiud*, *greschaigiud*, *imdaigiud* ont autant de formes actives que de formes déponentes; parmi les verbes en *-igiud*, quarante-quatre n'ont aucune forme déponente dans les *Gloses* [1].

1. Strachan, *The deponent verb in Irish*, p. 44-45.

Dans son état le plus ancien, le vieil-irlandais nous présente donc les prétérits en voie d'évolution ; l'emploi des préverbes est devenu très général et la forme absolue est rare : on a peine à en trouver un nombre d'exemples suffisant pour établir les paradigmes ; d'autre part, les désinences du déponent tendent à envahir la voix active, et les désinences de l'actif se répandent dans le déponent. L'histoire des prétérits en moyen-irlandais n'est guère que le développement de ces tendances.

II

La confusion des formes actives et des formes déponentes en moyen-irlandais [1] a pour conséquence la répartition de certaines formes déponentes dans des emplois déterminés.

Déjà, en vieil-irlandais, la première et la troisième personne du pluriel au prétérit radical et au prétérit en *-t* avaient des désinences déponentes ; il s'y ajoute en moyen-irlandais une désinence de la seconde personne *-bar*, formée sur l'analogie des deux autres personnes au moyen du pronom infixe et suffixe de la seconde personne du pluriel.

On la trouve : 1° au parfait : *ro-chualabar* P. 3163, *itchualubar* P. 594, *atconncabar* P. 1711, *facabar* P. 3360, *tancabar* P. 2205, *ro-fhetabar* P. 1710, *atrubrabar* P. 2774 ; *coemnacabar* P. 3051 ; d'où elle a gagné des thèmes de présent employés avec les préverbes *ro* et *do* : *ro-lécebar-si* P. 1718, *do-césabar-si* P. 2946.

2° au prétérit en *-t* : *atrachtabar* P. 3769.

3° au prétérit en *-s*, dont la seconde personne du pluriel se termine en *-sabar*, *-sebar*, *-sibar* : *ro-crochsabar* P. 2934, *ar-gabsabar* P. 2073, *dorónsabar* P. 1805, *dernsabair* P. 3126, *thardsabair* P. 6157, *ro-bar-dimicnigsebair* P. 6618, *ro-millsibar* P. 4647,

1. Je ne cite que les formes de *The Passions and the homilies from Leabhar Breac*, qui offrent un copieux répertoire de faits contemporains.

ro-chúmdaigsibar P. 1716, *ro-trecsibar* P. 2830, *ro-grandaigsibar* P. 2829.

Les verbes en *-igur* furent évidemment le point de départ de cette formation.

Il n'y a aucun exemple de la désinence en *-sid*, *-tid*, *-id*, aux trois prétérits.

A la première personne du pluriel du prétérit en *-s*, on trouve le plus souvent *-sam*, *-sem-*, *-sium* : *ro-crochsam* P. 179, *dofhácsam* P. 7297, *tucsam* P. 1588 ; *ro-shechsem* P. 1710, *ro-caithsemm* P. 4937, *ro-thoccráidsem* P. 5822, *ro-lécsem* P. 1709 ; *ro-raidsimm* P. 621, *ro-roindsium* P. 497, *ro-chisium* P. 498, *ro-iarfaigsim-ne* P. 2291, *ro-turmsium* P. 623, *ro-shubaigsim* P. 3787 ; mais aussi, quoique plus rarement, la désinence déponente : *ro cretsimar* P. 1718 ; *doronsamar* P. 2889, à côté de *doronsam* P. 3068 ; *dernsamar* P. 7972, à côté de *dernsum* P. 2821.

La répartition de ces désinences ne dépend plus de la forme originelle du verbe : *sechsem* vient d'un verbe déponent en vieil-irlandais, *sechur* ; *ro-cretsimar*, d'un verbe originairement actif, *cretim*.

La troisième personne du pluriel du prétérit en *-s*, dont on a relevé un grand nombre d'exemples, présente, comme la première, une majorité de formes actives ; mais on trouve assez souvent côte à côte *-sit* et *-sitar* : *ro-chretsit* P. 1082, *ro-chretsitar* P. 5125 ; *-set* et *-setar* : *cuinnigset* P. 905, *cuindigsetar* P. 912, *ro-genset* P. 7060, *ro-geinsetar* P. 5688, *ro-cúmtaigset* P. 6338, *ro-chumdaigsetar* P. 5458, *imraidset* P. 1525, *ro-imráidsetar* P. 5123 ; *-sat* et *-satar* : *atbertsat* P. 23, *atbertsatar* P. 2743, et quelquefois la forme déponente seulement : *ro-forbsatar* P. 1919, *ro-chainsetar* P. 3310, pour des verbes originairement actifs, tandis que *cuiriur* fait *ro-chuirset* P. 2919, *lamur* fait *lamsat* P. 2664, *midiur* fait *midset* P. 6563.

Enfin, la troisième personne du singulier du prétérit en *-s* présente les terminaisons *-astar*, *-ustar*, *-estar* à côté de la forme active, dans des verbes qui n'étaient pas originairement déponents : *ro-pritchastar* P. 1720, *ro-pritcha* P. 1619 ; *ro-cretestar* P. 677, *ro-chret* P. 3343, *ro-gabustar* P. 3239, *ro-gab*

P. 3025, *ro-benustar* P. 8167, *ro-ben* P. 2453, *ro-fhorbustar* P. 1438, *ro-fhorb* P. 1411, *ro-oirdnestar* P. 2524, *ros-ordne* P. 4075, *ro-cenglastar* P. 2222, *ro-chengail* P. 2045, *ro-chloiestar* P. 2022, *ro-chlói* P. 1108, *r-fétustar* P. 8276, *r-fhét* P. 2474, *ro-thóduscastar* P. 3747, *ro-thodusaig* P. 1226, *ro-gairmestar* P. 2534, *ro-gairm* P. 87, *ro-guidestar* P. 2775, *ro-guid* P. 791, *ro-lingestar* P. 2775, *ro-ling* P. 7241. Déjà en vieil-irlandais on trouvait *ro-dligestar* Ml. 36 a 29, *adroneestar* Wb. 4 c 35, *ar-ru-neillestar* Ml. 63 a 14.

Quelques formes déponentes de la troisième personne du pluriel du présent de l'indicatif ont pris, précédées de la particule *ro*, le sens du prétérit : *ro labratar* « ont parlé » P. 2300, cf. *ni labratar* Wb. 12 b. 22 « non loquuntur » ; *ro-genitar* « naquirent » P. 5734 cf. *gainetar* Sg. 39 a 26 « nascuntur ».

Ces conquêtes mêmes du déponent nous prouvent sa décadence ; il n'a plus d'existence propre et ne caractérise plus certains verbes à l'exclusion d'autres. Les verbes en *-igur*, si nombreux en vieil-irlandais n'ont pas conservé plus de traces de la flexion déponente que ne l'ont fait des verbes originairement actifs. On dit *ro-ordaig* P. 477 (*ro-ordigestar* Wb. 6 a 3), *do-soethraig* P. 1652 (*ru-saithraigestar* Ml. 92 c 5), *rom-saraig* P. 3823 (*ru-sarigestar* Ml. 71 b 14), *ro-fhasaig* P. 6530, (*ro-fassaigestar* Ml. 118 b 7), *ro-tholtnaig* P. 869, (*ro-toltanaigestar* Sg. 7 b 10), *ro-foillsig* P. 271, (*ro-s-failsigestar* Wb. 31 a 9), *ro-fhollsigset* P. 269 (*ro-foilsigsetar* Wb. 21 c 22), *ro-shonartnaig* P. 6739, (*ro-sonartnaigestar* Ml. 49 b 4), *ro-shuidig* P. 3689 (*ro-suidigestar* Wb. 12 a 30, P. 7072), *ro-thairisnig* P. 6649 (*ro-torasnaigestar* Ml. 106 b 8).

De même *ro-chomaill* P. 1775 (*ra-chomalnastar* Wb. 24 a 37), *do-chuir* P. 7511 (*dorochurestar* Ml. 16 c 6), *ro-dímicnig* P. 2530 (*ro dimicestar* Ml. 119 a 10), *ro-labair* P. 1704 (*ro-labrastar* Ml. 126 c 10), *ro-lam* P. 1999, cf. *ro-lamustar* P. 8168, *lamsat* P. 2664, appartiennent à des verbes originairement déponents.

On n'a pas d'exemples, pour le prétérit en *s*, de formes déponentes à la première et à la seconde personne du singulier. On sait par ailleurs que la désinence de la première personne du singulier du subjonctif déponent s'est étendue en moyen-irlandais à tous les verbes.

La distinction des formes absolues et des formes conjointes là où elles ont subsisté, c'est-à dire dans le prétérit en *-s*, est en partie conservée en moyen-irlandais ; les formes absolues deviennent de plus en plus rares, l'emploi des préverbes *ro*, *do*, qui amènent les formes conjointes, devenant de plus en plus fréquent. On n'en trouve pas d'exemple pour les deux premières personnes du singulier. A la troisième personne on a : *gabais* P. 673, *cuincis* P. 274, *métaigis* P. 7216, *scoiltis* P. 674, *scribais* P. 4738, 5403, 6209, *facbais* P. 936, *ferais* P. 427, *fillis* P. 1281, *ergis* P. 421, 936, *frecrais* P. 8267, *tinoilis* P. 843, *tocbais* P. 76, *faillsigis* P. 7190, *gairmis* P. 75, *guidis* P. 1319, *impais* P. 8219, *sléchtais* P. 1318, 1363.

Les trois prétérits ne sont pas également vivants en moyen-irlandais. Le prétérit en *-s*, qui est le plus fréquent, puisqu'il constitue la formation régulière de quelques verbes forts et de tous les verbes faibles, tend à gagner du terrain.

Le prétérit en *-t* a subsisté dans quelques verbes. A la première et à la seconde personne du singulier, il s'est créé de nouvelles désinences par l'addition de la terminaison du prétérit en *-s* : *atbertus* P. 1517, *adubartus-a* P. 1785, *erbertus* P. 4958, *atrachtus* P. 1540, *do-r-airngertas-a* P. 3783 ; *atrubairtais-si* P. 5046, *adubartais* P. 3332, *atrachtais* P. 1245. Quand il a gardé les anciennes formes du singulier, il en a parfois modifié le vocalisme radical. A côté de *atbert-sa* (1re p.) P. 1522, on a *atrubart* P. 1548, *atrubairtais-i* P. 5046, *adubartais* P. 3332.

A la troisième personne, à côté de formes à consonne de position moyenne, on a des formes à consonne de position antérieure créées sous l'influence du prétérit radical ou des formes absolues du prétérit en *-t*.

1° Consonne de position moyenne : *atbert* P. 18, *asbert* P. 39, *epert* P. 678, *erbart* P. 4700, *dobert* P. 858, *forcongart* P. 1115, *dorogart* P. 1194, *ro-gart* P. 1890, *ro-frecart* P. 1374, *ro-iarfacht* P. 396, *ro-siacht* P. 534, *do-riacht* P. 2150, *do-rocht*

P. 1740, *do-ruacht* P. 5245, *ar-ro-ét* P. 4769, *atracht* P. 844, *as-reracht* P. 3530, *erracht* P. 1231, *do-r-idnacht* P. 8406.

2° Consonne de position antérieure : *at-ru-bairt* P. 441, *adubairt* P. 2653, *as-ru-bairt* P. 2089, *erbairt* P. 3328, *do-ro-mailt* P. 4950, *erbailtt* P. 3844.

A la troisième personne du pluriel, on a, outre les formes primitives, des formes refaites par l'addition de la terminaison du prétérit en *-s* : *atbertatar* P. 2589, *atbertsat* P. 23, *epertsat* P. 750, *atrachtatar* P. 3674, *atrachtsat* P. 1286, *doriachtatar* P. 190, *doriachtsat* P. 580. *Ro-iarfachsat* P. 1959, est sans doute pour *ro-iarfach[t]sat* ; cf. *atbertsatar* P. 2743.

A côté des formes en *-t* plus ou moins modifiées, on trouve de nouvelles formations faites sur divers modèles.

Le prétérit en *-s* a fourni des désinences à la 1ère, à la 2e et à la 3e personne du singulier, à la 1ère et à la 3e personne du pluriel.

1e p. s. *ro-forcongrus* P. 2777, *fuaccrus-sa* P. 4957, *ro-recrus-a* P. 1499, *ro-s-ailius* P. 1529, *ro-n-ailes* P. 6628, *ro-iarfaiges* P. 1536, *ro-ergius* P. 2779.

2e p. s. *do-focrais* P. 2608.

3e p. s. *oilis* (abs.) P. 7208, *frecraís* (abs.) P. 8267.

1e p. pl. *ro-iarfaigsim-ne* P. 2291.

3e p. pl. *ro-iarfaigset* P. 583, *do-frecairset* P. 3103, *ro-thidnaicset* P. 3264, *fobairset* P. 2469.

Certaines des formes sans désinence de la troisième personne peuvent avoir été créées sous l'influence du prétérit conjoint en *-s* ; mais d'autres ne sont autres que le présent conjoint que l'on a fait précéder de *do*, *ro* qui ont en moyen-irlandais une valeur temporelle : cf. *ro-thidnaic* P. 2707, prétérit, et *na tidnáicc* P. 8373 présent ; d'autres enfin ont pu avoir pour modèle le prétérit radical.

3e p. sg. à consonne de position moyenne : *ro-frecar* P. 22. *do-riucar-si* P. 1355 (*do riucart* P. 3361).

3e p. sg. à consonne de position antérieure : *forcongair* P. 1142, (*forcongart* P. 1115), *ro thomail* P. 4774), *do-ro-mailt* P. 4950), *ro gair* P. 1080, (*ro-gart* P. 1890), *ro-érig* P. 427, *do-erig* P. 2790 (*erracht* P. 1231), *ro-frecair* P. 1311, *do-frecair* P. 2705 (*ro-frecart* P. 3273), *do-tharngair* P. 7532, *do-r-arngair* P. 3415 (*do-r-arngert* P. 7041), *ro-thidnaic* P. 2707 (*do-r-idnacht* P. 8406); *ro-iarfaig* P. 2721 (*ro-iarfacht* P. 396).

Au pluriel, c'est l'influence du prétérit radical qui semble avoir été prépondérante, bien que les formes nouvelles soient identiques au présent déponent, car le présent déponent n'existe plus depuis longtemps à l'époque où ces formes apparaissent (on dit *lamum-ni* P. 2701, *labraid* P. 6763, *comallmit* P. 5836, *chomallit* P. 7895, *acallut* P. 3756, *shamlaid* P. 7414).

1e p. pl. *at-ru-bramar* P. 4563, *dubramar* P. 2649.

2e p. pl. *at-ru-brabar* P. 2774.

3e p. pl. *at-ru-bratar*, P. 96, *a-dubratar* P. 2679, *do-frecratar* P. 2697, *do-fhocratar* P. 2957, *ro-fhóbratar* P. 2402.

Le prétérit radical est moins atteint que le prétérit en-*t*. On a encore *ra-s-geoguin* P. 6305; — *r-lil* P. 6538; — *itcuala* (1e p. P. 2183, *do-chuala* (1e p.) P. 2785, *atchuala* (3e p.) P. 234, *ro-chuala* (3e p.). P. 1694, *chuala* (3e p.) P. 1395, *atchualumar* P. 113, *rochualumar* P. 134, *itchualubar* P. 594, *ro-chualabar* P. 3163, *atchualatar* P. 96, *ro-chualatar* P. 3707, *cualatar* P. 3816; — *ro-genir* (3e p.) P. 1291, *ro-génar-su* (2e p.) P. 1683, *ro-génair* (3e p.) P. 2009, *ro-genamar* P. 5380, *ro-genitar* P. 5734; — *dorumenair* (3e p.) P. 4789; — *ro-s-tafaind* P. 2532; — *fo-roerlangair* P. 1654, — *itconnarc* (1e p.) P. 99, *at-connairc* (3e p.) P. 1728, *atchonncumar* P. 122, *atconncabar* P. 1711, *atcondcatar* P. 355, *dochoncatar* P. 6295; — *fhacca* (1^e p.) P. 1539, *fhacca* (2^e p.) 2706, *facca* (3^e p.) P. 91, *accamar*, P. 3356, *fhacabar* P. 3360, *acatar* P. 1352; — *tanac-sa* (1^e p.) P. 400, *tanic* P. 13, *thancumar* P. 588, *tancabar* P. 2205, *tancatar* P. 4; — *luid* P. 54, *do-luid* P. 6263, *lotar* P. 534, *dollotar* P. 6328; — *ro-lá* P. 1128, *do-rala* P. 46, *tarla* P. 717; — *do-chuaid* P. 203, *do-chuamar* P. 1580, *do-chuatar* P. 999, *dechaid* P. 774, *dechatar* P. 3944, *dodechad* (1^e p.) P. 1814, *do-dechaid* P. 671, *do-dechatar* P. 1724; — *tucatar* P. 7683; — *ro-farfaid* P. 3958, *tárfaid* P. 1783; —

do-rochar-sa (1e p.) P. 3729, *dorochair* P. 1489, *dorochratar* P. 2087, *torchuir* P. 548, *torcramar* P. 3521, *torcratar* P. 8014; *fuair* P. 65, *fuarumar* P. 753, *fuaratar* P. 1035; — *ro-fetar* (1e p.) P. 509, *fetar-su* (2e p.) P. 1374, *ro-fhitir* P. 530, *ro-fhetamar* P. 4878, *ro-fetabar* P. 1710, *ro-fetutar* P. 107; — *duthracair* P. 1672, *fo-ro-damar-sa* (1e p.) P. 1746, *ro-damair* P. 4893, *ro-fo-damair* P. 1473, *ro-fhódmatar* P. 1621, *fo-ro-damair* P. 6581; — *for-coemnacair* P. 1234, *conanacar* (2e p.) P. 1754, *coemnacair* (3e p.) P. 1754, *caemnactar* P. 4499.

Mais la plupart de ces prétérits admettent des formes en *-s*: *ro-ghon* P. 673, *ro-ghonsat* P. 2276; — *ro-s-len* P. 7226, *do-len* 2910; *ro-gein* P. 2390, *ro-genset* P. 7060, *ro-geinsetar* P. 5688, *itchonnarcais* (2e p.) P. 6678; *tanacais* (2e p.) P. 698; *ro-laustar* P. 3218, *ro-laiset* P. 1527, *do-chuadus* (1e p.) P. 1046, *do-chuadais* (2e p.) P. 3801, *dechadais* (2e p.) P. 1547, *dechsat* P. 269, *dechsatar* P. 2476; *fuarus* (1e p.) P. 501, *fuarais* (2e p.) P. 208.

Et des prétérits, radicaux en vieil-irlandais, sont devenus des prétérits en *-s*: *ro-chan* P. 4838, (*cechuin* Wb 4c 40), *ro-chansat* P. 2155, *ro-forcanus* (1e p.) P. 1508, (*for-roichan* Ml. 17 d 1), *ro-forcan* P. 1398, *ro-tirchanus-a* (1e p.) P. 3895, *ro-terchan* (3e p.) P. 2997, *ro-terchansat* P. 2304, *ro-ling* P. 840 (*-leblaing* Ml. 129 c 21), *ro-lingestar* P. 2775, *naiscset* P. 896 (*nenasc* Wb. 17 b 27), *ro-guidius* (1e p.) P. 703 (*-gád* Wb. 27 d 19), *ro-guid* P. 791, *guidis* (abs.) P. 1319, *ro-guidestar* P. 2775; *ro-muid* P. 1674 (*-medair* Tur. 17), *midset* P. 6563. Le redoublement a disparu presque dans toutes les formes où le vieil-irlandais l'avait conservé. De même, les traces qu'il avait laissées dans le vocalisme des préverbes se sont effacées. Le vocalisme radical tend à s'unifier dans toute la conjugaison.

Le prétérit en *-s* s'est, comme on le voit, singulièrement étendu au détriment des deux autres formes du prétérit. Aux deux premières personnes du singulier, les formes conjointes du prétérit en *-s*, si l'on excepte *albert-sa* et *atrubart*, *alchuala* et *dochuala*, *rogénar-su*, *facca*, *tánac-sa*, *do-dechad*, *do-rochar-sa*, *ro-fetar-sa* et *fetar-su*, sont exclusivement usitées. A la troisième personne du singulier de la seconde conjugaison, le prétérit en *-s* se confond avec le présent conjoint précédé de *ro* ou de *do* de la troisième conjugaison et avec le prétérit radical, car il présente comme ces deux temps une consonne finale de position antérieure. Par suite de la confusion des conjugaisons, ces formes se sont introduites dans des verbes en *-aim* d'origine diverse : *ro gaib* P. 3116, à côté de *ro-gab* P. 3025, ancien verbe fort à prétérit en *-s* ; *ro-frecair* P. 1311, à côté de *ro frecar* P. 22, ancien verbe fort à prétérit en *-t* ; *ro-labair* B. 1704, *ro-chomaill* P. 1775 anciens déponents de la première conjugaison. Au contraire, des finales de position antérieure se sont introduites dans d'anciens prétérits radicaux : *coemnacar* P. 1436, *coemnacair* P. 1754 ; *dorumenar* P. 1859, *dorúmenair* P. 4789, *ro-uc* P. 3671, cf. *ro-uic* en vieil irlandais.

La troisième personne du prétérit en *-s* et celle du prétérit radical tendent ainsi à se confondre.

D'autre part, à la troisième personne du pluriel, les formes en *-sat* sont souvent remplacées par des formes en *-atar*, *-etar* identiques à des formes conjointes du déponent précédé de *ro* ou de *do*, mais créées, semble-t-il, sous l'influence des formes du parfait.

C'est ainsi qu'à côté de *ro-theichset* P. 2922, on a *theichetar* P. 2663 ; *tucsat* P. 109, *tucatar* P. 7683, on a de même *ro-labratar* P. 2300, *labairset* P. 3772 ; *do-marbatar* P. 7491, *ro-marbsat* P. 1527 ; *do-derbatar* P. 2677, *ro-chenglatar* P. 2206, *do-sluigetar* P. 7533, *ro-indisetar* P. 199, *cor-rethitar* P. 2874.

L'influence des désinences du pluriel du prétérit radical se fait sentir aussi aux deux premières personnes du pluriel dans des verbes à prétérits en *-s*, comme dans les formations nouvelles dont nous avons parlé plus haut.

2e p. pl. *do-césabar-si* P. 2946, *ro-elnebair* P. 4590, *ro-lécebar-si* P. 1718.

Ainsi, on commence à constater en moyen-irlandais, outre l'influence du prétérit en *-s*, l'influence du prétérit radical à la troisième personne du singulier et aux personnes du pluriel. Mais, ce qui caractérise surtout cette période de la langue, c'est la confusion des voix et des conjugaisons qui laisse subsister à peine quelques paradigmes complets dans les prétérits des verbes forts et qui introduit, même dans le prétérit des verbes faibles, des formations nouvelles. A cette période de désorganisation succède une période où, utilisant les matériaux nombreux et divers que lui lègue le moyen-irlandais, l'irlandais moderne va créer un prétérit unique avec les débris des trois anciens prétérits.

Terminaisons du prétérit en moyen-irlandais.

	Prétérit en -s		Prétérit en -t	Prétérit radical
	abs.	conj.		
Sg. 1		*us, ius, as, es*	*t, tus*	—, *ar*
Sg. 2		*ais, is*	*t, tais*	—, *ar*
Sg. 3	*ais is*	—	*t*	(*i*) —, *air*
		astar, estar		
Pl. 1		*sam, sem, sium*		*ammar*
		samar, simar		
Pl. 2				
		sabar, sebair, sibar	*tabar*	*abar, ebar*
Pl. 3		*sat, set, sit*	*tsat*	*atar, etar*
		satar, setar, sitar	*tatar*	

III

Les formes diverses présentées à chaque personne par le tout complexe que formait, à la fin de la période du moyen-irlandais, le prétérit, se réduisirent peu à peu en irlandais moderne[1].

1. Je cite les formes du *Caithréim Conghail Clairinghnigh*, (vers 1550)? éd. Mac Sweeney comme offrant la transition du moyen-irlandais à l'irlandais moderne ; le Maundeville irlandais, éd. Stokes dans la *Zeitschrift für Celtische Philologie*, t. II, est plus récent et ne saurait être rapproché de la date de la traduction gaélique, 1475 (cf. Abercromby, *Revue celtique*, t. VII, p. 67) à moins que l'on ne reporte au commencement du XVe siècle le *Caithréim*. Keating, *Tri bior-ghaoithe an bhdis*, édité par R. Atkinson est du commencement du XVIIe siècle. Je cite le caté-

Aux deux premières personnes du singulier, les formes du prétérit radical et du prétérit en *-t* disparaissent les unes après les autres.

1e p. sg. Dans le *Caithreim*, on trouve encore *adconnarc* C. 40, *faca* C. 104, mais, à côté de *tánac-sa* C. 154 : *tangus* C. 20, et le prétérit en *-t* *do-thairnger*[*t*]*-sa* C. 82. Le Maundeville offre *fhacus* à côté de *fhaca*, mais aussi *do-chuala*, *doconnarc-sa* 257, *tánacc* 34, *adubart-sa* 123. On a chez Keating *do connarcas* 57,29 à côté de *do chonnarc* 119,21 ; *adubhart* 152, 12 ; chez Donlevy : *dubhras* 224,10, *do fuaras* 436,6.

On dit encore en Munster *do-thanagh*, *chonnac*, *ni fheaca*, *chuala*, *adubhart*[1] : partout ailleurs ces anciennes formes ont disparu.

2e p. sg. *adconnarcais* C. 40, *fhacais* C. 40, *thanguis* C. 38 ; *facais* M. 34, *tanccais* M. 34. On ne trouve plus, en irlandais moderne, trace de l'ancienne flexion.

La troisième personne du singulier offrait deux désinences : l'une en *-ais*, *-is*, la seconde en *-star* ; la formation la plus nombreuse est caractérisée par le thème nu.

3e p. sg. La forme absolue, qui se confondait avec la forme conjointe de la deuxième personne, a été éliminée d'abord. On en trouve encore huit exemples dans le *Caithreim* : *aithnighes* 38, *athgonais* 64, *dercais* 42, *ferais* 104, *gabhais* 18, *ibhis* 18, *obais* 116, *tairrnges* 132. Mais il n'y en a pas d'exemple dans le Maundeville ni dans les documents postérieurs.

La forme déponente a disparu ensuite. Il y a quinze exemples de *-ustair*, *-estair* dans le *Caithreim* : *ro-cuirestair*, 20, *ro-chromusdair* 24, *ro gabhusdair* 34, *ro-iadhusdair* 38, *ro-lingesdair* 38, *ro-lionustair* 16, *rugusdair* 12, *do scaoilesdair* 86, *ro shaidhestair* 14, *ro-sillestair* 14, *ro-shuidestair* 18, *tugustair* 1, *do leigestair* 138.

Le prétérit en *-t* n'a subsisté que dans quelques verbes : *adbert* C. 42, *adubhairt* C. 8, *idbert* C. 18, *asbeart* C. 1, *adract*

chisme de Donlevy d'après l'édition de 1742 ; le glossaire, dû à A. et F. N. Finck a été publié dans *Archiv für Celtische Lexikographie*, t. II.

1. *The Gaelic Journal*, t. VII, p. 53, col. 1.

C. 10, *ro-chleacht* C. 58, *do-riacht* C. 58 mais *do-thairrngir* C. 20, cf. *do thairnger[t]-sa* ; *adubairt* M. 34, *adubhairt* D. 312,19 ; K. 4,25, *dubhairt* D. 424,9 ; K. 88,23. En irlandais moderne, on n'a conservé que *dubhairt*.

La forme sans désinence a remplacé les autres dans tous les dialectes irlandais, autant que les relevés incomplets que nous possédons permettent de l'affirmer.

1e p. pl. Les formes du prétérit en *-s*, actif ou déponent, ont assez longtemps persisté : *do-chuirsem* C. 98, *chuirsemar* C. 144, *do mhillsiom* C. 146, *do mhillsiomar* C. 146, *do mhúrsamar* C. 146 : elles ont disparu de l'irlandais moderne, dès l'époque du Maundeville et de Keating, devant les formes en *-amar*, *-eamar*, *-amair*, *-eamair*, ces dernières employées, d'après O'Donovan [1] dans le sud de l'Irlande. Neilson [2] observe en 1808 que l'on écrit quelquefois encore *-sam* ou *-siom*: *do bhuailseam*.

2e p. pl. On ne trouve pour cette personne que les formes en *-abhar*, *-eabhar*, qui sont rares en Ulster d'après O'Donovan ; dans le sud de l'Irlande *-bhar* est devenu *-bhair* : *do-chuireabhair* C. 66 ; *cualabhair* M. 268, *tionlaiceabhair* M. à côté de *do leigcebur* M. 123 ; *-bhair* est une imitation de *-mair* qui a conservé la consonne des formes absolues en *-mir*.

3e p. pl. Les formes actives en *-sat*, *-set* semblent avoir subsisté plus longtemps que les formes *-satar*, *-setar*. On trouve dans le *Caithreim* : *do-chinnsiodar* C. 24, *do raidhsedar* C. 18, *do mharbhsatar* C. 174 (cf. *do mharbhsad* C. 92), *mhothuighsiodar* C. 182, *thallsatar* C. 174, à côté de trente quatre formes en *-sat*, *-set* (*-siot*). Les formes du prétérit en *-s* n'apparaissent pas dans le Maundeville. Mais on trouve encore *-sad*, *-sead* pour vingt verbes chez Keating. On n'en a point d'exemple chez Donlevy. Elles ont cédé la place en irlandais moderne aux formes en *-adar*, *-eadar* qui, d'après O'Donovan [3] sont usitées en Connaught et Muns-

1. *A grammar of the Irish language*, p. 176.
2. *An introduction to the Irish language*, p. 149.
3. *A grammar of the Irish language*, p. 176. Les exemples du *Maundeville* sans référence sont cités d'après le relevé des leçons du ms. Egerton 1781 dans la *Revue celtique*, t. VII, p. 213.

ter, mais rarement employées en Ulster où la conjugaison synthétique a été atteinte plus que partout ailleurs.

Le paradigme du prétérit en irlandais moderne se trouve ainsi constitué :

Sg.	1	*-as*	*-eas*
	2	*-ais*	*-is*
	3	—	—
Pl.	1	*-amar*	*-eamar*
	2	*-abhar*	*-eabhar*
	3	*-adar*	*-eadar*

Quelques verbes ont conservé deux formes de prétérit, l'une pour le verbe simple, l'autre pour le verbe précédé des particules négatives ou interrogatives :

chuaidh	*deachaidh*
rinne	*dearna*
chonnairc	*faca*

En Munster, on a perdu *deochaidh* et *dearna* que l'on remplace par *chuaidh* et *dein* [1].

Quelque simplifiée que soit la conjugaison du prétérit en irlandais moderne, les formes synthétiques qu'elle présente n'ont pas tardé à céder la place à des formes analytiques, composées de la troisième personne du singulier suivie des divers pronoms. La conjugaison analytique apparaît déjà en moyen-irlandais : *a chenel soeb ! atbert sib dogénta edpart do na deeb* P. 1384, « ô race trompeuse, vous avez dit que tu ferais offrande aux dieux. » Elle se rencontre dans le Maundeville : *dona dainib nach cuala* *Z. f. C. Ph.* t. II. p. 298 ; chez Keating : *do fhágaibh tu* 157, 26, *do chuala mé* 170, 25. De nos jours, elle est presque exclusivement employée en Ulster ; dans le dialecte d'Aran, les formes synthétiques ont complètement disparu à la seconde personne du singulier et du pluriel ; elles sont employées concurremment avec les formes analytiques aux

1. J. Craig, *Modern Irish grammar*, p. 76.

autres personnes [1]. Dans les Contes recueillis par Douglas Hyde [2] les formes synthétiques s'emploient surtout dans les réponses ; dans le récit, elles alternent avec les formes analytiques qui sont d'ailleurs plus fréquentes : *chaitheadar* p. 18, *chaith siad* p. 42 ; *an bhfacaidh tu* p. 436, *an bhfacais*, p, 436, *chuadar* p. 500, *chuaidh* p. 506, *fuair siad* p. 48, *fuaradar* p. 334, *thainig siad* p. 72, *dtangadar* p. 470, *chonnairc mé*, p. 88, *chonnairceas*, p. 114. Il en est de même en Monaghan [3].

D'autre part, la particule *do* ne s'exprime que devant les voyelles et *f*; on ne la trouve pas devant les consonnes autres que *f*, qui n'en gardent d'autres traces que l'aspiration.

Ainsi, la flexion du prétérit, si riche en vieil-irlandais, tend à se réduire à une seule forme, la troisième personne du singulier de l'ancien prétérit conjoint en *-s*, le plus souvent dépourvu de préverbe et qui depuis longtemps a perdu toute désinence.

IV

Ainsi, l'histoire du prétérit irlandais est l'histoire d'une rapide décadence. Cette décadence avait déjà commencé en vieil-irlandais où déjà la distinction du déponent et de l'actif n'est plus faite et où les deux voix se pénètrent mutuellement. Elle était inévitable du jour où les conjugaisons se confondaient, et où le prétérit en *-s* tendait à se répandre parmi les verbes forts. Mais il n'y eut pas remplacement des prétérits des verbes forts par le prétérit en *-s*. Il se fit entre les deux prétérits, dès le moyen-irlandais, une fusion complète, à mesure que s'effaçaient les anciens cadres de la flexion. On put croire un moment que la troisième personne en *-astar*, *-estar* du prétérit conjoint en *-s* se substituerait aux flexions actives ; jusqu'au commencement du dix-septième siècle, la

1. Finck, *Die Araner Mundart.*
2. *An Sgeuluidhe Gaedhealach.*
3. *The Gaelic Journal*, t. VI, p. 147.

désinence *-sat*, *-set* fut aussi usitée que *-atar*, *-etar* à la troisième personne du pluriel ; la troisième personne en *-t* : *adubhairt* a subsisté jusqu'à nos jours.

Les causes qui déterminèrent la flexion du prétérit en irlandais sont nombreuses, et les courants qui amenèrent le choix final sont divers. En moyen-irlandais, les désinences solides à finales consonantiques sont objet de préférence. Au singulier du présent de l'indicatif, la flexion conjointe, qui n'a plus de désinence visible, disparaît devant la flexion absolue en *-im*, *-i*, *-id*, et l'on sait qu'en irlandais moderne, à l'*i* caractéristique de la seconde personne du singulier a succédé la désinence déponente *-ir*. De même, la première personne du subjonctif, conjointe sans désinence, absolue avec la désinence *-a*, a cédé la place à la désinence déponente *-ar* (*-ur*), *-er*. Pour des raisons analogues, ce furent les désinences *-us*, *-ius*, *-as*, *-es* pour la première personne, *-ais*, *-is* pour la seconde qui l'emportèrent sur les désinences invisibles du prétérit radical et du prétérit en *-t* ; ce furent les désinences déponentes *ammar*, *-emmar*, *-atar*, *-etar* qui remplacèrent *-sam*, *-sem*, *-sat*, *-set*. Le succès momentané de *-astar*, *-estar* est dû sans doute aussi à sa solidité.

Ce qui prouve bien que la préférence pour les désinences solides ne fut pas seule en jeu, c'est que la forme la plus vivante, celle qui a survécu à la désorganisation de la flexion en irlandais moderne est précisément la plus frêle, celle qui se composait du thème nu, la troisième personne du singulier du prétérit conjoint. La prépondérance de cette forme s'explique par d'autres raisons. Elle avait à lutter seulement contre la désinence absolue en *-ais*, la désinence en *-t*, et la désinence déponente *-star* ; car la désinence du prétérit radical se confondait en partie avec elle et n'était en tout cas pas suffisamment caractéristique pour s'opposer à elle. La désinence absolue, peu usitée, comme toutes les formes absolues, avait le défaut de ne pas se distinguer de la désinence, plus vivante, de la 2e personne du singulier conjoint. La désinence en *-t* n'était caractérisée que par la qualité des consonnes finales, car le *-t* était caractéristique du temps à toutes les personnes des deux nombres. La désinence déponente en *-star* ne se distinguait guère de la désinence *-tar* de la troisième personne du pluriel. Ce fut donc pour des raisons de différenciation des diverses personnes du prétérit que les formations autres que le prétérit conjoint en *-s* furent éliminées au profit de la forme actuellement en usage. Aucun système, en effet, ne pouvait être plus clair que le paradigme moderne, où toutes les personnes ont des désinences qui s'opposent nettement les unes aux autres. L'*s* de la seconde personne est un *š* (*ch* français) et ne risque pas de se confondre avec l'*s* de la première personne ; le *bh* de la deuxième personne du pluriel est un *w* qui est aussi différent de l'*m* de la première que du *d* de la troisième.

Cette forme si effacée de la troisième personne du singulier du prétérit conjoint était d'ailleurs devenue plus significative par suite de la disparition de la forme conjointe du présent de l'indicatif qui, à la seconde conjugaison, lui était identique, et de la première personne, sans désinence, du subjonctif. Elle était dès lors, avec la seconde personne de l'impératif, la seule forme sans désinence de toute la conjugaison. L'addition à demeure de la particule *do*, ou, à défaut, l'aspiration la distinguait nettement de l'impératif, quand, dans quelques verbes qui n'admettent pas la particule *do*, elle n'était pas distinguée encore par un thème différent.

Quand à la ruine du paradigme moderne constitué des débris des prétérits du vieil-irlandais, les causes en semblent d'ordre social autant que d'ordre linguistique. Lorsque les écoles où les auteurs classiques étaient expliqués en irlandais, lorsque les séminaires de Munster et de Connaught où l'on acquérait une connaissance profonde de la langue nationale eurent disparu, après la malheureuse insurrection de 1641, aucun enseignement dogmatique ne put arrêter la décadence de la langue [1] et aucune œuvre littéraire importante ne vint, pendant plus de

1. Cf. Keating, *Eochair-Sgiath an Aifrinn*, préface, p. VI-IX.

deux siècles, la fixer. Elle subit alors l'influence de la langue des vainqueurs et façonna, sur le modèle de celle-ci, la conjugaison analytique qui, si l'on ne réagit pas, aura bientôt remplacé partout l'ancienne conjugaison synthétique.

REMARQUES SUR L'EXPRESSION

DU

GENRE FÉMININ EN LATIN

PAR

A. ERNOUT

REMARQUES SUR L'EXPRESSION DU GENRE FÉMININ EN LATIN

PAR **A. ERNOUT**.

On sait qu'en indo-européen le féminin des substantifs désignant des êtres animés n'est en général caractérisé par aucune forme propre de la flexion, par aucune désinence particulière, et qu'il est défini par le fait qu'un adjectif qui s'y rapporte a le nominatif en **-ā-* (vocalisme zéro **-ə-*) s'il est thématique : skr. *çrutā́*, ou, s'il est athématique, en **-yā-* (**-iyā-*), avec vocalisme zéro **-ī-* (**-iyə-*) : skr. *bhárantī*, gr. φέρουσα, etc., voir Meillet, *Introduction*, 2e éd., p. 250. Tout au plus admet-on quelques formations caractéristiques du substantif féminin. On a donc pour exprimer le sexe féminin trois procédés distincts :

1° Le même mot est employé à la fois pour le masculin et le féminin, et c'est l'adjectif qui renseigne sur le genre, par ex. lat. *sacerdōs* : « sacra Cereris per Graecas semper curata sunt sacerdotes » Cicéron *pro Balbo* 24, 25 ; *magister* : « magister neque uir neque mulier quisquam eset », *C.I.L.*, I, 196, 10 ; cf. Delbrück, *Vergleich. Syntax*, I, p. 113.

2° L'être féminin est désigné par un mot de thème différent de celui du masculin, mais sans que rien dans la flexion ou dans la dérivation en marque le genre : type *pater* et *māter*.

3° Enfin le substantif féminin peut être secondairement

dérivé d'un thème masculin à l'aide d'un suffixe caractéristique du féminin. Ainsi on a :

skr. *naptīḥ*, v. lit. *neptis*, lat. *neptis*, v. h. a. *nift*

en face de

skr. *nápāt*, v. lit. *nepōtis*, lat. *nepōs*, v. h. a. *nëvo*;

de même les noms d'agents en **-ter-*, **-tor-*, par ex. skr. *janitā́*, gr. γενετήρ, lat. *genitor* ont un féminin correspondant en **-trī-* : *jánitrī*, γενέτειρα, *genetrīx*.

On fait d'ordinaire entrer dans cette catégorie les substantifs féminins en *-ā-* correspondant à des masculins en *-o-* du type

skr. *áçvā*, lit. *aszvà*, lat. *equa*

en face de

skr. *áçvaḥ*, zd *aspō*, lat. *equos*, v. irl. *ech*.

Mais il ne semble pas que cette distinction remonte à la période indo-européenne. M. Wackernagel, *Altindische Gramm.*, II, 17, note justement que l'i.-e. **ek̂₁wos* devait servir à la fois de masculin et de féminin, comme le prouve l'emploi de ἵππος (ὁ, ἡ) en grec ; d'ailleurs le sanskrit avait pour désigner la jument un mot tout à fait aberrant *váḍabā*. De plus, comme l'a déjà remarqué M. Meillet, *Études sur l'étymol. et le vocab. du vieux slave*, p. 246, le désaccord des langues dans la formation du féminin indique bien qu'il ne s'agit pas là d'un héritage commun : ainsi « le féminin de skr. *deváḥ*, lit. *dë̃vas*, n'est pas un thème en *-ā-* ; c'est skr. *devī́*, lit. *deivė̃* ; le féminin de skr. *vṛ́kaḥ*, lit. *vilkas*, v. isl. *ulfr* est skr. *vṛkīḥ*, lit. *vìlkė*, v. isl. *ylgr.* » De même le v. sl. *snŭxa* malgré le skr. *snuṣā́* n'est pas ancien ; le gr. νυός et l'arm. *nu* attestent un *o* ancien (voir Meillet, *Dialectes indo-européens*, p. 116-117). Il en résulte que l'indo-européen avait des thèmes en *-o-* féminins dont l'existence se trouve en outre garantie par des rapprochements tels que celui de grec φηγός et de lat. *fāgus*. Mais de bonne heure, et sous l'influence des formes de l'adjectif, *ā* est devenu la marque extérieure du féminin, et a servi à différencier des épicènes, ou à dériver des thèmes féminins de thèmes masculins correspondants.

Ce sont ces trois types de formations qu'on se propose d'étudier en latin, en prenant surtout pour exemples des noms d'animaux.

1° Types d'épicènes :

turdus « grive », cf. Varron, *R.R.*, 3, 5, 6 « non ut aduenae uolucres pullos faciunt, in agro ciconiae, in tecto hirundines, sic aut hic aut illic turdi, qui cum sint nomine mares, re uera feminae quoque sunt. »

merula « merle », Varron, *ibid.* « neque id non secutum ut esset in merulis quae nomine feminino mares quoque sunt. »

aper « sanglier », Varron, *L.L.*, 8, 24, 47 « ..... nempe esse oportebat uocis formas ternas ut in hoc humanus, a, um ; sed habent quaedam binas ut ceruos, cerua, quaedam singulas ut aper et sic multa. »

bōs « bœuf et vache », cf. *Thesaurus*, s. v., *canis* « chien et chienne ». On trouve même chez Pline l'indication du sexe, sans que le genre grammatical du nom soit modifié ; ainsi :

uolpis masculae, Pline, *Nat.*, 28, 166,
anatum mascularum, Pline, *Nat.*, 30, 60.

2° Types de féminins à thèmes différents du masculin :

aries, *ueruex*	et	*ouis*
catus	et	*fēlēs*
taurus	et	*uacca*
uerrēs	et	*scrōfa*.

Ainsi le français distingue le *bouc* et la *chèvre*, *l'étalon* et la *jument*, le *taureau* et la *vache*, le *verrat* et la *truie*, le *coq* et la *poule*, etc. ; l'allemand a de même *ochs*, *stier*, *bulle* et *kuh* ; *hengst* et *stute*, *mähre* ; *widder* et *schaf* ; *bock* et *geiss* ; *ziege*, *eber-bär* et *sau*.

Ces formations spéciales destinées à différencier le mâle et la femelle chez les animaux domestiques sont particulières à chaque langue : là même où le même mot est attesté à la fois dans plusieurs dialectes, les sens divergent considérablement : ainsi lat. *uerrēs* « verrat » correspond à skr. *vṛ̥ṣā* qui désigne le « taureau », lit. *veȓszis* « veau », lette *versis* « bœuf ». Une racine indo-européenne **wers-* qui exprimait la virilité a servi à désigner le mâle de certains animaux dans diverses langues; mais cette spécialisation s'est faite d'une manière indépendante dans chacune d'elles. *Veruex* a été rapproché non sans vraisemblance de v. irl. *ferb* « vache » (Vendryes, *M.S.L.*, XII, 40 et suiv.); sur des faits analogues en roman, voir Meyer-Lübke, *Gramm. des langues romanes*, II, § 364.

Quant à la troisième catégorie, il ne semble pas qu'elle ait été représentée en latin archaïque où le type en *-o-* servait à la fois de masculin et de féminin, le genre étant indiqué, à défaut d'article, par l'apposition de l'adjectif *mās* ou *fēmina*. Deux des plus anciens textes de lois, cités l'un par Festus, l'autre par Gellius, présentent cette opposition caractéristique : « tertia spolia Ianui Quirino *agnum marem* caedito », Festus s. v., *opima*, 212, *Th. P.*; « Paelex aedem Iunonis ne tangito; si tangit, Iunoni crinibus demissis *agnum feminam* caedito », Gell., IV, 3. On a de même

lupus femina dans Ennius, *Ann.*, I, 59, cf. Servius *ad Æn.*, 2, 355, Quintilien, *Inst. Or.*, I, 6, 12. Servius enseigne qu'on disait *hic* et *haec lupus*, *ad Æn.*, 8, 641.

porcus femina, Caton *A.G.*, 134, 1 « Cereri porca praecidanea porco femina », Cicéron, *Leg.*, 2, 22, 57.

leporem feminam, Hygin, *poet. astron.*, 2, 23.

masculus pauo et *feminae pauones*, Columelle 8, 11, 5 et 10.

Au témoignage de Festus, s. v. *recto fronte*, p. 402, *Th. P.*, « etiam in commentariis sacrorum pontificalium est *hic ouis* et *haec agnus* ac *porcus*; quae non ut uitia sed ut antiquam consuetudinem testantia debemus accipere »; cf. *id.*, p. 138 : « ... hunc frontem atque hunc stirpem idem antiqui dixerunt, et rursus *hanc lupum*, hanc metum. » En fait une tragédie de Naevius avait pour titre *Lupus* qui désigne la louve de Romulus (cf. Wölfflin, *A.L.L.G.*, III, 562). Cet archaïsme se maintient longtemps dans la langue religieuse : dans le *Acta lud. saecul.* de l'époque d'Auguste, *C.I.L.*, VI, 32323, on lit encore ligne 106 : tibi *hoc boue mare pulchro* sacrum fiat ; et ligne 122 : tibi *boue femina pulchra* sacrum fiat. Tite-Live se servant d'expressions rituelles, écrit encore *agnus mas idemque femina*, 28, 11, 3. Mais à l'époque classique, ces survivances de l'état ancien n'apparaissent plus que figées dans des formules toutes faites, réservées à un idiome spécial, et en dehors du langage commun. De bonne heure, à ces expressions périphrastiques se sont substituées, soit des formes dérivées par exemple :

en face de *gallus* — *gallīna*

déjà dans Plaute, *Pseud.*, 29 et 30

haedus — *haedilia*

attesté seulement dans Horace, *Od.*, 1, 17, 9

dracō — *dracaena*
leō — *leaena*

ce dernier dans Catulle, 64, 154 ; tous deux sont empruntés au grec : δράκαινα, λέαινα ;
soit des formes calquées sur *bonus*, *bona*, la terminaison *-a* devenant la caractéristique du féminin. On a donc créé

agnus et *agna*

agna est dans Caton d'après Priscien, *G.L.K.*, II, 85, 5 ; cf. ibid., III, 40, 30 ; dans Varron, *R.R.*, II, 2, 2. Mais dans les *Acta lud. saec. Aug.*, *C.I.L.*, VI, 32323, l. 93, 97, 98 on trouve une contamination curieuse de *agna* et de *agnus femina* : [huius] sacrifici acceptrices sitis VIII *agnarum feminarum*... macte hac *agna femina* inmolanda estote. . Ainsi à l'époque d'Auguste, *agnus femina* était une expression désuète, même dans les collèges religieux ; mais le féminin seul *agna* ne suffisait pas à désigner suffisamment le sexe de la victime offerte aux dieux : d'où le compromis *agna femina*.

aper et *apra*

apra ne figure que dans Priscien, *G.L.K.*, II, 233, 12 : *aper, apri*, cuius femininum ueteres protulerunt *apra*. L'existence de mot est très douteuse.

asinus et *asina*

asina est déjà le surnom donné à Cn. Cornelius Scipio en 260 avant l'ère chrétienne. A cette date donc, *asinus femina* avait cédé la place au nouveau féminin; cf. Wölfflin, *A.L.L.G.*, VII, 280.

asella, rare et poétique, apparaît pour la première fois dans Ovide, *Fastes*, 6, 318. Le surnom *Asella*, également très rare, est réservé aux femmes.

capra et *caper*

capra est ancien : Plaute, *Merc.*, 229 et 230, Caton, *Inc. libr.*, fragm. 7 ; on lit *capris feminis* dans les *Acta lud. saec. Aug.*, déjà cités, l. 93. Au contraire *caper* n'est attesté que depuis Virgile, *Buc.*, 7, 7. De même *capella* est fréquent, et se trouve déjà dans Pomponius, Ribbeck, *Com.*[3], p. 274; *capellus* ne figure que dans Priscien, *G.L.K.*, II, 112, 17 : « a capro... capellus et capella fiunt deminutiua. »

catulus et *catula*

catulus est dans Plaute, *Truc.*, 260, Lucilius cité par Nonius 457, 7 et suiv., *catula* seulement dans Properce, 4, 3, 55.

ceruos et *cerua*

Plaute a *ceruos*, *Poen.*, 530, les écrivains postérieurs, sur le modèle du gr. ἡ ἔλαφος introduisent *cerua*, (par. ex. Térence, *Phorm.*, 7) qui dans Virgile *Æn.*, 6, 803 désigne le cerf mâle.

colubra et *coluber*

colubra se trouve chez les auteurs de l'époque républicaine Lucilius, Turpilius, Varron; *coluber* est poétique et a sans doute subi l'influence du gr. χέλυδρος : chez les poètes *coluber* est le nom générique du serpent, cf. Virgile, *Æn.*, 2, 471.

columba et *columbus*

le masculin est une création artificielle due aux éleveurs, d'après Varron, voir plus bas.

equos	*equa*
hinnus	*hinna*
hinnulus	*hinnula*

hinnus, hinnulus sont déjà dans Varron, *R.R.*, II, 8, 6 ; *L.L.*, IX, 28; *hinna, hinnula* seulement dans Nonius, 122, 2 et Arnobe 5, 39.

iuuencus et *iuuenca*

iuuencus est employé par Varron, *R.R.*, 2, 56 ; le féminin *iuuenca*, poétique, n'est attesté qu'à partir de l'époque impériale (Virgile, *Georg.* 3, 219).

lupus et *lupa*

On a vu qu'Ennius employait encore *lupus femina*, et ce, non comme terme rituel :

indotuetur ibi lupu' femina, conspicit omnis ;
hinc campum celeri passu permensa parumper
conicit in siluam sese. (*Ann. I, 59*).

Plaute connaît bien *lupa*, mais désigne ainsi non la louve, mais la courtisane :

diuortunt mores uirgini longe ac lupae
(*Epid.*, 403).

cf. Cicéron, *Mil.*, 21, 25. *Lupa* dans le sens de « louve » est du vocabulaire poétique (Horace, Ovide).

mūlus et *mūla*

mūla désigne à la fois le « mulet » et la « mule », cf. Pline, *H. N.*, 8, 171, 172; c'est sans doute après *equos*, *equa* qu'on a refait *mūlus*, *mūla*. Le mot ne semble pas indo-européen.

porcus	*porca*
uitulus	*uitula*
ursus	*ursa*

uitula, *ursa* appartiennent au vocabulaire poétique (sur le caractère récent de *ursa*, v. A. Meillet, *Interdictions de vocabulaire*, p. 7).

L'analogie s'est étendue à des thèmes de la troisième déclinaison, et on a eu :

leō	*lea*
pāuō	*pāua*

lea est rare et poétique et Plaute employait encore *feminam leonem* d'apès Philargyrius *ad Verg. Ecl.*, 2, 63 ; *pāua* n'apparaît que dans Ausone, *Epigr.*, 67, 4 ; la création de ce dernier a pu être favorisée par l'existence d'un nominatif *pāuos* employé déjà par Ennius et Varron.

Le caractère artificiel et récent de cette création commode est déjà reconnu et signalé par Varron, *L.L.*, IX, 55, 57 : « Necnon, cum omnis natura sit aut mas aut femina aut neutrum, debuisse ex singulis uocibus ternas figuras uocabulorum fieri ut Albus, Alba, Album ; nunc fieri in multis rebus binas ut Metellus, Metella, Ennius, Ennia, nonnulla singula ut Tragoedus, Comoedus ; sic esse Marcum, Numerium, at Marcam, at Numeriam non esse, dici Coruom, Turdum, non dici Coruam, Turdam ; contra dici Pantheram, Merulam, non dici Pantherum, Merulum ; nullius nostrum filium et filiam non apte discerni marem ac feminam, ut Terentium et Terentiam, contra deorum liberos et seruorum non itidem, ut Iouis filium et filiam, *Iouem, Iouem et Iouam ; item magnum numerum uocabulorum in hoc genere non seruare analogias. Ad haec dicimus omnis orationis, quamuis res naturae subsit, tamen si ea in usum non peruenerit, eo non peruenire uerba ; ideo dicitur Equos et Equa, in usu enim horom discrimina ; Coruos et Corua non, quod sine usu id, quod dissimilis naturae. Itaque quaedam aliter olim ac nunc ; nam et tum omnes mares et feminae dicebantur Columbae, quod non erant in eo usu domestico quo nunc, [et nunc] contra, propter domesticos usus quos internouimus, appellatur mas Columbus, femina Columba. »

C'est à ce même procédé, resté vivace à l'époque impériale, qu'on doit les formes *gracula* « graille », *mergula* « femelle du pigeon », *milua, turda.* Il agit aux cas autres que le nominatif susceptibles d'être confondus avec ceux de thèmes en *-o-*, c'est-à-dire aux datifs-ablatifs pluriels, *equābus*, *mūlābus asinābus* de la langue des éleveurs qui répondent aux datifs-ablatifs *deābus, gnātābus, libertābus* de la langue des juristes et des prêtres. Ces formes assez déconcertantes ne peuvent avoir été créées de toutes pièces; c'est un féminin en *-ā-*, créé à une époque préhistorique où le datif-ablatif pluriel en *-bus* subsistait encore en latin dans les thèmes en *-o-* et en *-ā-* qui a dû leur servir de modèle: il faut sans doute songer à *filia.*

Inversement la terminaison *-a* semblant réservée aux seuls féminins, sur *damma* on a refait *dammus*, sur *mustēla*, *mustēlus*, sur *sīmia*, *sīmius.* Un certain nombre de doublets doivent leur existence à cette fausse interprétation. Ce sont :

arāneus	*arānea*
lacertus	*lacerta*
luscinius	*luscinia.*

Tous ces mots sont sans doute d'anciens thèmes en *-o-* féminins, dont le genre a entraîné le passage à la première déclinaison; et le thème en *-o-* qui a subsisté a pris à son tour le genre masculin. Par contre un mot comme *talpa* « la taupe », qui était encore féminin dans Virgile, *Georg.*, 3, 183, est devenu féminin dans Pline, *Nat.*, 191, et l'est demeuré dans les langues romanes.

Ce n'est pas seulement dans les thèmes en *-o-* que la notion du genre a influé sur l'aspect grammatical du mot; la même tendance à différencier les genres s'est exercée en latin sur un thème en *-i-*.

De l'indo-européen, le latin a reçu un thème de pronom interrogatif et indéfini *$k^{w}i$-, correspondant à osq. *pis*, ombr. *pis-i*, *pis* dans *sue-pis*, gr. τίς, τις, zd *čiš*, skr. *ná-kiḥ* « personne »; ce pronom avait une forme commune de masculin féminin *$k^{w}is$, et une forme de neutre *$k^{w}id$, osq. *pid*, ombr. *piře*, zd *čiṯ*. Les auteurs archaïques latins connaissent encore l'emploi de *quis* féminin, ainsi Plaute, *Cist.* 695

era. — hem! — est. — quid est? — haec est. — quis? — quoi haec excidit cistella.

cf. *Aul.* 170, *Bacch.* 840, *Cist.* 745, *Epid.* 533, 573, 620, 702, *MG.* 361, 436, 925, 969, *Pers.* 200, *Rud.* 237, *Stich.* 237; Pacuvius (239) :

quis, quis tu es, mulier, quae me insueto nuncupasti nomine?

Quem sert d'accusatif féminin dans Plaute, *MG.* 807 ; et *quī*, employé comme ablatif féminin de l'interrogatif, *Epid.* 218,

et cum ea tibicinae erant quattuor. — quicum Epidice?

a servi, par suite d'une extension d'analogique, d'ablatif masc. fémin. à *qui*, *quae*, *quod* particulièrement dans le groupe *quīcum*.

Les composés de *quis* reçoivent le même emploi : *ecquis* est féminin dans Ennius, *Trag.* 346

ecquis illaec
est quae lugubri succincta est stola ;

quisnam dans Plaute, *Aul.* 136, *quisque*, id. *Poen.* 107 et Térence *Hec.*, 216 ; *quisquam* dans Plaute, *Cist.* 66, *Rud.* 406, *MG.* 1060, *Most.* 608, Térence, *Eun.* 374, 678, cf. dans l'inscription dite *S.C. des Bacch.* neque uir neque mulier quisquam, *C.I.L.*, I, 196, 10, *quisquis* dans Plaute, *Cist.* 610, *Pers.* 546, *Rud.* 1146, Térence, *Ad.* 321, Livius Andronicus, *Trag.* 36, Caecilius 267.

Mais cet usage a rapidement disparu ; et la forme de féminin *quis* a été éliminée au profit de la forme *quae* empruntée au thème *$k^{w}o$- du relatif italique, qui a pénétré à tous les cas de l'interrogatif et de l'indéfini : ici encore c'est une forme en -*ā*- qui a été choisie pour exprimer le féminin.

Les documents tirés du latin littéraire ne permettent pas d'aller plus loin. Mais l'étude des écrivains archaïques et de la langue populaire laisse entrevoir des phénomènes analogues dans les autres déclinaisons. La seconde déclinaison paraissant réservée aux substantifs masculins et neutre, la forme anomale *puer* « fille » est remplacé par *puera*, puis par *puella*. Alors que chez Ennius, la distinction pourtant indo-européenne entre *nepōs* et *neptis* n'est pas observée régulièrement et qu'il écrit (fr. 47).

Ilia dia nepos, quas aerumnas tetulisti !

le peuple ne trouve plus *neptis* assez clair pour exprimer le féminin, et crée *nepōtia*, *neptia*, *nepta*, *nepōta* ; à *socrus* qui s'opposait à *socer*, et dont le genre n'apparaissait plus nettement, se substitue *socra*, à *nurus*, *nura* contre lequel met en garde l'appendix Probi, et *nurua* ; à *hospes* on crée un féminin *hospita*, à *antistes antistita*, à *cliens clienta*, à *coniux coniuga*, à *sacerdōs sacerda*, *sacerdōta*, *sacerdōtia*, *sacerdōtissa*. M. Niedermann a signalé la glose *pelica* « concubina » ; il est possible également que *formīca* se soit substitué à un ancien **formex* qui serait comparable à gr. μύρμηξ ; en tout cas *līmāx*, gr. λείμαξ a été remplacé, d'après le témoignage des langues romanes, par **līmāca*. L'existence de *būra*, *rūma* à côté de *būris*, *rūmis* montre combien la tendance est ancienne en latin. Inversement, des noms d'arbres en -*us* originairement féminins ont pris, sous l'influence du rapport établi entre la désinence -*us* et le masculin, le genre masculin : tels *cupressus* (Ennius); *ficus* (Caton) ; Priscien enseigne que le genre de *cupressus*, *platanus*, *populus* et *laurus* est commun. Ainsi s'exerce une influence réciproque du genre sur la forme et de la forme sur le genre, tandis qu'on observe également une tendance logique à différencier le mâle et la femelle, en désignant celui-là par un mot du genre masculin, celle-ci par un mot du genre féminin. Mais tout ceci est très loin de l'indo-européen, et cette classification des genres dans des catégories grammaticales déterminées est un développement proprement latin. Si des faits semblables ou analogues, comme la création des couples ἄδελφος, ἀδέλφη en grec, *sąsědŭ* et *sąsěda* en slave, se retrouvent dans des langues apparentées, il faut les considérer comme résultant d'un développement parallèle postérieur à l'époque indo-européenne commune.

ALTINDISCH *ÉTAVÁI*

PAR

R. THURNEYSEN

ALTINDISCH *ÉTAVÁI*

VON R. THURNEYSEN

Die Infinitive auf *-tavai* wie *étavái* haben im metrischen Veda ausser dem sonderbaren Doppelakzent noch andere Eigentümlichkeiten, die Delbrück, Altind. Verb. 224, Altind. Syntax 413 hervorhebt. Sie stehen meistens (im Rigveda in 18 von 25 Fällen) am Ende des Verses oder vor der Zäsur mit folgendem *u* (also Endung *-vā́ u*). Im Innern des Verses werden sie nur bisweilen — immer ohne *u* — vor vokalisch anlautenden Wörtern geduldet (also Ausgang *-vā́*). Ein einziges Mal ist *yṓtavái* 8, 71, 15 vor Konsonanten belegt, ein Vorläufer des Gebrauchs in der vedischen Prosa, wo diese Infinitive die im metrischen Veda häufigeren auf *-tave* fast ganz verdrängt haben und völlig wie diese konstruiert werden. Eine Erklärung muss mehrere dieser Besonderheiten gleichzeitig treffen. Das scheint mir der Versuch von Bartholomae, Bezzenberg. Beitr. 15, 224 ff. nicht zu tun der, die doppelte Betonung darauf zurückführt, dass man im Schlussglied ein — nicht belegtes — Nomen *tavā́-* « Vermögen, Fähigkeit » gefühlt habe.

Wenn der doppelte Akzent ohne Weiteres zeigt, dass in dem Worte zwei gesonderte Bestandteile vorhanden waren oder einst gefühlt wurden, so kann anderseits die Partikel *u* ursprünglich doch wohl nur da angehängt worden sein, wo der am Ende stehende Infinitiv einigermassen selbständig war, gewissermassen ein Sätzchen für sich bildete. Denn *u* kann ja nicht ein beliebiges Satzglied mit vorangehenden verknüpfen, sondern es tritt gewöhnlich hinter das erste Wort eines Satzes oder eines selbständigeren Satzgliedes, um anzudeuten, dass sein Inhalt an eine gegebene Situazion oder an ein vorher Ausgesprochenes anknüpft, sei es, dass er mit ihm harmoniert, ihm parallel geht, oder dass er einen Gegensatz dazu bildet. So kann man in der Tat noch manche der vedischen Beispiele auffassen, ohne dass ich behaupten möchte, dass man im einzelnen Fall die Vorstellung des Dichters tatsächlich damit trifft; z. B. *apó yahvī́r asṛjat, sártavā́ u*, frei übersetzt: 'er liess die (rastlosen) Wasser los; fliessen sollten sie ja' 5, 29, 2, oder *tám te hinvanti, tám u te mṛjanty adhvaryávo, vṛṣabha, pā́tavā́ u*, 'ihn (den Soma) senden dir und reinigen dir die Adhvaryu, o Stier! Trinken sollst du eben!' 3,46, 5.

Folgen wir diesem Wink — und ich wüsste nicht, wie man *u* anders erklären könnte, — so fällt sofort die Aehnlichkeit von *sártavāi* und *sártavā́ u* mit dem vedischen *vaí* und *vā́ u* in die Augen. Diese Partikeln treten hervorhebend hinter satzeinleitende Wörter, die logisch stark betont sind (Delbrück, Altind. Syntax 482 f.) So haben sie sich wohl einst an selbständige Infinitive auf *-tave* anreihen können. Aus *sártave vái* und *sártave vā́ u* ist durch Haplologie *sártavāi* und *sártavā́ u* entstanden, was besonders leicht geschehen konnte, als man noch *-tavai vāi* statt späterem *-tavĕ vāi* sprach. Nachdem dieser Prozess vollzogen war, erschienen sie als einheitliche Wörter und konnten sich wieder mit andern, unverstärkten Infinitiven mischen, die ja natürlich sehr häufig gleichfalls am Satzende standen. Im vedischen Gebrauch liegt bereits der spätere Zustand vor, eine Erinnerung an den älteren nur darin, dass Formen auf *-tavā́ u* immer am Ende des Satzes stehen. Aber syntaktisch sind sie öfters vom Vorhergehenden nicht geschieden, so dass das Antreten von *vā́ u* als Neubildung nicht mehr möglich wäre; vgl. z. B. *nāiṣā́ gávyūtir ápabhartavā́ u*' dieses Weideland ist nicht zu rauben' 10, 14, 2 u. a. Wie sie hier ganz wie die einfachen Infinitive auf *-tave* gebraucht werden, so wird die Endung *-tavāi* im Versinnern einfach als Nebenform von *-tave* verwendet, etwa da, wo dem Dichter eine lange Silbe vor Vokal erwünscht ist, z. B. *ávāsṛjo nívṛtāḥ sártavā́ apáḥ* 1, 57, 6 neben *ávāsṛjaḥ sártave saptá sindhūn* 1, 32, 12. Nur einmal ist auf unregelmässige Weise kontrahiert, *sártavā́jáu* 3, 32, 6 für *sártavá(i) ājáu*. Aber den Folgerungen, die Bartholomae a. O. daraus zieht, möchte ich nicht beitreten; es ist vielmehr nur ein dem gewöhnlichen Schlusse *sártavā́ u* analoger Rythmus auf etwas gewaltsame Weise hergestellt.

LA MÉTATÈSE EN ARMÉNIEN

PAR

Maurice GRAMMONT

LA MÉTATÈSE EN ARMÉNIEN[1]

PAR **Maurice GRAMMONT**

I

L'ARMÉNIEN ANCIEN.

En arménien ancien *consonne*+*r* est devenu *r*+*consonne*. Les exemples que l'on peut citer à l'appui de cette formule sont peu nombreux, mais elle ne comporte aucune exception.

Il peut être intéressant de rechercher à quelles causes doit être attribué ce fénomène, et d'autre part à quelle date il est apparu par rapport aux autres grandes modifications fonétiques qui ont fait d'un parler indo-européen l'arménien classique tel qu'il nous est parvenu.

Pour ne signaler que les groupes dont nous donnerons des exemples, l'arménien avait reçu de l'indo-européen : **pr*, **tr*, **dr*, **g_2r*, **bhr*, **sr*. La *lautverschiebung* les a transformés respectivement en **phr*, **thr*, **tr*, **kr*, **br* ; elle a laissé **sr* intact. Ces produits sont ipotétiques ; mais, puisqu'il est connu que le contact de *r* n'entrave en rien l'action de la *lautverschiebung*, on est autorisé à poser :

i. e. **tr* > **thr* d'après i. e. **t* > *th* : *the* « que », cf. ags. *þe*, lit. *te* ;

i. e. **dr* > **tr* d'après i. e. **d* > *t* : *tam* « je donne », cf. sk. *dádāmi*, gr. δίδωμι, lat. *do* ;

1. Notre documentation repose essentiellement, sauf indication contraire, sur les travaux de H. Hübschmann et de M. A. Meillet.

i. e. $*g_2r$ > **kr* d'après i. e. $*g_2$ > *k* : *kov* « vache », cf. sk. *gáuḥ*, gr. βοῦς.

i. e. **bhr* > **br* d'après i. e. **bh* > *b* : *berem* « je porte », cf. sk. *bhárāmi*, gr. φέρω, lat. *ferō*, got. *baira*.

Un raisonnement semblable n'est pas possible pour i. e. **pr* > **phr*, puisque i. e. **p* n'est pas représenté par **ph* ; mais le principe du parallélisme nous permet de conclure i. e. **pr* > **phr* de i. e. **tr* > **thr*. Nous pouvons nous appuyer aussi sur l'exemple du germanique où nous voyons que la *lautverschiebung* a fait subir à **p* et à **pr* une transformation rigoureusement parallèle à celle qu'elle a imposée à **t* et à **tr*. C'est aussi l'exemple du germanique qui nous permet d'établir que le groupe i. e. **sr* n'a pas été atteint par la *lautverschiebung*.

Les deux premiers de ces groupes dus à la *lautverschiebung* tendent à évoluer davantage, pendant que les autres restent provisoirement intacts. Ce qui met ces deux groupes à part, c'est qu'ils contiennent une occlusive aspirée et que les aspirées ont une occlusion plus faible que les non aspirées correspondantes (A. Meillet, *Esquisse d'une grammaire comparée de l'arménien classique*, p. 11). Ce groupe **thr* avec un *t* à occlusion faible devient **phr* par une différenciation comparable à celle qui a transformé en latin **þr* en *fr* dans *frigus* par exemple (A. Meillet, *Ibid.*, p. 13). Nos deux groupes n'en forment donc plus qu'un et il n'i aura plus lieu de les séparer dans leur évolution ultérieure.

Le **ph* devant *r* et le **ph* non suivi de *r* sont alors à la même fase : un *p* dont l'occlusion tend vers zéro et suivi d'une aspiration ou souffle sourd. Ils continuent à évoluer sensiblement de la même manière : le *p* perd toute occlusion, tant à cause de la nature spéciale de l'occlusive labiale sourde (A. Meillet, *Ibid.*, p. 11) que par assimilation avec l'élément qui le suit. On a donc une spirante labiale sourde, *p̦* (*f* bilabial), suivie d'une spirante sourde sans point d'articulation précis, *h*. A l'initiale la spirante labiale perdant son point d'articulation se confond avec l'*h* qui suit ; après voyelle la spirante labiale étant devenue sonore, *ƀ* (*v* bilabial)[1], c'est l'aspiration sourde qui disparaît et le produit de **p* indo-européen est alors dans cette position le même que celui de **bh* indo-européen dans la même position. L'*h* initial étant très faible (A. Meillet, *Ibid.*, p. 11), disparaît quelquefois quand il est isolé: *otn* « pied » à côté de *het* « trace de pas » (cf. gr. πόδα, πέδον), et toujours quand il est suivi de *r*. Après voyelle *ƀ* et *ƀr* deviennent *w* et *wr* : *ew* « aussi », cf. gr. ἐπὶ ; *ewthn* « sept », cf. gr. ἑπτά ; *arawr* « charrue », cf. lat. *aratrum*; *hawr* « du père » (gén.-dat.-loc.), cf. gr. πατρός.

Comme dans ces derniers exemples les deux fonèmes qui représentent le groupe **tr* indo-européen sont encore dans l'ordre originel, on doit en conclure que la métatèse de *consonne*+*r* en *r*+*consonne* est postérieure à toute l'évolution qui vient d'être envisagée et en particulier à la *lautverschiebung*, qui a permis aux produits du groupe **tr* de venir coïncider avec ceux du groupe **pr*.

Postérieurement à l'accomplissement de la *lautverschiebung* les Arméniens sont devenus incapables de prononcer un groupe composé de *consonne*+*r* en le disjoignant par la coupe des sillabes, comme omériq. πατ ρός. Ce fénomène est apparu dans la plupart des langues indo-européennes à des dates diverses et d'une manière indépendante, mais elles ont en général évité toute difficulté en plaçant la coupe des sillabes devant la consonne et en la prononçant dans la même sillabe que l'*r*, en groupe combiné, comme attiq. πα τρός, lat. *pa tris*. Mais l'arménien ne connaissait pas de groupes combinés; il lui fallut donc recourir à un autre procédé pour constituer ses sillabes conformément à ses aptitudes de prononciation. Plusieurs moyens étaient téoriquement possibles : 1° supprimer l'*r* ou supprimer la consonne, moyen brutal et peu conforme aux tendances de l'arménien qui, en général, n'a perdu d'élé-

1. On n'a pas les moyens de déterminer à quelle fase a commencé la sonorisation après voyelle, mais il n'importe pas pour la question.

ments consonantiques qu'à la finale ; 2° introduire une voyelle entre la consonne et la liquide, soit une voyelle tirée de la sonante, soit une simple voyelle d'appui ; mais l'arménien, qui avait tiré antérieurement un élément vocalique des sonantes voyelles qu'il avait reçues de l'indo-européen, n'était pas apte à faire de nouvelles sonantes voyelles ; quand à une voyelle d'appui pure et simple, c'est un moyen auquel il devait avoir largement recours plus tard, pour des besoins nouveaux, mais, sans que l'on voie nettement pourquoi, il ne semble pas avoir pu en disposer dès cette époque ; 3° intervertir les deux éléments de telle sorte que la sonante vînt faire diftongue avec une voyelle précédente et que la consonne ouvrît la sillabe suivante.

C'est à ce troisième moyen que l'arménien a eu recours, et c'est celui qui en somme s'accordait le mieux avec les abitudes de prononciation qu'il avait à cette date. Naturellement quand le groupe était initial l'arménien a dû le faire précéder d'une voyelle protétique pour que l'*r* eût avant lui une voyelle avec laquelle il pût faire diftongue, et aussi parce que l'arménien ne pouvait pas commencer un mot par un *r*, même suivi immédiatement d'une voyelle. Ainsi l'*r* provenant de i. e **pr* ou **tr* initial était devenu *voyelle*+*r* comme l'*r* primitivement initial ; on avait *erēç* « ancien » (cf. lat. *prīscus*), *erekh* « trois » (cf. sk. *tráyaḥ*, gr. τρεῖς) comme *erek* « soir » (cf. got. *riqis*, sk. *rájaḥ*).

Les groupes qui restent à considérer sont, après la *lautverschiebung*, **tr*, **kr*, **br*, **sr*. Ils deviennent par la métatèse *rt*, *rk*, *rb*, **rs* lorsqu'ils sont à l'intérieur d'un mot ; quand ils sont à l'initiale, ils donnent le même produit précédé d'une voyelle protétique. Voici les principaux exemples :

rt : *artasukh* « larmes » de **draku*, cf. vha. *trahan* ; *khirtn* « sueur », cf. gr. ἱδρώς.

rk : *erkan* « meule à broyer », cf. sk. *grávā* « pierre à moudre », v. irl. *bró*.

rb : *ełbayr* « frère », cf. sk. *bhrātā*, lat. *frāter* ; *ałbewr* « source », cf. gr. φρέαρ; *surb* « pur, saint », cf. sk. *çubhráḥ* « brillant, pur »[1].

Le groupe *$*sr$*, dont la métatèse avait fait *$*rs$*, est devenu *$*rś$*, comme *$*rs$* primitif en indo-iranien et en letto-slave, pour aboutir ultérieurement à *ṙ* :

aṙu « canal », cf. sk. *srutíḥ* « courant d'eau », v. irl. *sruth* « rivière ».

kheṙ « de la sœur », cf. le dat. sk. *svásre*.

C'est de la même manière et sans doute à la même époque que *$*rs$* ancien est devenu *ṙ* dans beaucoup de cas :

oṙkh « derrière », cf. vha. *ars*, gr. ὄρρος (de *ὄρσος).

Postérieure à la *lautverschiebung*, la métatèse a été antérieure a deux fénomènes fort importants, l'un pour l'istoire, l'autre pour l'évolution de la langue arménienne.

Le fait istorique, c'est l'entrée en arménien des mots empruntés à l'iranien. Ils ne subissent pas nos métatèses :

drauš « bannière », cf. pehl. *drafš*, zd *drafša-*.

Sanatruk, nom d'un roi Parte, = gr. Σανατρούκης, arab. *Sanatruk*.

Xosrov, nom propre, cf. n. pers., pehl. *xusrav* « célèbre ».

Et de même que le groupe *sr* reste intact, le groupe *rs* ne devient ni *rš* ni *ṙ* :

vars « cheveu », cf. pehl. *vars*, zd *varəsa-*.

Parskh « les Perses », cf. v. pers. *Pārsa-*, pehl., n. pers. *Pārs*.

Le grand fénomène d'évolution fonétique postérieur à la métatèse, c'est la chute de toute voyelle en sillabe finale et en outre de *i* et de *u* en sillabe prétonique. Il en est résulté de nouveaux contacts de consonnes et de nouveaux groupes *consonne*+*r*. Ces nouveaux groupes n'ont pas subi de métatèse, et les Arméniens, ne pouvant pas les prononcer dans une même sillabe, les ont disjoints par une voyelle faible, *ə*. Ils

1. Pour la dissimilation que présentent *ełbayr* et *ałbewr* cf. Grammont, *La dissimilation*, p. 20; cette dissimilation est postérieure à la métatèse.

n'écrivent cette voyelle qu'à l'initiale absolue : *ənčiç* « des choses », mais ils la prononcent partout : *surb* « pur », *srbel* « purifier » (pr. *sərbel*), *durn* « porte », *dran* « de la porte » (pr. *dəran*), *taygr* « frère du mari », cf. sk. *devár-*, gr. δαήρ (pr. *taygər*).

Ce dernier fénomène, la chute de toute voyelle en sillabe finale et de *i, u* en sillabe prétonique, est dû à un évènement de la plus aute importance pour l'évolution fonétique de l'arménien, la fixation d'un accent d'intensité sur la sillabe pénultième (qui est actuellement la dernière sillabe). Cette fixation, elle aussi, peut être localisée dans le temps par rapport à la métatèse. C'est la protèse qui nous renseigne et nous montre que la fixation de l'accent d'intensité est antérieure à la métatèse. La métatèse et la protèse sont en effet forcément deux fénomènes contemporains, car à l'initiale la métatèse a joué à l'égard de la protèse le rôle d'un fournisseur de matière première et à cette place un *r* n'a pu passer devant une consonne qu'à condition qu'il apparût instantanément devant lui une voyelle avec laquelle il pût faire diftongue. Dans les deux monosillabes i.e. acc. **trins* « 3 » et **dwō* « 2 » l'accent s'est inévitablement fixé sur la sillabe unique, d'où *eris*, *erku*. Si la fixation de l'accent était postérieure à la protèse et par suite à la métatèse, il se serait fixé sur la protèse de *eris*, qui serait devenu par la suite **ers*.

La métatèse de l'arménien ancien, bien antérieure à la fixation de cette langue par l'écriture, a donc eu lieu après la *lautverschiebung* et l'établissement de l'accent, mais avant les emprunts à l'iranien et les sincopes vocaliques.

II

LES MOTS ARMÉNIENS EMPRUNTÉS A L'IRANIEN. LEURS MÉTATÈSES.

On vient de voir que les mots iraniens empruntés par l'arménien sont entrés dans la langue postérieurement à la métatèse de l'arménien ancien. Il est possible de les localiser avec plus de précision, c'est-à-dire par rapport à d'autres fénomènes.

1° Ils sont antérieurs à la chute des voyelles prétoniques *i* et *u*, puisqu'ils ont subi cette chute :

dsrov « blâmé », cf. pehl. *dusrav* « qui a une mauvaise réputation ».

bžišk « médecin », cf. pehl. *bižišk*, n. pers. *bižišk* et *bijišk*.

grtak « miche de pain », cf. pehl. **girtak*, n. pers. *girda* « pain rond ».

džxem « mauvais, méchant », cf. pehl. *dušxem* « qui a mauvais caractère », n. pers. *dužxīm*, *dižxīm*.

držem « je trompe », cf. pehl. *druxtan* « mentir », zd *družaiti* « il trompe ».

Mais le changement en *i* de pehl. *ē* issu de anc. iran. *ai* et le changement en *u* de pehl. *ō* issu de anc. iran. *au*, changements accomplis en arménien, sont postérieurs à la chute des prétoniques :

aprišum « soie », pehl. **aparēšum*, n. pers. *abrēšum*.

atrušan « temple du feu », pehl. **āturōšan*.

2° En ce qui concerne la protèse, les mots iraniens commençant par *r* continuent à la recevoir :

aroyr « laiton » de arsacide *rōδ*, cf. n. pers. *rōi* = v. pers. **rauδa-* « airain, cuivre ».

erak « veine » = pehl. **rak*, cf. pehl., n. pers. *rag* « veine ».

eram « troupeau, troupe », *eramak* « troupeau », cf. n. pers. *ram*, *rama*, pehl. *ramak*.

erankh « aut de la cuisse », cf. pehl. *rān*, zd *rāna* « cuisse ».

erang « couleur », cf. n. pers. *rang*, sk. *raṅga-*.

erasan « rêne », cf. n. pers. *rasan* « corde », sk. *raçanā-* « corde, courroie ».

eritasard « jeune omme » = pehl. **rētaksard*, cf. pehl. *rētak*, pāz. *rēdak*, n. pers. *rēdak*.

On a dit plus aut que la protèse et la métatèse étaient deux fénomènes contemporains et l'on voit ici que les mots iraniens, bien qu'arrivés après la métatèse, reçoivent une protèse. Il n'i a pas là de contradiction. Dire que deux fénomènes sont contemporains, ce n'est pas déclarer qu'ils ont commencé ni fini simultanément. La spirante provenant de l'occlusive des groupes i. e. **pr*, **tr* est devenue sonore après voyelle antérieurement à la métatèse ; la spirante du groupe iranien *fr* est devenue sonore après voyelle dans les mots iraniens entrés en arménien postérieurement à la métatèse. Quand la métatèse a fourni des *r* initiaux, les Arméniens, qui ne pouvaient pas les prononcer, ont supprimé la diffîculté au moyen d'une protèse ; mais il est fort probable que les *r* primitivement initiaux s'étaient depuis longtemps fait précéder d'une voyelle. Quand les mots iraniens ont apporté de nouveaux *r* initiaux, les Arméniens n'ayant pas pu s'abituer à prononcer un *r* initial, les ont encore munis d'une protèse. A quelle date exacte ont-ils cessé de recourir à ce procédé, on l'ignore ; mais on voit qu'ils ne le connaissent plus quand arrivent les mots empruntés à l'arabe ; ce n'est pas qu'ils soient devenus capables de prononcer un *r* initial, mais au lieu de le faire précéder d'une protèse, ils le remplacent par *ṙ* :

ṙatinēč « résine du pin » = arab. *rātīnaǰ*.
ṙup « quart » = arab. *rubh*.
ṙôšna « pirite » = arab. *rōšanā*.

On peut conclure de là que les mots iraniens qui présentent ce traitement ne remontent pas au-delà de la période sassanide :

ṙazm « combat », cf. n. pers., pehl. *razm*.
ṙah « chemin », cf. n. pers. *rāh*, pehl. *rās*.
ṙam « bas peuple » = n. pers. *ram* « troupe, troupeau » (cf. supr. *eram*).
ṙošnakan « pur », cf. n. pers. *rōšan* « clair ».
ṙot « fleuve », cf. n. pers. *rōd*, pehl. *rōt*.

Les deux exemples *aṙasan* « corde » (cf. supra *erasan*) et *aṙat* « généreux », cf. n. pers. *rād*, pehl. *rāt*, doivent aussi être sassanides. Enfin les noms propres avec *ṙ* = *r* iranien initial, paraissent tous appartenir à l'époque sassanide.

3° A l'égard de la métatèse on n'a pas tout dit lorsqu'on a déclaré que les mots iraniens ne subissent pas les métatèses arméniennes considérées plus aut. L'iranien apporte des groupes que l'arménien ne connaît pas ou ne connaît plus. Ils subissent en arrivant des traitements divers et parfois des métatèses. Dans ceux qui présentaient le groupe *fr*, ce groupe a dû se prononcer à peu près comme le groupe **phr* que nous avons restitué comme l'une des fases vraisemblables de l'évolution de **pr* et **tr* indo-européens, mais probablement pas tout-à-fait de la même manière. En tout cas ce groupe **phr* n'existait plus en arménien quand ils i sont arrivés, et c'est ce qui explique qu'ayant été amené à suivre une évolution très analogue à celle de ce **phr*, le groupe iranien *fr* ait pourtant abouti à un résultat légèrement différent. Ainsi à l'intérieur, tandis que ce **phr* est devenu *wr*, *fr* est devenu *wrh* (sans doute par **whr*, avec métatèse) :

awrhnem « je bénis », cf. zd *āfrīnāmi* ;

patuhas « punition » (de **patiwhras*, avec disparition régulière en arménien à une certaine époque de *r* dans le groupe *hr* intervocalique), cf. pehl. *pātfrās* d'un plus ancien **pātifrāθa-*.

A l'initiale *fr* iranien aboutit bien à *hr* comme notre **phr*, mais l'*h* de ce nouveau groupe persiste et il ne se produit pas de métatèse :

hraman « ordre » de ancien iranien **framāna-*, cf. pers. *firmān*.

Le pehlvi apporte le groupe *hr* provenant de v. pers. θ^r intérieur ; l'arménien en fait *rh* par métatèse :

ašxarh « monde, pays », cf. pehl. arsacide *xšahr* = v. pers. *xšaθ^ra-*, zd *xšaθra-* « royaume ».

nirh « sommeil », cf. iran. **nišrā-*, sk. *nidrā-*.

šnorh « grâce, reconnaissance », cf. zd *xšnaoθra-* « réjouissance ».

parh « garde » de **pāθra-*.

Cette métatèse n'apparaît que dans les mots iraniens de la première couche. A l'époque suivante l'*r* du groupe *hr* après voyelle disparaît en arménien :

šahastan « ville, capitale », cf. pehl. *šahrastān* (le premier terme de ce composé est le même mot que **ašxarh*).

zoh « offrande », cf. pehl. *zōhr*, zd *zaoθra-*, sk. *hōtrá-*.

mehekan, nom du 7e mois, = Μιθράκανα, arsacide *mihrakān*.

vahan « bouclier », cf. zd *vərəθra-* « cuirasse », sk. *vartra-* (disparition régulière du premier *r* par dissimilation).

Vahagn, nom propre parte, cf. zd *vərəθraγna-*, v. pehl. *Varahrān* (même dissimilation que dans l'exemple précédent).

pah « garde » (même mot que *parh* vu plus aut).

Enfin dans les mots empruntés à l'époque sassanide le groupe *hr* reste intact :

šahr = sassanide *šahr* (c'est encore le même mot que *ašxarh*).

žahr « poison », cf. n. pers. *zahr*, pehl. *žahr*, zd **jaθra-*.

Vahram, nom propre sassanide, cf. n. pehl. *Vahrām* (c'est le même mot que *Vahagn* vu plus aut, emprunté de rechef).

mihrakan (sassanide), même mot que *mehekan* vu plus aut, emprunté de rechef ; cf. m. pers., n. pers. *mihragān*.

Zarmihr, nom propre, = sassanide *Zarmihr*.

En deors des groupes contenant un *r*, l'iranien a apporté à l'arménien un groupe qui lui était inconnu et qu'il n'est parvenu à prononcer qu'en le métatésant ; c'est le groupe *xš*, que l'on a rencontré dans quelques-uns des exemples précédents ; l'arménien en a fait *šx* à l'intérieur et *ašx* à l'initiale avec la protèse *a* :

ašxarh, vu plus aut.

Ašxēn, nom propre, cf. pehl. **xšēn*, zd *xšoiθni-*.

ašxēt « brun rouge », cf. v. pers. **xšaita-*, zd **xšaeta-*.

bašxkh « part, sort », cf. n. pers. *baxš* « part », zd *baxš-* « partager ».

erášx « rougeâtre », cf. n. pers. *raxš*.

Ce groupe n'apparaît que dans les mots iraniens de la première eure. Dès la période suivante il n'existe plus pour l'arménien puisqu'il s'était déjà réduit à *š* en iranien même :

šahastan, vu plus aut.
šahap « satrape », cf. v. pers. **xšaθrapā-*.
šahr, vu plus aut.
Šahrapan, nom propre, cf. n. pers. *Šahrbān*, v. pers. *xšaθrapāvan-*.

Le mot *šnorh* « grâce », vu plus aut, appartient bien à la première période, comme le montre son groupe *rh* représentant *hr* iranien ; mais il est dans des conditions spéciales à cause de son *n* qui complique le groupe *xš* et en a âté la réduction.

III

L'ARMÉNIEN MODERNE

Les dialectes modernes de l'arménien présentent plusieurs tipes de métatèse ; nous considérerons rapidement le plus important.

Dans un dissillabe terminé par *r* + *consonne* l'*r* passe dans la première sillabe où il se place comme il l'était dans la deuxième. C'est un simple fénomène d'anticipation. Il n'i a que trois mots en arménien qui soient dans les conditions requises ; c'est v. arm. *kapert* « morceau d'étoffe », *datark* « vide », *kamurǰ* « pont ».

Ils sont représentés à Tiflis (Tomson, *Istor. gr. arm. jaz. gor. Tiflisa*, § 188) par *karpit*, *dardak*, *karmunč* ; à Akalcis (Tomson, *Linguist. izsléd.*, § 20 sqq.) par *garbed*, *tardag*, *garmunǰ* ; à Mouch (Mserianc : *Etjudy po arm. dial.*, I, § 220) par *karpyet*, *dartak*, *karmunǰ* ; à Van (*Zs. f. arm. phil.*, I, 127, 134) par *karpyet*, *tartak*, *karmunǰ* ; dans le Karabag (Adjarian, *Khnnuthiun Gharabaghi barbarin*, p. 134) par *karpet*, *tèrtak*, *karmunǰ* ; à Agulis (Sargiseanç, *Aguleçoç barbar*, p. 71) un seul des trois exemples nous est livré : *karpet* ; en arménien de Cilicie (Karst, *Gramm. d. kilik. armenischen*, p. 104) *tardag* est attesté dès le moyen-âge ; par asard les deux autres mots ne sont pas livrés.

Pour l'accomplissement de ce fénomène la place de l'accent est indifférente : il est sur la première sillabe dans le Karabag et à Agulis, et sur la dernière à Van et à Mouch comme en arménien classique.

L'*n* de la forme *karmunǰ* n'est pas un reste de l'*r*, mais est dû simplement à la nasale qui ouvre la sillabe et la nasalise ; cf. *menkh* « nous » de *mekh*, *armung* « coude » de *armukn* (où *n* final devait tomber sans laisser de trace), etc.

Mais il faut noter que la métatèse n'a pas lieu si la consonne devant laquelle devrait venir se placer l'*r* ne comporte pas d'occlusion, si c'est une spirante (l'*m* a une occlusion buccale très nette), ex. : *baγarǰ* « pain azime ». Si la place d'implosive en première sillabe est déjà occupée, l'*r* ne peut pas venir la prendre et reste forcément à sa place ; ainsi *ašakert* « disciple » devient régulièrement *aškert* et ne change plus.

La métatèse n'a pas lieu non plus dans les mots savants qui sont entrés dans la langue postérieurement à la période d'action du fénomène.

Un *n* dans les mêmes conditions subit la même métatèse. Mais il n'i a qu'un exemple nettement régulier :

arm. class. *akanǰ*, tiré du pluriel *akanǰkh* « oreilles », donne à Tiflis *angač*, à Akalcis *angǰ*, à Mouch *angač*, en arménien de Pologne *angač*, à Agulis et dans le Karabag *anguč*. Mais à Van on nous donne *akanǰ* qui est sans doute influencé par la forme écrite et classique ou n'en est que la reproduction.

Un second exemple est *ončịč* « rien », de *oč* « ne pas » *inč* « quelque chose », attesté à Akalcis. A Tiflis on a de même *vunčič*, mais comme l'étimologie de ce mot est évidente et sensible pour le sujet parlant, elle a fait rétablir *vuč inč* qu'on a aussi à Tiflis. Le *ončič* fonétiquement attendu n'est pas attesté dans les autres études sur les parlers populaires.

Enfin le mot *zokhanč* « mère de la femme » n'est pas altéré d'ordinaire, ce qui tient sans doute à une influence de la langue écrite. Mais dans le Karabag on a *zemkhuč*, où la nasale a subi la métatèse attendue, mais apparaît à sa nouvelle place sous la forme *m* qui reste énigmatique.

Si l'on voulait tirer de ces recherches sur la métatèse une conclusion générale, elle serait la même que celle des articles que nous avons publiés sur le même sujet dans les *Mémoires de la Société de linguistique* (tome XIII, p. 73), dans les *Mélanges d'Arbois de Jubainville*, les *Mélanges Chabaneau*, etc. La métatèse n'est pas un fénomène accidentel et sporadique ; quand elle apparaît dans un parler, elle i résulte de l'état et des tendances de la langue ; c'est ce qui lui vaut son caractère régulier et obligatoire.

ΚΑΤΗΦΗΣ

ALS ADJEKTIVISCHE ZUSAMMENSETZUNG MIT KATA- UND VERBALADJEKTIV AUF -ΗΣ

VON

E. SCHWYZER

ΚΑΤΗΦΗΣ

ALS ADJEKTIVISCHE ZUSAMMENSETZUNG MIT KATA- UND VERBALADJEKTIV AUF -ΗΣ

VON **E. SCHWYZER** (Zürich).

1. Was ich gegen die bisherigen Deutungen von κατηφής einzuwenden habe, wird an späterer Stelle der Untersuchung überzeugender wirken. Unberücksichtigt bleibt dabei nur die Etymologie der alten Grammatiker ἀπὸ τοῦ κάτω τὰ φάη (in der Bedeutung « Augen ») βάλλειν (vgl. die Definition von κατήφεια als λύπη κάτω βλέπειν ποιοῦσα bei Plutarch περὶ δυσωπίας p. 528 E); erwähnen muss ich sie, da noch L. Parmentier, Les substantifs et les adjectifs en -ΕΣ- dans la langue d'Homère et d'Hésiode. 1889 p. 175 keine befriedigendere Erklärung vorbringen kann. Die übrigen mir bekannten Deutungsversuche stammen her von Wackernagel, Dehnungsgesetz 42; L. Meyer, Handbuch der griech. Etymologie II 255; Brugmann, Berichte der sächs. Gesellschaft der Wissenschaften 1901, 103 f.; Fay, IF. 21, 193. — Wackernagel beschränkt sich freilich darauf, unter ΑΦ? homer. κατηφής, κατηφείη, κατηφέειν, ὑπερηφανέων und das seit dem VI. Jahrhundert auftretende ὑπερήφανος zusammenzustellen. L. Meyer sieht sich durch die Vergleichung der Stämme κατ-ηχέσ-, κατα-φερέσ-, κατα-πρηνέσ-, κατα-στεφέσ- auf ein « ungeschlechtiges *ἦφοσ- oder *ἄφοσ- » geführt, « das etymologisch nicht weiter verständlich ist, für das aber die Bedeutung das sich Neigen, sich Senken vermutet werden kann ». Brugmann deutet κατηφής aus *κατη-φϝής (-φϝής : -φυής = ai.

á-bhva-s : bhuvana-m, πολύ-τλᾱς : τάλᾱς) und stellt dazu auch ὑπερήφανος, das er aus *ὑπερη-φϝανος entstanden sein lässt. Fay endlich nimmt haplologische Kürzung aus *κατα-τηφής (zu τάφος n.) an.

2. Gemeinsam ist all diesen Deutungen nur das Eine, dass sie das Adjektiv als zusammengesetzt betrachten und als erstes Glied κατα- abtrennen und zwar, soweit auf das Semantische eingegangen wird, in der Bedeutung « herab, nieder ». An κατα- als Anfangsglied ist auch nicht zu zweifeln. Es ist aber damit zugleich höchst wahrscheinlich, dass das Wort erst innerhalb des Griechischen gebildet ist. Damit ist nicht ausgemacht, dass auch der Schlussteil unbedingt auf ein Wort zurückgehen müsse, das im historischen Griechischen noch lebendig ist — es könnte sich ja um ein Wort handeln, das im Urgriechischen noch vorhanden war, aber später unterging. Doch wird man immerhin zunächst geneigt sein, κατηφής an eine Sippe anzuschliessen, die im Griechischen noch wirklich vorliegt.

3. Wenn auch für die Etymologie die geniale Kombination immer von grösster Bedeutung bleiben und nach O. Hoffmann bei Kroll, Die Altertumswissenschaft im letzten Vierteljahrhundert 81 sich sogar « niemals von einem Fortschritt in der Methode der etymologischen Forschung reden lassen wird », werden doch Wortgeschichte, Wortgeographie, Wortbildung, welche in der neuern germanischen und romanischen Wortforschung eine grosse Rolle spielen, auch in der Etymologie der idg. Sprachen in Zukunft stärkere Berücksichtigung erheischen als bisher; für das Griechische hat besonders Solmsen, IF. 19, Anz. 23 ff. nachdrücklich darauf hingewiesen.

4. Verbreitung und Geschichte von κατηφής und seiner Sippe lehren uns freilich für die Herleitung nicht eben viel. Das Adj. ist bei Homer nur in der Form κατηφέες ω 432 belegt; dass es aber nicht etwa erst der jüngsten Schicht epischer Sprache angehört, zeigen die schon in der Ilias auftretenden Ableitungen κατηφείη (Γ 51. Π 498. Ρ 556) und κατηφέω (κατηφήσας Χ 293. κατήφησαν π 342). Dass das Verbum keine

Spur des adj. *s*-Stammes mehr zeigt, hat nicht wenige Parallelen, ja, ist geradezu des normale Verhältnis (vgl. Sütterlin, Verba denominativa 72). Nur homerisch ist κατηφόνες « beschämend, Schande machend, Schandbuben » an der Stelle σπεύσατέ μοι, κακὰ τέκνα, κατηφόνες Ω 253 ; dafür eine ursprüngliche Bedeutung « Schande, Beschämung » anzusetzen, wie oft geschieht, ist unnötig : das Wort ist eine Bildung wie ἀρηγών, ψυθών, κραγγών (vgl. Brugmann, Grdr.[2] II, 1, 300) ; es erweist übrigens nicht mit Sicherheit einen Stamm ohne das Suffix -εσ-, kann vielmehr unmittelbar auf κατηφής oder κατηφέω beruhen, denn « es ist nichts weniger als unerhört, dass vorhandene Suffixelemente im Augenblicke der Weiterbildung einfach ignoriert werden » (W. Schulze, Zur Geschichte lateinischer Eigennamen 457). In nachhomerischer Zeit lebt die Sippe in den Wörtern κατηφής, κατήφεια, κατηφέω einerseits bei Dichtern fort, die von der homerischen Sprache beeinflusst sind, nicht nur im Epos und verwandten Gattungen (Apoll. Rhod., Kallim., Anthologie), sondern auch in der attischen Tragödie (Eurip.), anderseits erscheint sie aber auch bei Hippokrates, Aristoteles und in späterer Prosa (besonders Plutarch), teilweise wohl sicher als ionisches Element der κοινή (vgl. Thumb, Die griech. Sprache im Zeitalter des Hellenismus 216 ff.). Die Bedeutung ist überall wesentlich die gleiche : « niedergeschlagen, gedemütigt, beschämt (sein) » für Adj. und Vb., « Niedergeschlagenheit, Beschämung » für das Subst. Schattierungen wie die, welche in der Anwendung von κατηφέστεραι auf αἱ ἵπποι liegt (Aristot. Tierg. 6, 18) und anderes aus späterer Sprache sind rein occasionell, jedenfalls aber secundär. Das Adj. wird fast regelmässig wie an der homer. Stelle auf Personen bezogen ; daneben auch auf die Augen an den Stellen τί... κατηφὲς ὄμμ' ἔχεις ; Eur. Herakl. 633 und οἱ ὀφθαλμοὶ κατηφέες Hippokr. p. 1217 A ; vgl. auch τί δὴ κατηφεῖς ὄμμα Eur. Med. 1008 (dagegen κατήφησαν ἐνὶ θυμῷ π 342). Die spätere Poesie und (poetische) Prosa bildet zu κατηφείη, κατήφεια auch eine gleichbedeutende Nebenform κατηφίη (Rhian.) und dazu ein mit κατηφέω synonymes Verb κατηφιάω (Apoll. Rhod., Quint. Smyrn., Anthol., Philo, Plut. u. a.).

5. Vielleicht führt aber eine Untersuchung der Bildung von κατηφής weiter als der Blick auf seine Geschichte ; W. Schulze's Satz « das nächste Ziel jeder ernsthaften Untersuchung auf dem Gebiete der italischen Onomatologie muss die Feststellung der Bildungstypen sein » (Zur Geschichte lat. Eigennamen 414) gilt für die Wortforschung überhaupt. Das Adj. κατηφής ist mit κατα- zusammengesetzt und endigt auf -ης; das Einzelwort ist im Zusammenhang der morphologischen Gruppen zu betrachten, in die es hinein gehört, und zwar auch mit Rücksicht auf die Bedeutung. Es ist nötig, die Zusammensetzungen mit κατα- und die Adjektiva auf -ης wenigstens in ihren wichtigsten Verzweigungen zu überblicken, aber die adj. Zusammensetzungen mit κατα-, die zugleich Adj. auf- ης sind, etwas genauer zu betrachten.

Κατά ist in der nominalen Zusammensetzung kaum weniger fruchtbar als in der verbalen, die uns hier weniger angeht. Die adj. Zusammensetzungen mit κατά lassen sich in drei Gruppen zerlegen, je nachdem das Grundwort ein Verb, ein Adjektiv (oder Adverb) oder Substantiv ist.

6. Am einfachsten begreifen sich die auf Verben beruhenden adj. Zusammensetzungen mit κατά. Sie gehören zu Verben (oder auch Verbaladjektiven, Verbalsubstantiven), welche bereits κατά enthalten. Nur erwähnt zu werden brauchen die Verbaladj. auf- τος zu Verben mit κατα- wie καταβατός, κατάθρυπτος, κατάρρυτος u.s.w. und ihre noch zahlreicheren Weiterbildungen auf -τικός wie καταβατικός, καταβλητικός, καταδεικτικός u.s.w. Weniger häufig ist der Typus κατα — σιμος z. B. κατακαύσιμος, -κρίσιμος, -λεύσιμος, -λύσιμος, -νεύσιμος, -ψύξιμος u. a. Er interessiert uns hier freilich nicht mehr als die Typen κατάβολος (κατάγομος, κατάδρομος, κατάρροος, κατάρροπος u. s. w.) und κατάγραφος (κατάκοπος, κατάκορος, κατάρραφος u. a.). Auch vereinzelte Fälle wie καταδακτυλικός (zu καταδακτυλίζω, gleichsam für ein zu erwartendes καταδακτυλιστικός), κατάδικος (mit der dem Verb καταδικάζω entsprechenden Bedeutung ; vgl. auch das von diesem Verbum « rückgebildete » καταδίκη), καταθλάδιος (zu καταθλάω) und weitere Ableitungen von Verbalnomina

wie καταβάσιος, κατοπτήριος, καταλλακτήριος sind nur anzuführen, um ein Bild von der Ausdehnung des Typus zu geben. Hervorgehoben seien nur noch, mit Rücksicht auf die zweite Wortsilbe, κατάορος (κατήορος), κατηβολέω, κατήκοος, κατηλογέω, κατώρυχος, κάτηλυς.

7. Dagegen sind die neben mit κατα- zusammengesetzten Verben stehenden Adj. auf -ης etwas genauer zu betrachten, auch sie freilich nicht auf Grund eigener, möglichst vollständiger Sammlung des Materials aus den Quellen, sondern auf Grund der vorhandenen Sammlungen des griech. Wortschatzes ; dieses Material ist reich genug, um die wichtigsten Entwicklungstendenzen mit genügender Sicherheit erkennen zu lassen. — Die Adj. auf -ης stehen von Hause aus zu Substantiven in näherer Beziehung und zwar steht ursprünglich neben einem Substantiv auf -ος ein komponiertes Adj. auf ης, z. B. γένος : εὐγενής (vgl. Brugmann, Grd.[2] II, 1, 516-528). Es kann jedoch keinem Zweifel unterliegen, wie schon Parmentier a.a. O. 54 andeutet, dass im Griechischen mit der Zeit die Adj. auf -ης wenigstens zum Teil auf Verbalstämme bezogen wurden, geradezu die Funktion von Verbaladjektiven von gewöhnlich intransitiv-passiver Bedeutung erhielten. Selbst εὐγενής lässt sich vom griechischen Sprachgefühl aus ebenso gut auf γενέσθαι wie auf γένος bezogen denken ; in einem Falle wie εὐμαθής, ἀμαθής ist die Beziehung auf μαθεῖν, nicht auf das der lebenden Sprache fremde τὸ μάθος das Gegebene. Die Verwendung der komponierten Adj. auf -ης als Verbaladj. ist aber schon homerisch ; so wird ein grosser Teil der Beispiele aufzufassen sein, welche Parmentier a. a. O. 176 ff. unter der Überschift « Thèmes en -Ε Σ- n'apparaissant que dans les adjectifs composés » zusammenstellt. In einzelnen Fällen, in welchen die homerische Sprache neben dem Adj. auf -ης kein Subst. auf -ος kennt, bietet allerdings die spätere Überlieferung ein solches, z. B. βάρος, γῆθος, δάκος. Aber es fragt sich, ob in derartigen Beispielen überall etwas Altes, nur in der epischen Sprache nicht Belegtes vorliegt (wofür ja auch stilistische Gründe geltend gemacht werden können) oder

nicht vielmehr die Abstracta auf -ος zum Teil nicht erst zu den neben Verbalstämmen stehenden komponierten Adj. auf -ης hinzugebildet sind, eine Auffassung, die z. B. für δάκος neben θυμοδακής : δακεῖν, μάθος neben εὐμαθής : μαθεῖν nahe liegt. Ganz ähnlich sind in späterer Zeit die Simplicia βλαβής, μιγής, σθενής u. a. aus ἀβλαβής, συμμιγής, ἀσθενής abstrahiert worden (Wackernagel, Dehnungsgesetz 37). Und wenn in einzelnen Fällen die verwandten Sprachen den Subst. auf -ος zu Hilfe kommen (vgl. *ἄυγος nach ai. *ójas-* u. s. w., *ἔχος nach ai. *sáhas-*), gibt es auf der andern Seite Beispiele, die dem Ansatz eines Subst. auf -ος geradezu widerstreben, so διηνεκής, ποδηνεκής u. s. w., διςθανέες, εὔπλυνής u. a. Es ist gar nicht nötig, hier überall, wie Parmentier es tut (entgegen seiner p. 54 ausgesprochenen Ansicht), ein Neutrum auf -ος zu rekonstruieren; nachdem in einigen Fällen die Beziehung auf den Verbalstamm sich eingestellt hatte, konnte nach diesen Musterformen von irgend einem Verbalstamm aus ohne die substantivische Zwischenstufe ein komponiertes Verbale auf -ης gebildet werden. — Die Verbalia auf -ης schliessen sich an den mittleren oder schwachen Stamm des Verbs an, gehen dem passiven Aorist parallel, z. B. αἱμο-βαφής, συμμιγής. Als erstes Glied fungiert ein Substantivstamm oder ein Adverb, besonders auch ein solches, das auch als Präposition vorkommt. In letzterem Falle kann es auch schon bei dem Verbalstamm stehen, von dem aus das Verbale auf -ης gebildet wird, so dass dann also das komponierte Adj. auf -ης zu einem verbalen Kompositum in Beziehung tritt, z. B. συνεμίγην : συμμιγής. Dieses Verhältnis mag zur oben besprochenen Zubildung von Simplicia auf -ης beigetragen haben (συνεμίγην : συμμιγής = ἐμίγην : μιγής), aber ursprünglich war es nicht; ursprünglich konnte aus Verbalstamm und Adv. ein komponiertes Verbale auf -ης ohne die Zwischenstufe eines komponierten Verbs gebildet werden. — Diesen Sachverhalt zeigt gerade der älteste Vertreter des Typus κατα- ής, zu dem wir uns jetzt wenden wollen.

Neben homer. κατηρεφής, überdeckt, überdacht, steht kein Verbum κατερέφω, bedachen, das allerdings in späterer Zeit vorkommt. Anders bei den häufigeren Beispielen der klassischen Sprache; hier sind κατήρης, ausgerüstet (Herodot, Eurip. und später) und κατακορής 1) sehr sättigend, unmässig 2) gesättigt (Hippokr., Plat. u. a) die einzigen, neben denen sich kein entsprechendes Verb nachweisen lässt. Sonst treffen wir seit dem V. Jahrh. (teilweise auch später) καταρρυής, herabgeflossen (Soph. Ant. 997): καταρρέω, κατασκαφής, vergraben (Soph. Ant. 882): κατασκάπτω, καταστεφής, bekränzt (Tragiker und Spätere): καταστέφω, καταδεής, ermangelnd (Herodot, Plat., Dem.): καταδέω, καταφανής, sichtbar, deutlich (Herodot, att. Prosa) : καταφαίνομαι, καταφερής, herabgehend, abschüssig, sich zum Untergang neigend, von der Sonne (Herodot, Xenoph. und Spätere) : καταφέρομαι (später auch κατωφερής); aus hellenistischer Zeit seien noch genannt καταβλαβής, deranged : καταβλάπτω; κατακλινής 1) bettlägerig 2) geneigt, abschüssig : κατακλίνομαι (vgl. byzantin. κατωκλινῶς, by bendig downward); καταπειθής, gehorsam : *καταπείθομαι; καταπλαγής, erschrocken (Polyb): καταπλήσσομαι, wofür Clem. Alex. καταπληγής hat; καταρρεπής, inclined downward : καταρρέπω; κατασκελής, ausgetrocknet, dürr, zum intr. Perf. κατέσκληκα; κατεικής = ἐπιεικής (Hesych); κατηχής, ertönend : κατηχέω. — κατά lässt in den angeführten Beispielen teils noch die Bedeutung « herab », teils auch noch die Bedeutung « über-hin » erkennen (letzteres in καταστεφής, καταστέφω): mehrfach aber hat κατά nur noch sinnverstärkende Bedeutung, so deutlich in καταφανής, κατασκελής (und schon in den zugehörigen Verben). Aber auch Beispiele, welche kein entsprechendes Verb neben sich haben, zeigen diese verallgemeinerte Geltung von κατά : κατήρης und κατακορής; κατήρης mag auf εὐήρης beruhen mit Ersetzung von εὖ durch das synonym gewordene κατά, wie in späterer Sprache καταρκής, κατεικής in gleicher Bedeutung wie ἐπαρκής, ἐπιεικής auftreten. Das hellenistische Griechisch liefert noch verschiedene Beispiele von der Art von κατακορής, so καταμανής, sehr wütend, καθεψής, stark, gutgekocht, καθυπνής, fest schlafend, neben gleichbedeutendem κάθυπνος und καθυπνέω. Immerhin bleibt dieser Typus von dem gleich zu besprechenden wenigstens formell deutlich genug geschieden dadurch, dass das Schlussglied nicht selbständig als Adj. vorkommt: hier wird das zusammengesetzte Adj. auf ein einfaches oder mit κατά zusammengesetztes Verb, beim nächstfolgenden Typus auf ein einfaches Adj. bezogen.

8. Die Bedeutung « herab, nieder, von oben bis unten » von κατά konnte sich in der Zusammensetzung mit Verben zu « durchaus, gänzlich » verallgemeinern, wofür schon unter 7 einige Beispiele angeführt wurden; vgl. noch aus Homer καταβλάπτω, κατάγνυμι, καταδαίομαι, καταδάπτω, καταδαρθάνω, καταδεύω u.s.w. War beim Verbum die Verallgemeinerung der Bedeutung vollzogen, so konnte nach dem Muster älterer Beispiele dieser Art wie περί in περικαλλής u.a. und vielleicht unter Einwirkung von Adj. des Typus κατα-ής neben mit κατά in verstärkender Geltung zusammengesetztem Verb κατά auch als sinnverstärkendes Präfix bei beliebigen Adj. gebraucht werden — so möchte ich mir die Entwicklung etwas abweichend von K. von Garnier, Die Präposition als sinnverstärkendes Präfix. Leipzig 1906, 32 f. zurecht legen. Diese Entwicklung war schon in homerischer Zeit vollendet; wenn die homerischen Gedichte καταρριγηλός, ganz schauderhaft, verhasst ξ 226 als einziges Beispiel aufweisen, so ist auf diesen Umstand kein besonderes Gewicht zu legen; zu bezweifeln ist das Wort nicht. Die homer. Hymnen und Hesiod kennen ein weiteres Beispiel: καταστύφελος, sehr hart, fest. Im (oder mit dem) V. Jahrhundert erscheinen καταίσιος, ganz gebührlich, gerecht (Aesch. Ag. 1566), κατάξιος, sehr würdig (Soph., Eur. und später), κατάδηλος, sehr deutlich, sonnenklar (Soph., Herodot, Xen., Plat. ua.), κατάπυκνος sehr dicht, fest (Hippokr. und Spätere), κατοξύς, sehr laut, gellend, heftig (Hippokr., Aristoph. und Spätere); vom IV. Jahrhundert an erscheinen κατάπλεος(-ως), ganz voll (Xen. und Spätere), καταπαγίως, sehr fest (Isokr.), κατάχωλος, ganz lahm (bein Komiker Alkäos), κατάξηρος, sehr trocken, dürr

(Aristot. und Spätere) ; noch in vorchristlicher Zeit treten auf κάθυγρος, sehr feucht, κατάγλισχρος, sehr klebrig, κατάπικρος, sehr bitter, herb, κατεπίθυμος, sehr wünschend, verlangend. Ganz wesentlich stärker ist die Zahl dieser Bildungen in nachchristlicher Zeit ; da erscheinen κατάθερμος, sehr warm, κατακαίριος, tötlich, κάτακρος, verstärktes ἄκρος, κατάλαμπρος, κατάμεστος, κατάπηρος, καταπιμελής, καταπίμελος, καταπλατύς, κατάπυρρος, κατάσκληρος, κατάστυγνος, κατατάκερος, καταύστηρος, κατάψυχρος, κάτισχνος Und auch im Mittel- und Neugriechischen ist das sinnverstärkende κατα- lebendig geblieben und zwar nicht nur in der Literatursprache (vgl. noch Sophokles' Lexikon), sondern auch in der Volkssprache ; vgl. beispielsweise neugriech. καταγάλανος, tiefblau, κάτασπρος, schneeweiss, καταμόναχος, mutterseelenallein, κατάψηλος, turmhoch ; das dem einfachen Adj. folgende zusammengesetzte bildet eine in volkstümlicher Diktion beliebte Steigerung, z. B. μαῦρος ἦταν, κατάμαυρος, μαῦρο καὶ τ'ἄλογό του, von Χάρος (Thumb, Handbuch 131). — Adj. auf -ης mit sinnverstärkendem κατα- sind (abgesehen von den anders zu beurteilenden Beispielen zu Ende von 7) sehr selten; καταπιμελής ist das einzige Beispiel, das uns begegnet ist. Das schon homer. (χεὶρ) καταπρηνής zeigt κατά in örtlicher Bedeutung.

9. Dagegen gibt es eine Anzahl von adj. Zusammensetzungen mit κατα- auf -ης, die auf einem Substantiv (auf -εσ-) beruhen. Die aus κατα- und substantivischem Grundwort gebildeten Zusammensetzungen zerfallen in zwei Klassen. Die eine ist ohne weiteres klar; es sind hypostasierte Bildungen, welche eine Wortgruppe zur Voraussetzung haben, die aus präpositionalem κατά (in seinen verschiedenen Bedeutungen) und dem sinnentsprechenden Kasus des Substantivs besteht (vgl. Brugmann, IF. 18, 62. 63 f. ; Grdr.² II, 1, 33 f.) ; so ist κατάγαιος (κατάγειος), unterirdisch der Verbindung κατὰ γῆς gleichwertig (vgl. das spätere κατώγειος), aber auch (in der Bedeutung « auf dem Lande », στρουθὸς κατάγαιος Herodot IV 175.192) der Verbindung κατὰ γῆν ; κατάθεος, gottgemäss, fromm ist, wer κατὰ θεόν lebt ; eine χλαῖνα κατάρβυλος (Soph. fr.)

reicht κατ' ἀρβυλῶν, bis auf die Schuhe herab. Gewöhnlich ist die präpositionale Verbindung in einen adj. -ο- Stamm übergeführt, auch wenn das Substantiv ein -ᾱ- Stamm ist, z.B. κατάκοιτος, im Bette, auf dem Lager (Ibyk.) neben κοίτη; so z.B. κατάβορρος, nach Süden gelegen, κατακάρδιος, ins Herz treffend, κατακέφαλα, kopfunten (Adv. für κατὰ κεφαλῆς), κατάνεμος (Poll.) und κατήνεμος (Theophr., Ael., Poll.), gegen den Wind, dem Winde ausgesetzt; zur Dehnung vgl. Wackernagel, Dehnungsgesetz 40. In den eben genannten Beispielen ist -ο- ausser der Flexion das einzige formale Kennzeichen der adj. Geltung; noch häufiger aber erscheint ein ausgesprochenes Adjektivsuffix auf -ο-, so -ιος : καταθύμιος, im Sinne liegend (Homer), nach dem Sinne, erwünscht (Theognis, Herodot u. a.), καταμήνιος, monatlich, καταυχένιος, auf, über dem Nacken, καταχείριος, in die Hand passend, καταχθόνιος, unterirdisch, κατομφάλιος, vom Nabel an, καθημέριος, täglich, καθύπνιος, im Schlafe vorkommend, ferner -αῖος : κατανοτιαῖος, gegen Süden, κατανωτιαῖος, auf, hinter dem Rücken, κατουδαῖος, unterirdisch (homer. Hymn. in Merc. 112, Hesiod. fr. u. a.); vereinzelt stehen καθημερινός, täglich, καθολικός, allgemein und die Adverbien καταφυλαδόν, nach Stämmen und κατωμαδόν, von den Schultern her (mit der Ableitung κατωμάδιος). Vgl. auch κατάλληλος aus κατ' ἄλληλα.

10. Daneben treten jedoch auch adj. Zusammensetzungen mit κατα- und substantivischem Grundwort auf, welche ausdrücken, dass der Träger des Adjektivbegriffes mit dem durch das Grundwort bezeichneten Gegenstand versehen ist, oft sogar auch, dass er damit reichlich versehen ist, z. B. κατάχρυσος 1) leicht vergoldet, mit Goldschaum überzogen (IV. Jahrh., att. Inschr.) 2) goldreich. Dieser Typus scheint erst seit dem V. Jahrhundert aufgekommen zu sein; da treffen wir κατάπτερος, beflügelt (Aesch., Eurip.), κάθαιμος, blutig, voll Blut, καταβόστρυχος, reichgelockt, κατάκομος, dichtbehaart, -gelockt, κατάχαλκος, mit Erz belegt, κάτοινος, weinberauscht, alle bei Eurip. und teilweise auch später, κατάχολος, sehr gallig (Hippokr.), zum IV. Jahrhundert leitet über κατάφυλλος,

blätterreich bei Strattis ; noch vorchristlich sind κατάδενδρος, mit Bäumen bepflanzt, voll von Bäumen, κατάκαρπος, fruchtreich, κατάλιθος, voll Edelsteine, κατάσκευος, suppellectile instructus, κατάχρεος, verschuldet κάτομβρος, sehr beregnet, κατώδυνος, grossen Schmerz habend.

Wieder zeigt sich eine starke Zunahme seit der Zeit um Christ i Geburt i κατάγελος, herdenreich, κατάγλωττος, voll gesuchter, seltener Wörter, καταδάνειος, verschuldet, κατάδρυμος sehr waldig, κατάκισσος, mit Epheu bekränzt, κατάκολλος, mit Leim gemischt, κατάμπελος, weinstockreich, κατάνευρος, nervig, κατάξυλος, holzreich, κατάπρεμνος, mit vielen Ästen, καταπώγων, langbärtig (zu πώγων), κατάργυρος, versilbert, κατάρρυθμος, numerös, wohlklingend, κατάσαρκος, sehr fleischig, wohlbeleibt, κατάσμυρνος, nach Myrrhen riechend, κατάστερος, besternt, κατάτυρος, mit Käse bestreut, κατάφορτος, belastet, κατείδωλος, voll Götzenbilder, κατέλαιος, ölig, κάτοξος, durch zu vielen Essig versäuert (zu ὄξος n.). Alle diese Wörter zeigen die Bildungsweise, die Brugmann, IF. 18, 127 f. den « Kompositionstypus ἔνθεος » genannt hat. κατά kann in einzelnen der angeführten Beispiele noch in der Bedeutung « drüber hin », allenfalls auch « darüber hinab » gefasst werden — es ist Adverb, nicht Präposition wie in 9 — ; gewöhnlich ist aber die Bedeutung die zu Beginn dieses Abschnittes dargelegte allgemeinere ; die Substantiva bedeuten in der Regel einen Gegenstand, der in der Zusammensetzung als Singular oder als Plural gedacht sein kann, oder einen Stoff. Die Entwicklung von der Bedeutung « etwas drüber hin habend, versehen mit » zu « reichlich versehen mit » ist an sich nicht unbegreiflich ; es ist mir jedoch sehr wahrscheinlich, dass bei dieser Ausprägung der Bedeutung das sinnverstärkende Präfix κατα- bei Adj. (s. unter 8) beteiligt war. Dazu stimmt, dass letzteres von Homer an, der hier besprochene Typus erst vom V. Jahrhundert an sich belegen lässt. Weiter ist dafür anzuführen, dass in jüngerer Zeit auch von Abstracta, besonders Vorgangsbezeichnungen ausgehende adj. Bildungen mit κατα- auftreten, die nicht sowohl eine reichliche Fülle als einen hohen Grad bezeichnen, z. B. κατάγλωττος, geschwätzig (Gellius), κατάδιψος, sehr durstig (Herm. trismeg.), κατάκροτος, geräuschvoll (Heliod.), κατάκτυπος, sehr tosend (Zonaras), κατάφοβος, voll Furcht (Pol., Plut.). Diese Gruppe bildet eine Brücke zu den unter 6 besprochenen verbalen Adj. wie κατάγραφος, um so mehr als nicht selten daneben ein paralleles Verbum erscheint (καταδιψῆν, κατακροτέω, -κτυπέω). — Hier erscheinen nun, meist neben Neutra auf -ος, Adj. auf -ής (so betont) : καταβαρής, sehr schwer, sehr belastet (Dio Cass., Poll.), καταβελής, voll von Pfeilen (Dion. Hal.), καταδεής, sehr furchtsam (Poll.), καταλσής, reich an Hainen (Strabon, bei Eustath. dafür κάταλσος), κατανεφής, bewölkt (anon. Byz. strateg.), καταπτυχής, faltenreich (Theokr.), καταχθής, belastet (Nikand., Arat.), schwer (Nonnos), κατερνής, reich an Zweigen (Orph.), καθαλμής, sehr salzig (Nikand.) ; von anders geartetem *s*-Stamm : κατάκρεως, fleischig (Herodian) ; vgl. auch κάθιδρος, stark schwitzend (LXX, bei Basil. dafür ὁ, ἡ καθίδρως, -ωτος). Alle Beispiele gehören der nachklassischen Zeit an ; doch liegt kein Grund vor, diese Spielart etwa für jünger zu halten als den seit dem V. Jahrh. bezeugten Typus überhaupt. — Sehr selten und erst aus byzantinischer Zeit zu belegen sind gleichgebildete Adj., in welchen κατα- die örtliche Bedeutung « herab » hat : κάτωμος, mit niedrigen Schultern (Hippiatrika, 10. Jahrh. n. Chr.), κατάρρις (-ιν, -ινος), mit abwärts gebogener Nase (Tzetzes). — Erst byzantinisch sind auch Beispiele, in denen κατα- den Wert von ὁλο- hat : κατάκυκλος, perfectly round, κατапόρφυρος = ὁλοπόρφυρος vgl. auch κατασυστάδην für συστάδην bei Simok.

11. Damit können wir zum Ausgangspunkt der Untersuchung zurückkehren und fragen, welchem dieser Typen sich κατηφής anschliesst ; einen besondern Typus wird man für dieses Wort ohne zwingende Gründe nicht annehmen wollen. Ohne weiteres scheidet der freilich schon homerische Typus καταρριγηλός (s. 8) aus ; ein Adj., dessen Verstärkung κατηφής bilden könnte, ist nicht bekannt ; κατ- muss also für die Bedeutung des Wortes wesentlich sein. Aber auch mit den auf substantivischem Grundwort beruhenden Typen κατάγαιος und κατάχρυσος (s. 9 und 10) kommen wir nicht weiter; gäbe man dem vom L. Meyer (s. 1) konstruierten ἦφος oder ἄφος eine andere Bedeutung als dieser, etwa « Beschämung », könnte man allenfalls an den Typus κατάχρυσος denken, aber nur zur Not; man wird dies aber um so weniger tun, als chronologische Bedenken im Wege stehen. Damit fällt L. Meyers ohnehin rein hypothetische Herleitung und es zeigt sich, dass Brugmann und Fay mit richtigem Gefühl Wege eingeschlagen haben, die mit dem von der Geschichte der Wortbildung ausgehenden zusammentreffen.

12. Gegen Fay spricht jedoch der Vokal der Wurzelsilbe; die oben unter 7 angeführten analogen Bildungen zeigen durchweg Schwund- oder Normalstufe der Wurzel; nur das späte καταπληγής widerspricht der Regel, stellt sich aber lediglich als jüngere Umbildung des normalen καταπλαγής heraus. Alle ältern Beispiele zeigen den gleichen Vokal wie der passive Aorist, soweit er vorkommt; es wäre sehr auffällig, wenn gerade das älteste Beispiel eine Ausnahme machen würde. Die von Fay in κατηφής vermutete Bildung müsste *καταταφής, mit haplologischer Kürzung *καταφής lauten. Auch die Bedeutung (« verstaunt ») will nicht recht passen.

13. Gegen Brugmann scheint mir zu sprechen, dass nach homer. εὐρυ-φυής, breitwachsend, εὐ-φυής, schöngewachsen, προς-φυής, darangewachsen, fest daranhangend, hesiod. αὐτο-φυής, von selbst gewachsen, dem seit dem V. Jahrh. auftretenden ὑπερ-φυής, darüber hinaus gewachsen, ungemein, ungeheuer nicht ein *κατηφϝής, sondern ein *κατηφυής zu erwarten wäre. Wäre aber die Bildung schon vorhomerisch, würde man Erweiterung der Wurzel durch -ο- erwarten wie in dem ai. *á-bhv-a-*, das Brugmann anführt, also ein *κατηφϝός, *κατηφός; denn *-es-* scheint in ähnlicher Funktion nicht vorzukommen, wenigstens bietet Brugmann, Grdr.[2] II, 1, 145 f. nichts Einschlägiges. Auch die Bedeutung, welche « herab-, niederwachsend » oder auch « -gewachsen » sein müsste, erscheint gezwungen.

14. Lieber als mit Brugmann die bei Homer nicht bezeugte Form κατη- des Präfixes anzunehmen, wird man von vornherein -η- als kompositionelle Dehnung fassen wollen — eine langvokalische Wurzel ᾱφ, ηφ steht nicht zur Verfügung, von einer kurzvokalischen würde eine Dehnstufe nicht passen. So wird man auf eine Wurzel αφ- oder εφ- geführt, die es freilich nicht zu geben scheint.

15. Vielleicht führt aber ein rein lautliches Kennzeichen des Wortes noch einen Schritt weiter. Die Folge tenuis — tenuis aspirata erweckt immer den Verdacht, aus der Folge tenuis aspirata — tenuis aspirata hervorgegangen zu sein; κατηφής kann für *καθηφής stehen. ἀφ- ist die Wurzel von ἀφή, ἀφάω, ἅπτω; *καθηφής steht neben καθάπτω wie κατασκαφής neben κατασκάπτω u. s. w.; nur durch die kompositionelle Dehnung ist κατηφής von den jüngern, seit dem IV. Jahrhundert auftretenden ἀναφής, συναφής unterschieden. Ist von Seiten der Wortbildung nichts einzuwenden, so passt auch die Bedeutung des zu grunde liegenden Verbs: κατηφής heisst eigentlich entweder aktiv « niederheftend » oder besser passiv « niedergeheftet »; die unter 4 angeführten Verbindungen legen die Ergänzung des Begriffes « Augen » nahe. Dass der homerischen Welt eine Fügung *ὄμματα καθάπτειν, die Augen niederheften, -schlagen » nicht etwa fremd gewesen wäre, zeigt die dem Sinne nach allerdings neutrale Wendung (ὑπαὶ δὲ ἴδεσκε) κατὰ χθονὸς ὄμματα πήξας Γ 217; tatsächlich ist καθάπτειν nur noch in andern Bedeutungen belegt; übrigens kann nach 7 ein Verbaladj. auf -ής auch direkt aus κατά und ἅπτειν ohne die Zwischenstufe einer verbalen Zusammensetzung gebildet worden sein. Anderseits ist zur Bedeutung zu vergleichen das freilich erst sehr spät bezeugte κατωπός, mit abwärts gerichteten Augen, niedergeschlagen (zu 10 Ende), welches aber durch das schon aristotelische Verbum κατωπιάω, niedergeschlagen sein als viel älter erwiesen wird. — Dass mit dieser Auffassung die Zusammengehörigkeit von κατηφής und ὑπερήφανος nicht wohl vereinbar ist, kann nicht ins Gewicht fallen, da sich dieselbe nicht von selbst versteht. Mir scheint

die Auffassung von homer. ὑπερηφανέων als Denominativ von einem *ὑπερηφανής (vgl. das spätere ὑπερφανής) : ὑπερφαίνομαι zu genügen; das später auftretende ὑπερήφανος kann eine Rückbildung von ὑπερηφανέω darstellen.

16. Wackernagel, Dehnungsgesetz 54 f., spricht die Ansicht aus, dass die Kompositionsdehnung nicht eingetreten sei, wenn das zweite Wort ursprünglich mit *s*- angelautet habe. Die hindernde Wirkung des anlautenden *h*-, zu dem *s*- schon in vorhistorischer Zeit geworden war, leuchtet ein; freilich ist sie bei der Augmentierung, die prinzipiell von der Kompositionsdehnung nicht verschieden ist, nicht durchaus eingetreten : ἁ- aus σα- wird wie ἀ- augmentiert, mit alleini ge Ausnahme des homer. ἑάφθη, wenn J. Schmidt's Deutung (Kritik 63 Anm.) zu recht besteht; nur bei εἶχον u. s. w. haben sich die Wirkungen des *s*- erhalten. Und theoretisch muss man für *h*- aus *i̯*- die gleiche Behandlung fordern wie für *h*- aus *s*-; man dürfte also aus *καθηφής nicht etwa schliessen, es werde eben nicht ein ursprünglicher Anlaut *s*-, sondern etwa ein *i̯*- zu grunde liegen. Jede Schwierigkeit wäre beseitigt, wenn das anlautende *h*- von ἅπτω unursprünglich wäre, wie es die landläufige Verknüpfung des Wortes mit lat. *apiscor*, ai. *āpnōmi* will (so Curtius [5] 510 f.; L. Meyer I 153). Doch wird kaum jemand Lust haben, ἁφ- auf gleiche Linie wie att. ἕχω, θηθίς u. dergl. zu stellen (vgl. Brugmann, griech. Gramm. [3] 137) und ich gedenke zum Schlusse noch eine Etymologie vorzutragen, die gerade auf ursprüngliches *s*- führt.

17. Aber die Schwierigkeit löst sich, wie mir scheint, auf andere Weise. Einmal ist, wenn auch etwas anders als bei der Augmentierung, die Nachwirkung des *s*- nicht überall festgehalten, schon in ἀνήνυστος der Odyssee und erst recht in späteren Beispielen wie ἀνώμαλος (Wackernagel a.a.O.54). Zweitens ist die hindernde Wirkung des *s*- (*h*-) gar nicht zu begreifen in den Fällen, wo *h*- schon sehr früh nach dem Hauchdissimilationsgesetz oder sonst irgendwie geschwunden war. Ein Beispiel wie πατραδελφεός beweist also meiner Ansicht nach nicht Nachwirkung des einstigen *s*-, sondern

gehört zum jüngern Kompositionstypus ohne kompositionelle Dehnung. Gehen wir von der Wurzelgestalt ἀφ- aus, dürfen wir die Dehnung erwarten.

18. Es ergibt sich dabei lediglich, dass es gar nicht nötig ist, ein *καθηφής anzusetzen, wie dies oben geschehen ist. Freilich erscheint ein *καθηφής auch nicht als unmöglich, aber nur als sekundäre Anlehnung eines älteren κατηφής an ἅπτω (καθάπτω), ἧψα, ἁπτός, ἅμμα, ἅψις, ἁψίς, ἅψος, wie ja auch ἁφή, ἁφάω im Anlaut an die verwandten Wörter angeglichen sind. Diese Behandlung eines ursprünglichen κατηφής würde vermuten lassen, dass die Herkunft dem Sprachgefühl noch bewusst gewesen sei, was sich nicht erweisen lässt, und es wäre in diesem Falle eher zu erwarten, dass das sekundäre καθηφής erhalten geblieben wäre.

19. Doch ist die eben besprochene Annahme um so weniger nötig, als sich die lautgesetzliche Wurzelgestalt ἀφ- trotz der Beeinflussung durch ἅπτω u.s.w. in einzelnen Fällen bis in spätere Zeit erhalten hat. ἁφή, das durch ἀφάω schon für die homerische Zeit erwiesen wird, zeigt freilich die Angleichung ans Verb ; ἀναφής, συναφής beweisen nichts ; ebenso wenig die ion. ἀφάσσω, ἀφασσάω, da die Psilose auf Rechnung des Dialektes gesetzt werden kann, wie es bei ἡ ἀψίς, -ῖδος geschehen muss ; aber ἐπαφή, ἀνέπαφος, ἐπαφάω (ἐπαφητός, ἐπάφημα, ἐπάφησις) sind auch attisch. Zudem ist zu berücksichtigen, dass zur Zeit der Bildung von κατηφής auf dem ion. Festlande vielleicht bereits die Psilose herrschte, also ἄπτω (vgl. späteres ion. ἀπάπτω = att. ἀφάπτω), ἀψίς, ἄψος, ἀφάω gesprochen wurde, wie demnach auch bei Homer zu schreiben ist.

20. Die Untersuchung über die Herkunft von κατηφής führt nach den bisherigen Erörterungen nicht über das Griechische hinaus ; wer das gewonnene Ergebnis anzunehmen gewillt ist, braucht seine Ansicht nicht zu ändern, wenn er die gleich zu entwickelnde Vermutung über die aussergriechischen Beziehungen von ἅπτω, ἀφ- sich nicht anzueignen vermag. Allgemeiner Zustimmung darf zwar sicher sein die Behauptung, der anlautende spiritus asper vertrete einen idg. Laut, sei

nicht erst im Griechischen aufgekommen. Damit ist aber die Gleichung ἅπτω : lat. *apiscor* (s. 16) abgetan; die Form, welche ihr Prellwitz, Etymolog. Wörterbuch d. griech. Sprache[2] 48 (vgl. 8) gegeben hat (ἅπτω aus ἁ + απ, idg. **sm̥* + *ap*) ersetzt eine lautliche Aporie durch eine andere, von anderem abgesehen. Die bei Boisacq, Dictionnaire étymol. de la langue grecque 72 fragend angeführte Vergleichung mit armen. *aph*, paume de la main, macht keine lautlichen Schwierigkeiten, spricht aber hinsichtlich der Bedeutung wenig an. — Die Verba auf (-πτω haben wie die auf -ζω, -σσω im Laufe der Zeit mancherlei Umbildungen erfahren; dass neben den Verba auf -πτω so häufig ein Stamm auf -φ- steht (vgl. G. Meyer, griech. Gramm.[3], 584; auch Debrunner, IF. 21, 207 f.), ruft geradezu dem Verdachte einer Normalisierung. So kann prinzipiell gegen eine Etymologie nichts eingewendet werden, die nicht von der Stufe φ des Konsonanten ausgeht, sondern π als ursprünglich nimmt und die wenigen. Formen mit φ analogischer Neubildung nach dem öfters vorkommenden Nebeneinander von πτω : φ zuschreibt. ἁπτός (nebst ἄαπτος, unnahbar; vgl. dagegen neugr. ἄναπτος, nicht angezündet) kann unmittelbar dem ai. *saktá-* « anhängend, anhaftend, geheftet an » (zu *sájāmi* ich hänge an; med. hänge mich an, bleibe hangen) gleichgesetzt werden; sie vereinigen sich in einem Ansatz **sn̥qᵘtó-*. So musste das *to*-Partizip zu Wurzel *sengᵘ-* lauten; auf eine nasalierte Wurzel weisen deutlich verschiedene ai. und die slav. Formen, während allerdings lit. *segù* deutlich eine nicht nasalierte Wurzel voraussetzt; vgl. Meillet, M S L. 14,369. Zu ἁπτός konnte an Stelle eines Präsens *ἕμβω, *ἅβω, *ἅζω oder *ἕβω (aus idg. **sengᵘō*, **sn̥g-ō*, *sn̥gᵘi̯ō* oder **segᵘō*) ein Präsens ἅπτω gebildet werden nach dem Typus ἔβλαστον βλαστάνω : βλαστός (vgl. Brugmann, griech. Gramm.[3] 295 f.), wozu dann der Aorist ἧψα sich gesellte; man kann sich auch denken, dass zu *ἅβω ἁπτός (ἅψις, vgl. ai. *sakti-*) zunächst ἧψα trat und dann von ἧψα ἁπτός (ἅψις) aus ἅπτω analogisch nach den -πτω-Verben entsprang; die Frage der Herkunft der -πτω-Verba wird also durch ἅπτω nicht berührt. Die Stufe π überwog, da sie auch in ἡ ἀψίς, -ῖδος, τὸ ἄψος vorhanden war, deren Bildung freilich nicht ganz klar ist, die aber nicht zu trennen sein werden; ἄψος liesse sich freilich lautlich mit ai. *sákthi* n., Schenkel vereinigen; ἄψος müsste dann zu einem Dual *ἄψε aus *ἄπθι̯ε (πθ aus idg. *qʷth*) wie ὄσσε aus *ὀκι̯ε zugebildet sein, doch wäre dann homer. ἄψος vom späteren zu trennen und auch die homer. Bedeutung « Gelenke, Glieder » würde sich nur gezwungen mit der ai. Bedeutung « Schenkel » vereinigen. — Die Vermittlung der ai. Bedeutung « hängen » und der griech. Bedeutungen « heften, knüpfen, berühren, fassen » macht keinerlei Schwierigkeiten; zudem findet sich die Bedeutung « berühren » auch in ai. *sañga-* m., Berührung, Anschluss, Umgang, Verehr (auchk geschlechtlicher), *sañgin-* Adj. 1) hängend an 2) in Berührung kommend und in ksl. *prisęgą -sęšti*, *-sęgną -sęgnąti*, *-sęžą -sędzati*, ἅπτεσθαι, *prisęgnivŭ*, tangendi cupidus, *prisęženije* n. ἁφή; vgl. auch ital. *attaccare*, frz. *attacher* in ihrem Verhältniss zu lat. *tactus*, *tangere*, eine Etymologie, die jetzt freilich von Meyer-Lübke, Germ.-romanische Wortbeziehungen. Prager deutsche Studien 8 (1908), S. 4 des S A. bekämpft wird.

Für ἅπτω in der Bedeutung « anzünden » eine besondere Etymologie zu suchen, halte ich für verfehlt, zum mindesten für ganz unnötig. Allerdings glaube ich mit L. Meyer I 153, dass es nicht genügt, auf das nhd. *anstecken* zu verweisen. Die Bedeutung « anzünden » geht von der Bedeutung « fassen », also von ἅπτεσθαι, aus ; es ist nicht zufällig, dass der älteste Beleg für ἅπτω II in der Tat mediale Form und Bedeutung zeigt : ἅψεσθαι « Feuer fangen (werden) » an der Stelle ἀλλ' ὅτε δὴ τάχ' ὁ μοχλὸς ἐλάινος ἐν πυρὶ μέλλεν ἅψεσθαι χλωρός περ ἐών ι 378-9. Schon hier hat die Verselbständigung der Bedeutung bereits eingesetzt, wie ἐν πυρί zeigt ; die älteste Konstruktion war *ἅπτεσθαι πυρός. Erst zum Mediopassiv « Feuer fangen, angezündet werden » wurde dann ein aktives « anzünden » zugebildet. Eine vollständige Parallele bieten einige romanische Verba, die als intransitiva (entsprechend dem griech.

Med.) « sich entzünden », als transitiva (entsprechend dem griech Aktiv) « anzünden » bedeuten. Am weitesten verbreitet und teilweise schon vulgärlat. bezeugt sind die Typen *apprehendere, imprehendere* ; schon Gregor von Tours hat *apprehendere* = « Feuer fangen » (*flante vento adprehendit domus incendio* Bonnet 255) und dazu stellen sich rum. *aprindere* « anzünden » altbergamask. *aprend ol fog* (glossiert durch *accendo*), lombard. *aprender* und auch *imprender*, dem wieder vegliot. *imprandro*, altfrz. *emprendre* (intrans.), *esprendre* (intrans. und trans.) sich zur Seite stellen ; der Typus *imprehendere* = anzünden ist in frz. Mundarten noch erhalten (Gilliéron, Atlas ling. Nr. 33 ; Jaberg, Über die assoziativen Erscheinungen in der Verbalflexion einer südostfranz. Dialektgruppe 79) ; weiter ist darauf hinzuweisen, dass ital. *pigliare* « nehmen, ergreifen » in parmesan. *piar*, *àpiar*, bergamask. *impia* « Feuer fangen » bedeutet. Vgl. noch Densusianu, Histoire de la langue roumaine I 186 ; Puşcariu, Etymolog. Wörterbuch der rum. Sprache I 9 (einige Nachweise verdanke ich der Freundlichkeit meines Kollegen J. U. Hubschmied). Puşcariu verweist auch auf kleinruss. *imati*, nehmen, refl. sich entzünden. Ferner seien schweizerdeutsch (Berner Oberland, Graubünden, Uri, Wallis) *əpfā* « Feuer fangen » (aus *ent-fāhen*), *əpfängə*, *pfänggə* « anzünden » (aus *ent-fängen*), auch *āfänggu*, *āpfänggə* (aus *an-*) genannt und schliesslich sei noch an meine Verbindung des osk. kahad ‚capiat' mit neuumbr. *cehefi* ‚accensum sit' erinnert (Berl. philolog. Wochenschr. 1905, 1223 f.).

LE SUFFIXE GERMANIQUE *-ING*

DANS LES NOMS DE LIEU DE LA SUISSE FRANÇAISE ET DES AUTRES PAYS DE LANGUE ROMANE

PAR

Ernest MURET

LE SUFFIXE GERMANIQUE *-ING*

DANS LES NOMS DE LIEU DE LA SUISSE FRANÇAISE ET DES AUTRES PAYS DE LANGUE ROMANE

Par **Ernest MURET**.

Dans un mémoire dont la première partie a paru dans le cahier de janvier dernier de la *Romania* [1], je crois avoir établi que les noms de lieu suisses et français en *-in* ou *-ins*, *-inge* ou *-inges*, confondus jusqu'en ces derniers temps avec les noms en *-ens*, *-eins* ou *-ans*, *-enges*, *-anges*, *-enge* ou *-ange*, en sont nettement distincts par la prononciation et par l'étymologie, qu'ils ne sont pas, comme on l'a généralement admis, dérivés de noms de personnes germaniques par le suffixe *-ing*, mais presque tous de gentilices romains en *-ius* par les suffixes *-anus* ou *-īnus*, ou bien de *cognomina* en *-anus*, moyennant le suffixe *-ĭcus*. Par la suite, je montrerai que les suffixes *-ĭncus* et *-ancus*, dont naguère M. E. Philipon [2] et, déjà auparavant, M. Salvioni [3] ont reconnu l'existence dans la France méridionale et dans l'Italie septentrionale, ont également contribué à la formation des noms de lieu de la Suisse romande et de la Savoie. Aisément reconnaissable au féminin dans les

1. *De quelques désinences de noms de lieu particulièrement fréquentes dans la Suisse romande et en Savoie* (*Rom.*, XXXVII, pp. 1 ss.).
2. *Provençal* -enc ; *italien* -ingo, -engo (*Rom.*, XXXV, pp. 1-48 et 333-5).
3. *Ancora i nomi leventinesi in* -èngo, dans le *Bollettino storico della Svizzera Italiana*, XXV (1903), pp. 93 ss. Cf. ib., XXI, pp. 49 ss.

formes patoises en *-ętsə*, et françaises en *-enche* ou *-anche*, dans les graphies médiévales en *-enchi* ou *-enchy*, qui répondent en Suisse aux formes latines ou vulgaires en *-inca* ou *-enca* du midi de la France et de l'Italie, le suffixe *-incus* se confond au masculin avec le suffixe *-ing*, dans les graphies *-ens*, *-eins* ou *-ans* et les prononciations *ẽ* ou *ã*, régnantes au nord des Alpes, tout comme la différence entre les formes officielles en *-engo*, *-ingo*, *-enco* est effacée dans la prononciation *-ęnk* de l'Italie septentrionale et de la Suisse italienne.

Il serait fort à désirer qu'on nous donnât, sur les noms en *-ens* ou *-ans*, *-enge(s)* ou *-ange(s)* du territoire français, une étude d'ensemble ou tout au moins une série de monographies, analogues à celles de Flechia sur les noms italiens en *-engo* [1] et de M. J. Stadelmann sur les noms en *-ens* du canton de Fribourg et des districts vaudois d'Avenches et de Payerne [2]. Il y aurait notamment à distinguer, dans la région frontière des langues française et allemande, les noms anciens, où l'*ĭ* du suffixe germanique a été régulièrement changé en *-e* fermé, de ceux qui, francisés plus tard, ont gardé, comme *Huningue*, *Lorquin* [3], *Bening* [4], *Gravelines* [5], l'*i* allemand ou flamand. Dans notre orthographe moderne, il est impossible de reconnaître un nom de forme plurielle d'un nom dépourvu de l'*s* finale; et les désinences *-ens* et *-enge(s)* sont parfois échangées avec les désinences *-in(s)* et *-inge(s)*, sans égard à la tradition ni aux différences dialectales. On ne se débrouille, parmi cette con-

1. *Di alcune forme de' nomi locali dell' Italia superiore* (*Memorie* de l'Académie de Turin, série II, t. XXVII), pp. 94-101 du tirage à part (Turin 1871).

2. *Études de toponymie romande*, dans les *Archives* de la Société d'histoire du canton de Fribourg, VII, pp. 245-403.

3. *Lorching*, *Lorchinges*, 1128; *Lorchinge*, XIIIe s.; *Lorchingen*, XVe s.; *Lorking* et *Lorching*, dans l'*Histoire de Lorraine* de D. Calmet, publiée en 1728 (Lepage, *Dictionnaire topographique de l'ancien département de la Meurthe*).

4. *Beninga*, XIIIe s. et 1606; *Benninca*, 1275, *Baininga*, 1369; *Baningen*, 1429; *Beningen*, 1447; *Bingen*, 1606; *Benin*, XVIIIe s.; *Bening*, 1751, etc.; mais *Bénange*, 1295 (Bouteillier, *Dict. topogr. de l'ancien dép. de la Moselle*).

5. Jadis *Graveningas*, puis *Gravelignes*, d'après J. Quicherat, *De la formamation française des anciens noms de lieu* (Paris, 1867), p. 52.

fusion, qu'à l'aide des anciennes mentions, contrôlées par la prononciation actuelle, locale, patoise, en tenant compte de toutes les données de la phonétique générale et dialectale [1]. Chaque cas particulier réclamerait un examen spécial et parfois de longues recherches, que je n'ai pu étendre au delà des frontières suisses et de la région limitrophe du département de la Haute-Savoie. Mais, si je ne me fais illusion, l'on arrive, par la comparaison des noms italiens, suisses ou français avec les formes latines ou germaniques correspondantes, à discerner certains types, plus ou moins fréquents, auxquels se ramènent ou paraissent se ramener la plupart des cas décrits jusqu'à présent. Reconnaître ces types, les caractériser et, si possible, en expliquer la formation : c'est à quoi je m'appliquerai dans les pages suivantes, qui sont dédiées, en témoignage de mon fidèle attachement, de ma reconnaissance et de mon admiration, au maître, au collègue, à l'ami, si libéral de son temps et de son vaste savoir, dont j'ai reçu à mainte reprise de si précieux avis et de si précieux encouragements.

Bibliographie. Les recueils de documents et les répertoires de noms propres auxquels j'aurai le plus souvent à renvoyer le lecteur sont les suivants :

Mémoires et documents publiés par la Société d'histoire et d'archéologie de Genève, série in-8°. Genève, à partir de 1841 (M. G.).

Mémoires et documents publiés par la Société d'histoire de la Suisse romande. Lausanne, à partir de 1838 (M. R.). — Je cite à part le *Cartulaire de Lausanne* (t. VI) et le *Cartulaire de Hautcrêt* (t. XII, 2), tous deux de la première moitié du XIIIe siècle.

Mémorial de Fribourg. 4 vol ; Fribourg, 1854-57 (M. F.).

Dictionnaire topographique de la France, en cours de publication, par départements, depuis 1861 (*Dict. topogr.*).

Förstemann, *Altdeutsches namenbuch*. — I. *Personennamen*. 2e éd. ; Bonn, 1900 (Först).

Guigue, *Topographie historique du département de l'Ain*, 1873.

H. Jaccard, *Essai de toponymie*. Origine des noms de lieux habités et des lieux dits de la Suisse romande (M. R., seconde série, t. VII). Lau-

1. Pour le contrôle des formes patoises citées dans le présent mémoire, voyez *Rom.*, XXXVII, pp. 7-20.

sanne, 1906. — Cf. mon compte rendu, dans les *Archives Suisses des traditions populaires*, XI, pp. 145-163 et 324.

Dr J. Meynier, *Les noms de lieu romans en France et à l'étranger*. Besançon, 1901.

Perrenot, *Les établissements burgondes dans le pays de Montbéliard*, dans les *Mémoires* de la Société d'émulation de Montbéliard, t. XXXI (1904). — Je n'emprunte à ce mémoire que quelques anciennes mentions de noms de lieu bourguignons et franc-comtois. La thèse de l'auteur, qui prétend retrouver dans les noms actuels le souvenir de la répartition des terres entre les Burgondes et les anciens habitants, se fonde sur des étymologies fort contestables.

Polyptyque de l'abbaye de Saint-Germain-des-Prés, rédigé au temps de l'abbé Irminon et publié par Auguste Longnon. 2 vol.; Paris, 1895. — Le nom de Longnon renvoie à l'appendice IV du t. I : *Les noms propres de personnes au temps de Charlemagne.*

Abréviations : l. d. = lieu dit; h. = hameau; comm. = commune; d. = district (division administrative de la plupart des cantons suisses); cant. = canton (division administrative des arrondissements français); arr. = arrondissement; dép. = département.

Transcription du patois. La plupart des signes que j'emploie sont familiers aux personnes qui liront ce mémoire. Par *ļ* je note *l* mouillée, par *ə* l'*e* « féminin » du français. Les notations de M. Stadelmann, des correspondants du *Glossaire des patois de la Suisse romande*, de MM. Gilliéron et Edmont, dans l'*Atlas linguistique de la France*, sont reproduites sans aucun changement.

I

Tout le long de la frontière des langues française et allemande on rencontre des noms de lieu bilingues, qui ont en allemand les désinences *-ing*, *-ingen* ou *-igen*, en français les désinences *-ens* ou *-ans*, *-enge(s)* ou *-ange(s)*, rarement *-in* ou *-inge(s)*, avec ou sans *s*. Dans les anciens documents de la Suisse romande et de la Savoie, quelques noms en *-ingen* ou *-igen* du canton de Berne, *Frutigen*, *Oltigen* ou *Wileroltigen*, *Rümligen*, *Strätligen*, *Uttigen*, apparaissent sous une forme romane en *-enges* : *Frutenges*, 1228 (*Cartulaire de Lausanne*, p. 25) et 1335 (M. R., XXII, p. 119); *Oltudenges*, *Outodenges*, *Otoldenges*, *Otholdenges*, XIIIe s. (*Cart. de Lausanne*, pp. 40 et

357 ; *Livre des anciennes donations de l'abbaye de Hauterive*[1], passim) ; *Rumilenges*, XIIIe s. (ib., n°s 80 et 154) ; *Strastelenges* et *Strasteleinges*, 1335, *Stratellenges*, 1348 (M. R., XXII, pp. 118-121 et 483) ; *Octonenges*[2], 1410. On retrouve en pays romand le nom d'*Outudenges* dans le *pratum dou tudenges*, « mentionné dans une Grosse d'Estavayer de 1343 » et non identifié par M. Stadelmann (p. 292, n. 2). D'autres noms de lieu, gallo-romans ou italiens, dont la désinence se laisse très bien identifier avec le suffixe *-ing*, ont également leurs correspondants en pays de langue germanique. Mais cette correspondance peut être trompeuse. Dans la traduction en allemand des noms romans, le suffixe *-ing* recouvre mainte désinence différente. Dans *Wölflingen* (Vauffelin), aussi appelé *Füglistal*, il remplace une finale en *-in* ; dans *Ilfingen* (Orvin) le suffixe *-incus*[3]. *Peterlingen* (*Payerne*, Vaud) représente sans doute un ancien **Paternincum*, qui a dû coexister avec la forme de chancellerie *Paterniacum* et la forme commune *Paternium* (non *Paternum*), en patois *payernu* (Stadelmann, p. 370).

Dans la plupart des noms de lieu romans en *-ingo* ou *-engo*, *-ens*, *-ans*, *-enge(s)* ou *-ange(s)*, l'analyse étymologique découvre des radicaux onomastiques germaniques. Cependant il y en a aussi, il y en a même en plus grand nombre qu'on ne le suppose généralement, qui sont dérivés de noms de personnes romains, gentilices, *cognomina* ou noms pérégrins. Ainsi, — pour ne pas répéter inutilement des exemples qu'on peut trouver ailleurs[4], — *Sottinge*[5],

1. Publié par l'abbé Gremaud au t. VI des *Archives de la Société d'histoire du canton de Fribourg*.
2. Bruchet, *Inventaire partiel du trésor des chartes de Chambéry à l'époque d'Amédée VIII* (Chambéry, 1900), n° 69. — Ib., n°s 68, 457, 458, 459 : *Octingen*, 1410, 1412 ; *Octininge*, 1413, et *Octiningen*, 1412.
3. *Romania*, XXXVII, p. 11, n. 1, et p. 21.
4. Voyez les mémoires précités de Flechia, de MM. Stadelmann, Salvioni et Philipon, et les deux articles de M. Ch. Marteaux, *Les noms de propriétés après le Ve siècle*, publiés en 1900 dans la *Revue Savoisienne* (41e année, pp. 9-23 et 103-116).
5. « Mas à Vieugy », cant. d'Annecy-Sud (Marteaux, p. 116).

Chevrange[1] et *Sentange*[2] (Haute-Savoie), ainsi que leurs correspondants masculins, *Sottens* (Vaud)[3], *Chevrens* (Genève)[4] et *Chevrant* (Haute-Savoie)[5], *Santans* (Jura)[6], ne se laissent nullement ramener à une étymologie germanique et sont évidemment tirés de *Suttius*[7], de *Caper* ou *Caprius*[8] et de *Sentius*[9]. Le *Mairengo* tessinois, qui s'appelle en allemand *Meiringen*, et le *Meiringen* oberlandais lui-même correspondent beaucoup mieux, par les diphtongues *ai* ou *ei* de la syllabe initiale, au latin *Marius* qu'au germanique *Maring* ou *Merinc* (Först., c. 1103).

Ainsi que le remarque, à plusieurs reprises, fort justement

1. H. de la comm. de Pers-Jussy, cant. de Reignier, arr. de Saint-Julien ; en patois *pęvrą̃dę* (Reignier), *pævrę̃dę* (Arbusigny, commune voisine). — Il y a également dans la comm. du Mont, d. de Lausanne, Vaud, un l. d. *En Chevrenge*.

2. H. de la comm. de Reignier : *Santenge*, 1587 (*Mémoires et Documents* publiés par l'Académie Salésienne, XXIII, p. 27) ; en patois *sãtą̃dę* (Reignier), *sẽtę̃dę* (Arbusigny).

3. D. de Moudon : *Sothens*, 1161 (*Cart. de Hautcrêt*, p. 16), *Soutens*, 1453 (M. F., IV, p. 306).

4. Comm. d'Anières. Les plans cadastraux, anciens et modernes, nous offrent les mentions : *a Chevrens*, 1732 ; *Chevrans* et *Chevran*, 1812 ; *à Chevrand*, 1856. A Cranves (Haute-Savoie), on prononce *pęvrą̃*, à Jussy (Genève) *tyęvrą̃*. Un sujet, interrogé à Messery (Haute-Savoie), prononçait également *tyęvrą̃də*. « Chèvre » est généralement prononcé *tièvra* dans les patois du Bas-Chablais, d'après E. Vuarnet, *Étude comparée des patois de la Savoie, du Dauphiné et de la Suisse* (extrait des *Mémoires et Documents* publiés par l'Académie Chablaisienne, t. XXI), p. 16.

5. Comm. de La Frasse, cant. de Cluses, arr. de Bonneville, Haute-Savoie.

6. *Sentincus*, dans la *Carta de pago Amaorum*, dont on possède une copie du XIe siècle et qui remonte peut-être à la fin du VIIIe (D. P. Benoît, *Histoire de l'abbaye et de la terre de Saint-Claude*, I, p. 636).

7. Schulze, *Zu den lateinischen Eigennamen* (Berlin, 1904), p. 236. Le nom d'homme germanique *Solo*, dont on pourrait reconnaître un diminutif dans le radical de *Sottens* et *Sottinge*, est fort hypothétique (Först., c. 1355).

8. P. Skok, *Die mit den Suffixen* -acum, -anum, -ascum *und* -uscum *gebildeten südfranzösischen Ortsnamen* (Halle, 1907), p. 72, n° 61.

9. Cf. *Rom.*, XXXVII, p. 43, SENSINE. — *Santeins* (Ariège) est peut-être identique au gent. *Sentennus* (Skok, p. 131, n° 290).

M. Stadelmann [1], des noms romains ou hybrides ont été portés par des individus de langue germanique. Mais, si je ne me trompe, il n'y a guère que des *cognomina* ou des noms pérégrins, et spécialement des noms sanctifiés par la dévotion chrétienne, que les barbares aient adoptés et qui soient demeurés en faveur au moyen âge. Très peu de gentilices ont continué à être usités, lorsqu'au système romain des trois noms, prénom, gentilice et *cognomen*, a succédé l'usage médiéval du nom de baptême, individuel, unique et le plus souvent germanique d'origine. Très peu de noms de lieu tirés de gentilices doivent être postérieurs à la fondation des royaumes barbares ; et, selon toute vraisemblance, aucun n'a dû servir à désigner quelque établissement germanique. Dans les noms de *Sottinge, Sottens, Sentange* et *Santans*, l'antiquité de la dérivation paraît, d'ailleurs, démontrée par l'intégrité du *t* radical. Le suffixe *-incus* convient tout aussi bien aux formes masculines que le suffixe *-ing* ; mais, sans ce dernier, comment expliquer *Chevrange, Sentange* et *Sottinge* ? L'intérêt des noms que j'ai pris comme exemples gît précisément dans cette difficulté, dont un lieu-dit vaudois nous fournira peut être la solution. *Passenches*, quartier du bourg d'Aigle, mentionné sous les formes *Passenchy* en 1425, *En Passenche* sur un plan de 1718, et prononcé en patois *in Passintsə* [2], est également connu sous la forme *Passenges*, dont il n'y a pas d'exemple ancien. Il semble donc qu'en certains cas la désinence *-enge(s)* soit issue de la désinence *-inca* par la dissimilation en sonore de l'une des sourdes *ch* ou *ts*, sous l'influence d'une consonne radicale articulée dans la même région du palais. Les suffixes *-ing* et *-incus* sont parfois même échangés entre eux sans autre motif apparent que la confusion de leurs formes masculines dans la prononciation de la Gaule et du nord de l'Italie. Dans un

1. Pages 331, 332 et 345, à propos des noms d'*Orsonnens, Promasens* et *Châtillens*.

2. Je complète les indications de M. Jaccard par les renseignements de mon excellent correspondant, M. F. Isabel, instituteur à Villard-sur-Ollon (d. d'Aigle).

document dauphinois de 1276, on trouve le féminin *li Chamarlenchi* de l'a.h.a. *chamerling*[1] ; le mot *friskinga* est représenté en ancien français par *fraissengue*, *fresange* et *fresanche*. Même hésitation dans le tessinois *marénka* ou *marénga*, « il vento caldo di mezzogiorno, il vento « marino », et dans la prononciation ou la graphie de maint nom de lieu : *Landarenca* (Grisons), « il quale nome mi dicono, senza ch'io possa confermar la cosa, che s'oda pure come *Landarenga* » ; *Marengo* (nom de lieu) et *Marenco* (nom de famille)[2] ; *Aurenga* et *Aurencha* (Orange) ; *Bandenges* et *Bandenches* (plus loin, p. 297, n. 3) ; *Préveranges* ou *Préveranches* (p. 303).

A l'aspect même du radical germanique, on reconnaît l'empreinte latine ou romane dans quelques noms de lieu en *-nengo* et *-nens* ou (par dissimilation) en *-lengo* et *-rens*. Dans les langues germaniques, le suffixe *-ing* ne se superpose pas au thème caractéristique de la déclinaison « faible » en *n*, mais se combine ordinairement avec le radical nu des noms en *-an* ou *-on*. C'est le type que nous offrent des noms de lieu tels que *Guin* ou *Düdingen* (Fribourg), de *Dudo* (Stadelmann, pp. 319-320) ; — *Pertengo* (Italie), du lombard *Perhto* ou *Perto* (Flechia) ; — *Beringon*, mentionné en 1275, à Viège, en Valais (M. R., XXX, p. 241), *Beringen* (Schaffouse), *Bérange* (Lorraine), *Bérenges* et *Bereins* (plus loin, p. 295), de *Bera* ou *Bero*, ou plutôt de la forme « forte » *Ber* ou *Berus* (Först., c. 260)[3]. Mais ailleurs, au midi comme au nord des Alpes, nous voyons apparaître le radical en *-on* des déclinaisons latines et romanes en *-o*, *-onis* et *-us*, *-one*.

Parmi les étymologies proposées par Flechia, je relève, en négligeant les cas susceptibles d'une autre interprétation : *Busonengo*, « verisimilmente da *Bosone* (cf. *Bosonasco*, *Bosnasco* et *Busnago*) ; *Gonengo*, lequel « potrebbe essere forma aferetica di *Ugonengo* da *Ugone* » ; *Ottolengo*, « probabilmente per *Otto-*

1. *Rom.*, XXXV, pp. 20 et 334.
2. Salvioni, *Boll. Stor.*, XXV, pp. 98-9.
3. Ib., c. 281, *Berht* ou *Bertus*.

nengo da *Ottone*[1] »; *Pisnengo*, « dal teutonico *Pisone* » ou du latin *Pisonem*. M. Stadelmann suppose que *Bossonens* (Fribourg) a pour radical un composé de *-son*; mais les noms d'hommes en *-son*, très fréquents en Angleterre, dans les pays scandinaves et l'Allemagne du nord, manquent presque complètement aux dialectes allemands méridionaux[2], et il n'y en a pas trace parmi les noms conservés des Burgondes, des Gots, des Vandales et des Langobards. Je tiens donc pour plus probable la dérivation par *n* de *Bozo* ou *Bozzo* (Först, c. 330) ou du cognomen *Bucio*[3]. Dans *Macconnens* (Fribourg), on aurait également affaire à un dérivé par *n* du thème rare *Masc-* (Stadelmann, p. 325), si la date tardive de la première mention, *Masconens*, en 1320, et la graphie presque contemporaine *Macconens*, en 1335, ne permettaient d'admettre, avec tout autant et même plus de vraisemblance, la dérivation du gentilice *Macconius*[4] ou du cognomen *Macco*, également usité comme nom d'homme germanique et reconnaissable dans le lieu dit *Maconnaix*, de la commune vaudoise de Jongny, au district de Vevey. Pour expliquer l'ancienne forme *Tentenens* de *Tinterin* ou *Tentlingen* (Fribourg), M. Stadelmann remonte à un hypothétique **Dindil-* ou **Dandil*. Mais l'assimilation d'une consonne du radical à l'*n* du suffixe est bien plus rare que la dissimilation, dont on constate l'effet dans les formes modernes *Tenterens* (xve siècle) et *Tinterin* et dans la forme allemande *Tentlingen*. Le nom bien attesté de *Dindo* ou *Tinto* (Först., c. 410) satisfera donc mieux quiconque étudie les faits sans l'idée préconçue que tout nom de lieu en *-ens* doit avoir été formé dans un cerveau germanique et premièrement prononcé par une bouche barbare.

De même que les adjectifs en *-enc*, *-enca*, si nombreux au midi de la France, les adjectifs et les appellatifs italiens et

1. Cf. plus loin, p. 288, *modus Ottinc* et *modus Liebinc*, de *Liebo* ou *Liebus* (Jud, *Recherches sur la genèse et la diffusion des accusatifs en* -ain *et en* -on, p. 11.)
2. Förstemann, c. 1354.
3. Schulze, p. 134, n. 1.
4. Skok, p. 189, n° 553.

espagnols en *-ingo* et *-engo* sont dérivés de radicaux latins ou romans. L'opinion courante, qui en identifie les désinences, comme celles des noms de lieu en *-ingo* et *-ens*, avec le suffixe *-ing* des langues germaniques, ne serait-elle, tout bien considéré, qu'une illusion graphique, un *idolum libri* ? Tel est le sentiment de M. Philipon, qui prétend bannir le suffixe *-ing* de l'Italie, de l'Espagne et de la France méridionale et ne consent à le reconnaître, en français, que dans des vocables ou des noms de lieu déjà tout formés dans les langues germaniques, comme l'a. h. a. *chamerling* (a. fr. *chambrelenc*, chambellan ; it. *camerlingo*), l'a.h.a. *hâring* (fr. *hareng*, prov. *arenc*, it. *aringa*), l'ethnique *Vlaeming* (a. fr. *Flamenc*, Flamand ; it. *Fiammingo*, esp. *Flamenco*), les noms de lieu en *-enge(s)* ou *-ange(s)*[1] et quelques autres noms, à désinence masculine, de localités du nord de la France, comme *Denain* ou *Dourdan*, identiques aux patronymiques *Duninc* et *Durding*.

Sont-ce également des noms d'origine et de formation barbare, ou serait-ce plutôt le suffixe *-incus*, que M. Philipon reconnaît dans les noms de lieu gallo-romans en *-ens*, *-eins* ou *-ans*, à radical germanique ? On voudrait qu'il se fût plus nettement prononcé sur ce point. A mes yeux, la prépondérance des éléments germaniques, dans les noms de lieu qu'on écrit ainsi, en Suisse et dans les départements français orientaux, se démontre moins encore par la faible proportion des radicaux latins que par deux particularités caractéristiques de la désinence : la constance de l'*s* du pluriel dans les graphies latines et romanes de la plupart d'entre eux, et la flexion latine en *-ingos*, *-ingus*, *-ingis*, *-ingorum*, que nous offrent les plus anciennes mentions[2]. Notez que le *g*, persistant au féminin dans les noms en *-enge(s)*, mais de bonne heure perdu au masculin, reparaît dans quelques dérivés. Un hameau de la commune vaudoise de *Vuarrens* (d. d'Échallens) s'appelle *Vuarren-*

1. Cf. plus loin, p. 286, n. 2.
2. Stadelmann, pp. 294-5 et passim.

gel[1]. La commune fribourgeoise de *Villangeaux*[2] (d. de la Glâne), en patois *vəlèdzó*, est limitrophe de la commune vaudoise de *Vulliens*[3] (d. d'Oron), en patois *ulę̄*. Le l. d. *L'Erminjon*, dans la commune de Blessens (d. de la Glâne, Fribourg), semble dérivé du nom d'Hermenches, autrefois *Hermenges*, en patois *Ermindzə*[4], commune vaudoise du district voisin de Moudon. Enfin, dans le département du Doubs, séparées seulement par la largeur de cette rivière, deux communes de l'arrondissement de Baume-les-Dames et du canton de l'Isle-sur-le-Doubs s'appellent *Blussans* et *Blussangeaux*[5].

Dans les noms germaniques en *-ens*, l'*s* finale répond sans doute à la désinence plurielle des noms allemands en *-ingen*. Mais, tôt ou tard, cette *s* s'est propagée dans des noms d'une tout autre origine, comme *Albens* (Savoie), l'antique *Albinnum*, — *Salins* (Valais), au XIe siècle *Salienc*, dérivé du gentilice *Salius*, — *Bublens* et *Franclens* (Haute-Savoie), identiques à des noms d'hommes mérovingiens en *-lenus*, — et dans la plupart des noms en *-īnus* et *-ianus* du canton de Vaud[6]. Par l'addition de l'*s*, beaucoup d'anciens noms en *-incus* ont été de bonne heure annexés à la classe des noms en *-ing*, dont il a fallu toute la perspicacité de M. Philipon pour les distinguer. L'hésitation, fréquente de nos jours dans les campagnes, entre le singulier et le pluriel des noms de parcelles divisées entre plusieurs propriétaires, ainsi que l'emploi de l'*s* comme signe de flexion au nominatif sin-

1. Cf. *Rom.*, XXXVII, p. 9,

2. Peut-être le *Willangas* mentionné en 1161 dans la *Cart. de Hautcrêt* (p. 16)?

3. *Wilens*, 1142 (M. R., XII, 3, p. 5); *Vuillens*, 1154, *Willegns*, v. 1160, *Uillenco*, v. 1163 (*Cart. de Hautcrêt*, pp. 10, 155 et 192); *Uilleins*, 1184 (M. R., XVIII, 1, p. 374); *Uulleins*, *Veyllans*, 1220 (*Cart. de Hautcrêt*, pp. 56 et 58); *Willens*, 1228 (*Cart. de Lausanne*, p. 17), etc. — Cf. *Guilengo* (Novare) et *Willigen* (comm. de Schattenhalben, Oberhasle, Berne).

4. Cf. plus loin, p. 299.

5. *Brucens*, 1136, *Blucens*, 1146-7, *Blussans*, 1187 (Perrenot, p. 73: Trouillat, *Monuments de l'histoire de l'ancien évêché de Bâle*, I, p. 302). — *Blucenjal*, *Blocenax* (Perrenot, p. 101),

6. *Revue Savoisienne*, XLI, pp. 107 et 110, et *Rom.*, XXXVII, p. 8, n. 10, et p. 26.

gulier et à l'accusatif pluriel, ont pu contribuer à la diffusion de cette consonne finale, originairement liée à un suffixe germanique dont l'usage limité et bien défini ne se prêtait guère à l'imitation.

Pour que l'*s* caractéristique ait pu faire tant de conquêtes, il faut, de toute nécessité, que la désinence *-ens* ait été rendue familière aux *Romani* par l'établissement de nombreux barbares daus des localités désignées par des noms germaniques en *-ing*. Des faits mis en lumière par MM. Salvioni et Philipon, ainsi que de mes propres recherches, il ressort, néanmoins, que ce suffixe est beaucoup moins fréquent dans les langues romanes, et notamment dans leurs noms de lieu, que nous ne l'avions cru jusqu'à présent. Cependant, il me semble qu'à son tour, péchant par un excès contraire à celui de nos devanciers, M. Philipon réduit trop la part qui lui revient dans la formation du lexique et dans la nomenclature géographique. En ce qui concerne la France, M. Antoine Thomas a déjà fait quelques réserves [1]; mais c'est en Italie que la thèse me paraît se heurter aux plus graves objections. La forme en *-engo* ou *-ingo* que prennent dans l'usage officiel, ancien et moderne, la plupart des noms septentrionaux en *-ęnk*, l'existence de quelques noms féminins en *-enga*, de quelques noms de lieu et de noms de famille en *-enghi* ou *-inghi*, la prononciation toscane *-ingo*, la fréquence des graphies correspondantes en *-ingo* dans les documents de l'époque lombarde, — tout cela peut-il raisonnablement s'expliquer par le seul suffixe *-incus*, dont, tout bien compté, la péninsule n'offre qu'un petit nombre d'exemples certains? M. Philipon s'est dérobé à l'objection, en attribuant à une langue perdue, le ligure, d'antiques formes dialectales en *-ingo* et *-ango*. Aux fortes raisons qu'a déjà fait valoir M. Meyer Lübke[2] contre une hypothèse aussi désespérée, s'en ajoute une plus décisive encore, la persistance de noms de lieu en *-inca*, *-enca*, *-anca*, aux côtés de ces adjectifs et de ces noms de lieu

1. *Rom.*, XXXV, p. 20.
2. *Zeitschrift für romanische Philologie*, XXX, p. 750.

en *-engo*, *-enga*, *-ingo*, *-inga*, qui, si l'on en croyait M. Philipon, devraient en certaines régions les avoir supplantés dès la plus haute antiquité. A ces héritiers fictifs d'une succession qui n'est pas encore ouverte, le *de cujus* ne serait-il pas fondé à dire :

Les gens que vous tuez se portent assez bien ?

II

Cette question préalable étant résolue, l'existence de noms de lieu masculins et féminins et d'adjectifs en *-ing* demeurant admise, non seulement en Gaule, mais en Italie et en Espagne, — considérons maintenant, au midi et au nord des Alpes, et plus spécialement dans la Suisse romande, les différentes variétés de ce type onomastique, naturalisé par les invasions barbares dans une partie de l'empire romain. Les noms de lieu germaniques ainsi formés étaient, à l'origine, des patronymiques, employés au pluriel et servant à désigner une propriété foncière comme le patrimoine et la demeure d'une famille, soit groupée autour d'un chef, soit issue d'un ancêtre, dont le nom solennel ou diminutif servait de thème au patronymique. En ancien anglais et en ancien allemand, ces patronymiques se construisaient au génitif, avec un appellatif marquant le caractère de l'établissement, ou bien au datif en *-ingum*, avec une des prépositions *æt* et *to* ou *ze*. L'antique génitif se perpétue dans les noms anglais comme *Birmingham*, *Nottingham*, *Huntingdon*, *Wellington*, *Basingstoke*, dans les noms en *-ikon* (jadis *-ing-hofen*) de la Suisse allemande, peut-être aussi dans un ou deux noms français, comme *Vexaincourt* (Vosges), en 1347 *Bexencourt*, en 823 *Beyssingen* [1]. On reconnaît le datif dans les noms anglais en *-ing* (*Barking*, *Cooling* [2], *Goring*,

1. *Grundriss der romanischen Philologie*, I (2e éd.), p. 548.
2. Dans une charte du xe siècle (Sweet, *An Anglo-Saxon Reader*, 4e éd., p. 54) : *æt Cūlingon*.

Hayling, Reading[1], *Stirling*), dans les noms allemands en *-ingen* et suisses en *-igen*. Ne serait-ce pas le même datif qui s'offrirait à nous dans la désinence italienne *-ingo* ?

Les dialectes germaniques apparentés au lombard, comme l'anglo-saxon, formaient originairement en *-um* le datif pluriel des thèmes en *-a*, auxquels appartiennent les patronymiques en *-ing*. A en juger par les deux seuls exemples connus de datifs lombards de la déclinaison en *-i*, *crapworfin* et *marahworfin*, l'*m* finale était changée en *n* dans la bouche des Langobards établis en Italie[2]. Or les Italiens, depuis qu'ils avaient perdu les consonnes finales latines, étaient devenus incapables d'en prononcer hors de liaison, et particulièrement après des voyelles atones. Articuler l'*n* finale des datifs lombards devait leur coûter autant d'effort qu'à un Français non rompu à cette gymnastique vocale l'articulation des syllabes finales atones de l'italien et de l'allemand, que prononcent à peine et que, sans doute, n'entendent pas très bien les personnes initiées à la langue étrangère par l'oreille, et non par les yeux. En de pareilles conditions, les datifs supposés en *-ingun* des Langobards venaient confondre, en Italie, leur finale avec celle des noms romains de *fundi* en *-ano*, *-anico*, *-atico*, *-aco*, *-asco*, *-inco*, pour la perdre tôt ou tard dans les dialectes septentrionaux et n'y faire désormais plus qu'un avec les anciens noms en *-incus*. La désinence septentrionale *-ęnk*, étant données les conditions dialectales[3], se prêterait encore à une autre interprétation. Dans les noms de lieu ainsi prononcés, ne serait-on pas fondé à reconnaître le pluriel italien en *-i* ou des accusatifs latins en *-os* ? Mais, s'il en était ainsi, les documents de l'époque lombarde, qui distinguent beaucoup mieux (en dépit de l'*s* perdue) le pluriel du singulier que l'accusatif de l'ablatif, ne nous montreraient pas si constamment les noms germaniques sous la forme grammaticale de l'ablatif

1. Dans la *Chronique anglo-saxonne* (ib., p. 31) : *tō Rēadingum*.
2. Bruckner, *Die Sprache der Langobarden* (Strasbourg, 1895), p. 185.
3. Salvioni, *Boll. Stor.*, XXV, p. 97.

singulier ; et, dans l'usage officiel et toscan, ces noms ne se distingueraient pas si nettement, par la désinence en *-o*, des noms de famille et des très rares noms de lieu identiques en *-inghi* et *-enghi*, dans lesquels se perpétue l'emploi originel des patronymiques en *-ing* comme noms de personnes.

Dans les plus anciens documents latins de l'Allemagne occidentale et méridionale, les noms de lieu actuels en *-ingen* apparaissent avec les désinences *-as* ou *-a*, rarement *-os*, *-us* ou *-es*. R. Kögel a cru découvrir dans la finale *-as*, qui n'est d'ailleurs pas exclusivement propre aux noms en *-ing*, un vestige du locatif indo-européen en *-su* [1], et M. Siebs attribuait naguère la même origine aux anciennes désinences frisonnes en *-ingas-i* [2]. Selon M. Henning, ces prétendus locatifs ne seraient pas autre chose que des accusatifs pluriels latins, les noms de lieu masculins (et plus spécialement les patronymiques) ayant été rattachés à la première déclinaison latine à cause de la désinence en *-a*, caractéristique du nominatif-accusatif pluriel allemand jusqu'au XIe siècle [3]. Reconnaît-il ce nominatif-accusatif dans les graphies latines en *-a*, dont l'aire est plus étendue que celle des graphies en *-as* et au sujet desquelles Kögel n'avait su formuler que d'assez vagues hypothèses [4] ? Une telle interprétation serait fort plausible ; car, à la plus ancienne époque où l'on puisse remonter par l'histoire et la comparaison des langues germaniques, l'emploi des cas et des prépositions semble avoir été plus libre et plus varié

1. *Althochdeutsche Lokative*, dans la *Zeitschrift für Deutsches Alterthum*, XXVIII, pp. 110 ss.

2. *Grundriss der germanischen Philologie*, 1re éd., p. 763. Il n'est plus fait mention de ces formes dans la 2e édition.

3. *Die Ortsnamen auf* -as *in den lateinischen Urkunden des Mittelalters*, dans la *Zeitschrift für vergleichende Sprachforschung*, XXXI, pp. 297 ss.

4. Supposant « dass die form auf *-a* nur durch abfall des *s* aus der *as*-form hervorgegangen sei », il n'a pas pris la peine de développer les raisons qui, selon lui, pourraient motiver la différenciation : « vermutungen über den grund dieser spaltung unterdrücke ich, so nahe es auch liegt, den ursprünglichen accent zu hilfe zu rufen und die doppelte entwickelung auf einen vielleicht vorhanden gewesenen unterschied von oxytonis und paroxytonis zurückzuführen. »

que par la suite des temps[1]. De même qu'en pays de langue romane l'accusatif prédominant n'a pas réussi à supplanter l'ablatif dans quelques noms de stations thermales, *Aix*, *Dax*, *Chaves* (aquis *Flaviis*) en Portugal, ni le locatif dans *Firenze*, *Alatri*, *Ascoli*, *Bari*, *Brindisi*, *Chiusi*, *Jesi*, *Rimini*, *Sutri*, pareillement n'est-ce pas l'accusatif anglo-saxon en *-ingas* qu'on retrouve dans les noms anglais en *-ings*, comme *Hastings* ?

En dépit des objections qu'on y peut faire, la thèse de M. Henning se soutiendrait très bien, si les formes en *-ingas* ne se rencontraient que sous la plume de scribes et de notaires plus ou moins frottés de latin grammatical. Mais, perdues en allemand, elles se retrouvent, fort nombreuses, dans les contrées où les conquérants alamans ou francs ont abandonné leur langue germanique pour celle de leurs sujets gallo-romains. Ce sont elles qui se perpétuent dans les noms en *-enges* ou *-anges* du Luxembourg, de la Lorraine et de la haute Bourgogne (cf. plus loin, p. 301), qu'il est impossible de tirer des datifs allemands en *-ingum* et *-ingen*. Or, si l'on peut, à la rigueur, admettre que les rédacteurs de chartes latines aient conformé des noms de lieu patronymiques masculins au type très rare de *Celtas*, *poetas*, *agricolas*, *Aeneadas*, *Scipiadas*, *Allobrogas*, il est de toute invraisemblance que ce type ait prévalu dans la langue générale, dans la langue parlée, à la place du datif en *-ingum* et du nominatif-accusatif en *-inga*. Les formes romanes présupposant des formes germaniques en *-ingas*, la doctrine de Kögel en reçoit une confirmation aussi éclatante qu'inattendue.

Beaucoup de noms français, jadis en *-enges* ou *-anges*, ont perdu leur *s* ; mais le contraire n'est pas rare. Il a des noms qui apparaissent d'emblée et fort anciennement sous la forme latine en *-inga*, si commune en Allemagne, ou sous la forme romane correspondante du singulier. Certains d'entre eux, tout comme le romanche *Valtrengia* (quartier de Brigels, Gri-

1. Voir la syntaxe des prépositions au tome IV de la *Deutsche Grammatik* de Grimm.

sons) [1] et les très rares noms italiens en *-enga* (*Berlenga*, *Giflenga*, *la Berardenga*), pourraient être issus des noms de famille germaniques en *-ing*, ou de noms individuels du type bien connu de *Floovant*, par le procédé fréquent qui consiste à désigner une propriété en mettant au féminin, avec ou sans article, le nom du propriétaire. Les noms ainsi formés sont, en règle générale, du singulier ; mais tout nom de lieu, pour peu que sa forme s'y prête, est susceptible d'être mis au pluriel, quand, dans notre esprit, la notion de la pluralité est inhérente à l'objet auquel il s'applique. C'est ainsi que nous parlons de « toutes les Espagnes », de « la carte des Gaules », ou de « l'empereur de toutes les Russies », que, dans la Haute-Savoie, on dit *Les Allinges*, à cause des deux châteaux qui s'élevaient jadis sur la colline d'Allinges, et parfois *Les Lucinges*, à cause du grand nombre de hameaux dont est formée la commune de Lucinges [2]. Le lieu dit *Les Lanssinges* ou *Les Laussinges*, dans la commune neuchâteloise d'Engollon (d. du Val-de-Ruz), était dénommé en 1401 *la laucengi*, en 1545 *en laussinge*, et l'*s* du pluriel n'apparaît qu'en 1603, sans doute à la suite d'une division du fonds entre plusieurs propriétaires. Mais de tels cas sont trop exceptionnels pour qu'on ose y ramener la foule des noms gallo-romans en *-enges* ou *-anges* et des formes en *-ingas* des anciens documents allemands, en attribuant ces dernières aux *Romani* d'outre-Rhin [3].

Aussi bien que les noms patronymiques des langues germaniques et les noms de famille italiens en *-enghi*, les noms individuels en *-ingus* et *-inga* ont pu, moyennant une métonymie très fréquente, passer de leur emploi originel comme noms de personnes dans la fonction de noms de lieu. C'est ainsi, nous l'avons vu (p. 278), que M. Philipon interprète *Denain* et

1. Mentionné par Muoth, *Bündnerische Geschlechtsnamen*, II, *Ortsnamen*.

2. Les anciennes formes d'*Allinges* et de *Lucinges* n'ont jamais l'*s* du pluriel. Sur ces noms et celui des *Lanssinges*, qui suit, voir le chapitre IV de mon mémoire en cours de publication dans la *Romania*, aux pp. 386, 392 et 403.

3. Cf. *Rom.*, I, p. 9.

Dourdan ; et son interprétation conviendrait également très bien à n'importe quel nom italien en *-ingo* ou *-engo*, si le nombre n'en était trop grand, en proportion de celui des noms individuels de forme patronymique [1], pour qu'on puisse les coucher tous dans ce lit de Procuste. Parmi les noms de lieu en *-inga* il y a peut-être quelques noms de femmes. Les noms individuels en *-ing* ont parfois aussi formé des noms de lieu composés, en se joignant à des appellatifs, soit en apposition, soit comme déterminants possessifs [2], sous la forme littéraire du génitif latin ou sous la forme vulgaire du datif, dont on reconnaît l'emploi dans la construction gallo-romane *Li filz le roi* et dans mainte construction similaire des autres langues romanes [3]. « *Castel-Winizinghi* » ou *Castel Guinizingo*, à ce que

1. « Parmi les envahisseurs, écrit M. Philipon (*Rom.*, XXXV, p. 12). un tout petit nombre, — mettons neuf ou dix par mille pour leur faire, comme on dit au Palais, reste de droit — portait un nom du type *Berting*. » Et en note : « Sur les cinq ou six mille noms d'hommes, d'origine burgonde, mentionnés dans les trois premiers volumes du *Recueil des chartes de Cluny*, c'est à peine si l'on en compte une vingtaine en *-ing* ou en *-ung*. » Il faudrait, à la vérité, tenir compte dans le calcul, non seulement du nombre, mais de la fréquence de ces noms, qui se répètent assez souvent.

2. Ce type existe aussi en allemand, et M. Philipon (*Rom.*, XXXV, p. 11, n. 1) voudrait y ramener les noms français en *-ange(s)*, qui ne seraient « pas autre chose », selon lui, « que des noms de personnes passés à la fonction de noms de lieux, après la chute du second terme du nom composé dont ils faisaient originairement partie. » Mais les génitifs singuliers masculins en *-as* et *-a*, qui pourraient seuls rendre compte de l'*e* atone français, ne sont ni fréquents, ni anciens en allemand (Braune, *Althochdeutsche Grammatik*, 1886, § 193).

3. Espagne : *Bermudo Lain* (cf. *Diego Lainez*), *Arias Gonzalo* (cf. *Ferndn Gonzdlez*), *Urraca Fernando* (ou *Ferndndez*) ; *Ciudad Rodrigo*, en 1231 *Civitatem Roderici* (Zauner, *Altspanisches Elementarbuch*, p. 160), *Fuente San Esteban*. — Italie : *la Dio mercè, la Dio grazia* ; *Aldobrandino Petro e Buonessegnia Falkoni*, dans les *Frammenti di un libro di banchieri fiorentini scritto nel 1211* (Monaci, *Crestomazia italiana dei primi secoli*, p. 19) ; *Spinello figlio giovanni d'Aliana* (*Ricordi domestici del 1235*, ib., p. 153) ; *Monte Giovi*, *Campogiovanni*, *Stalloreggi*, (nom d'une rue de Sienne, en 1230), *Camporeggi*, *Careggi*, *Monte-Riolo* (ou *M. Orioli*), *Montecarlo* etc. B. Bianchi (*La declinazione nei nomi di luogo della Toscana*, aux tomes IX et X de l'*Archivio Glottologico Italiano*) et M. S. Pieri (*Toponomastica delle valli del Serchio e della Lima*, dans le 5e des *Supplementi periodici all'Archivio Glottologico Italiano*) ont prétendu à tort

nous apprend B. Bianchi[1], « fu nome di una rocca o di un casale del Mugello. Ebbe origine da un Guinizingo, che n'è indicato signore in un atto d'acquisto da lui fatto il 21 sett. del 1223... » Le lieu dit *in vico Gussilingi*, en 856, est peut-être *Gossolengo* (Plaisance)[2]. Comparez l'emploi du génitif pluriel latin, répondant à un pluriel germanique, dans la mention d'*Albingoro*[3], en 720. Au nord des Alpes, *Vuarmarens* (d. de la Glâne, Fribourg), en 1334 *Walmarens*, est appelé en 996 *uilla uualmarengi* (Stadelmann, p. 341). Mais, dans cette région, l'*i* final peut être aussi bien la désinence vulgaire répondant à l'*a* latin précédé d'un phonème palatal que celle du génitif classique. On a vu tout à l'heure l'exemple de *la laucengi*: parmi tous ceux que je pourrais y ajouter, je ne citerai que *Dranci* (la Dranse du Valais), dans une vie de saint du XIe siècle[4].

Dans le cas de *uilla uualmarengi* (s'il convient de l'interpréter ainsi), dans le nom des îles *Berlengas*, sur la côte du Portugal, et ceux de *Curtaringe*, dans l'Ain[5], de *Courteranges*, dans l'Aube[6], formés, à ce qu'il semble, de l'appellatif *curtem* et de l'un des patronymiques *Ering* ou *Hairing*, *Herinc* (Förstl., cc. 453 ss. et 764)[7]; — dans quelques noms

reconnaître dans ces noms et d'autres semblables d'anciens génitifs. Cf. Meyer-Lübke, *Grammatik der romanischen Sprachen*, III, § 42, et Westholm, *Étude historique sur la construction du type « Li filz le rei » en français* (thèse pour le doctorat de l'université d'Upsal, 1899). La doctrine professée par ces deux auteurs est celle que j'enseigne depuis plus de vingt ans, en me fondant sur la persistance du datif en roumain et dans les formes pronominales *cui* et *lui* du gallo-roman et de l'italien.

1. *Archivio Glottologico Italiano*, X, p. 332.
2. Bruckner, p. 331, et Flechia, p. 97.
3. *Arch. Glott.*, X, p. 358.
4. Syri *Vita Maioli* (M. G. H., *Scriptorum*, t. IV, p. 652) : *prope* Dranci *fluvii decursum*. On ne peut admettre ici le génitif d'une forme masculine *Drancus* (M. R., XXIX, index), qui n'existe pas.
5. Comm. de Viriat, arr. et cant. de Bourg : autrefois *Cortarenga*, *Cortarenges* (Guigue).
6. Cant. de Lusigny, arr. de Troyes : *Curtis argenterii*, 878 ; *Curtis argentea*, 1117 ; *Corterenges*, *Corteregens*, *Corterenge*, v. 1140 ; *Curterenges*, 1145-69 ; *Curtearengie*, 1164 ; *Culterengia*, 1200 ; *Curterangia*, XIIe s. (Boutiot et Socard, *Dict. topogr.*).
7. Ajoutez la mention de *quaedam regio nomine* Scodinga (Perrenot, p. 59), à laquelle répond le nom actuel d'*Ecuens* (Ain).

de lieu toscans signalés par Bianchi [1], *terra Chunimandinga* et *terra Rolandinga* (999), *curte Guinithinga* (1158), *Chiusa Obertenga*, « antica bandita in V[al] di Chiana », *Rocca Guidinga*, « nel littorale di Pietrasanta »; — même encore dans quelques formes masculines où le datif serait licite, *in territorio Alvarengo* (943), en Portugal [2], *Vico Turingo* (798), *Colle Bertingo*, « cas[ale] distrutto in V[al] di Serchio », *Vico Elingo* (Lucques), en Italie [1], — il semble que le nom individuel ou familial en *-ing* ait été traité comme un adjectif et accordé en genre et en nombre avec l'appellatif précédent. On peut discuter sur chaque cas particulier, se demander si l'accord n'y serait pas apparent et tout fortuit, un nom masculin au datif, un nom masculin ou féminin en apposition coïncidant nécessairement par la désinence avec des appellatifs masculins ou féminins. Mais, en dehors des noms de lieu, l'usage, en pays roman, des patronymiques en *-ing* comme adjectifs s'affirme clairement dans les termes *extra Wanzaningam genealogiam*, par lesquels un document du XIe siècle, énumérant les revenus du chapitre de Coire, stipule en faveur de cette famille l'exemption d'une redevance [3]. Il n'y a pas lieu de supposer que cet usage soit fondé sur l'emploi très rare que font les langues germaniques du suffixe *-ing* pour former des adjectifs, et notamment des adjectifs dérivés de noms de personnes : « *malorum nomina : gozmaringa, geroldinga* », dans le capitulaire *De villis* [4]; *modus qui et Carelmanninc, modus Liebinc, modus Ottinc*, au Xe siècle [5]. Sans remonter jusqu'aux gentilices romains, dont l'accord fréquent avec des mots comme *uilla*,

1. *Arch. Glott.*, X, p. 358.
2. Meyer-Lübke, *Die altportugiesischen Personennamen germanischen Ursprungs*, dans les *Sitzungsberichte* de la classe de philosophie et d'histoire de l'Académie de Vienne, t. CXLIX, p. 97.
3. Planta, *Das alte Rätien* (Berlin, 1872), p. 521.
4. *Capitularia regum francorum* denuo ed. A. Boretius (M. G. H., 1883), I, p. 91, l. 2. La forme *gormaringa*, citée par M. Ant. Thomas (*Rom.*, XXXV, p. 21), provient sans doute de la grammaire de Grimm (II, p. 349).
5. Suchier, dans la *Zeitschrift für romanische Philologie*, XVIII, p. 283.

colonia, *pascua*, *praedia*, se perpétue dans les temps modernes par la dérivation au féminin des noms de propriétés, — le type de *Rocca Guidinga* se répète, sans aucun suffixe, dans un autre nom de lieu toscan, *Rocca Guicciarda* ou *Ricciarda* [1]. C'est donc ici la flexion, conforme à celle des adjectifs en *-ingo* ou *-ardo*, non le suffixe *-ing*, qui confère au nom propre le caractère et la fonction d'un adjectif.

L'emploi de ce suffixe dans la dérivation italienne des noms propres paraît, toutefois, attesté par un nom de lieu toscan, la *Scialenga*, « così detta anticamente la contea d'*Asciano* nel Sen[ese] [2], et par des noms de famille comme *Scialenghi*, *Veronenghi* (Verona), *Rorenghi* « (più ant. *Roratingi*) da *Rorà* (Rorate) » [3]. Il n'y aurait rien d'étonnant à ce qu'on eût formé quelques noms ethniques en *-ingo* ou *-engo*, l'élément germanique *-hard* ayant servi au même usage dans *Nizzardo* et *Savoiardo*. Cependant, la graphie *-enghi* peut représenter, dans l'Italie septentrionale, le suffixe *-incus*, fréquent dans les ethniques du midi de la France et de la Suisse romande. Pareille confusion est, à la vérité, impossible en Toscane, puisqu'une voyelle finale y est toujours prononcée après le *c* ou le *g*. Mais le cas de *Scialenga* s'éclaire d'un autre jour par la comparaison avec divers noms de lieu dans lesquels le suffixe *-ing* a été substitué à une désinence latine antérieure : *Sestigna* ou *Sestinga* (Grosseto), « dove *-inga* è bastardo ed illusorio (Sextinia) » [2] ; — *Spalenga* (Bergame), « in documenti che giungono fino al 1431... *Spalianica*, *Spalanica*, *Spaianica* » [4] ; — *Orange* (*Aurenga*, *Aurencha*, *Oreina*) [5], qui se relie à l'antique *Arausio* par l'intermédiaire

1. Probablement de *Guizzardo* di Loro, qui en fut seigneur au XIIe siècle (*Arch. Glott.*, X, p. 335).
2. *Arch. Glott.*, X, p. 358.
3. Flechia, p. 95.
4. Salvioni, *Boll. Stor.*, XXI, p. 52, n. 5.
5. Ce nom fameux, sur lequel M. Schultz-Gorra a publié une savante étude au t. XVIII de la *Zeitschrift für romanische Philologie* (pp. 425 ss.), est aussi, sous sa forme actuelle, celui d'une localité de la Vendée, d'une autre de la Gironde et d'un h. de la comm. et du cant. de La Roche, arr. de Bonneville, Haute-Savoie. On prononce à Reignier, tout près de La Roche, *a ųprą̃dę*, dans d'autres villages de la région *prą̃dę*.

d'un adjectif *Aransica*, devenu *Aurasca* et confondu avec les noms de lieu formés au moyen du suffixe ligure *-usca*.

Un type différent de tous les précédents s'offre à nous dans le nom de la *Lorraine* (*Lotharingia*), dérivé du patronymique *Lotharingi* (a. fr. *Loherenc*, Lorrain ; all. *Lothringen*), moyennant le suffixe atone *-ia*, usité en latin pour dénommer un pays d'après la nation qui le possède (*Venetia, Raetia, Hispania, Gallia, Britannia, Germania, Alamania, Francia, Burgundia*, etc.).

III

En pays gallo-roman, les noms en *-enge(s)* ou *-ange(s)* se font de plus en plus rares, à mesure qu'on descend du nord au sud, tandis qu'augmente la proportion des noms en *-ens*, *-eins* [1] ou *-ans*, dont la grande majorité occupe la région où s'établirent au ve siècle les Burgondes. Nous ignorons les formes de la déclinaison burgonde et nous ne savons que fort peu de chose de cette langue. Mais, suivant l'opinion aujourd'hui la plus accréditée, elle devait être assez semblable à celles des Gots et des Vandales. On sait que le gotique formait son datif pluriel en *-am* et son accusatif pluriel en *-ans*. Partant de ces données pour expliquer la coexistence en pays burgonde des désinences *-ens* et *-enge(s)*, que l'on ne distinguait pas encore de *-in(s)* et *-inge(s)* :

« Le suffixe burgonde *inga*, écrivait en 1897 M. Philipon dans la *Revue de philologie française et de littérature* [2], a été traité de deux façons différentes dans les pays romans : ou bien la voyelle thématique originaire a été maintenue et l'on a eu le suffixe masculin *-ingas* (cf. le latin *agricolas*), devenu *-inges* ou *-anges*, en français ; ou bien au contraire la voyelle thématique burgonde a fait place à la voyelle latine caractéristique

1. Rarement *-ains* (Stadelmann, p. 296).

2. *De l'emploi du suffixe burgonde* inga *dans la formation des noms de lieu*, p. 109.

du masculin et l'on a eu les finales en *-ingos*, *-ingis*, qui expliquent les noms de lieu en *-ins*, *-eins*, *-ens* et *-ans.* »

Cette explication n'a pas satisfait M. Stadelmann. « Le peuple roman, dit-il (p. 293), aurait-il vraiment traduit le datif pluriel en datif, ou, d'après la supposition de M. Philipon, en accusatif ou en ablatif latin ? On peut bien attribuer ce procédé aux écrivains qui ont eu conscience de la signification de la désinence germanique et qui l'ont, en effet, correctement latinisée en *-is* dans les chartes. Mais le peuple lui-même n'avait aucune connaissance de la valeur des marques de flexion en usage dans la langue barbare et recevait les vocables de cette langue uniquement d'après leurs sons. » Raisonnant ainsi, M. Stadelmann attribue au burgonde, qu'il incline, avec W. Wackernagel, à rattacher aux dialectes occidentaux du monde germanique (allemand, anglais), un datif pluriel en *-ingum*, qu'on pourrait être tenté de reconnaître dans la plus ancienne mention du village fribourgeois de *Vuadens*, inscrite entre le VIe et le XIIe siècle, sous la forme *Wadingum*, parmi les donations faites par le roi Sigismond à l'abbaye de Saint-Maurice, lors de sa fondation, en 516. Cependant, un datif en *-ingum* ne rendrait pas compte de l'*s* finale des noms en *-ens*. Pour se tirer d'embarras, M. Stadelmann recourt à une hypothèse fort peu plausible, contre laquelle se retourne l'objection même qu'il adresse à M. Philipon, ce qu'il y aurait, selon lui, d'invraisemblable à une traduction *populaire* du datif germanique par l'accusatif latin : « Le *s* de la terminaison *-ens*, dit-il (p. 293, n. 3), est vraisemblablement dû à la tradition graphique qui se rattache à la forme latinisée *-ingis.* »

Écartons les graphies, plus ou moins latinisées, que nous offrent les chartes et les chroniques, pour nous mettre en présence de la langue parlée. Les noms germaniques en *-ingum*, *-ingam* ou *-ingas* n'ont pas dû être transmis aux *Romani* par de vagues échos d'une langue barbare qu'ils ignoraient pour la plupart, tant les scribes que les illettrés, mais par des individus bilingues, en majorité Germains, qui connaissaient très bien la valeur et l'emploi des désinences germaniques et qui ont dû les rendre, tant bien que mal, par les désinences latines homophones ou correspondantes. Dans le latin vulgaire du ve et du vi^e siècles, l'usage des cas obliques devait être déjà très restreint; les prépositions se construisaient toutes avec l'accusatif; et, tour à tour sujet, prédicat, régime direct, ou précédé d'une des prépositions *de*, *in* ou *ad*, un nom de lieu, qu'il fût ou non identique à un nom de personne au singulier ou au pluriel, ne pouvait être usité que sous la forme de l'accusatif ou, plus rarement, sous celle du nominatif. Les formes allemandes en *-a* et *-as* venaient se confondre avec le nominatif-accusatif singulier de la première déclinaison ou avec l'accusatif pluriel en *-as*, déjà employé comme nominatif dans quelques inscriptions latines. Semblablement, on a vu qu'en Italie le datif pluriel lombard a dû, par la force des choses, se confondre d'emblée avec le nominatif-accusatif singulier en *-o*. Il en était tout différemment en pays burgonde. La plupart des consonnes finales latines sont demeurées longtemps intactes au nord des Alpes, et des gens qui prononçaient *quem*, *rem* (et non *spem-e* à l'italienne), *cantas*, *cantat* et *cantant* (au lieu de *cantan-o*), même à la pause, ne devaient éprouver aucune difficulté à articuler les finales présumées en *-um* ou *-am* du datif burgonde, ni même peut-être l'accusatif pluriel en *-ans* de la déclinaison gotique. Mais, comme depuis longtemps, sauf dans un ou deux monosyllabes, l'accusatif singulier latin avait perdu son *m*, ces formes de la déclinaison germanique se refusaient à entrer dans les cadres de la morphologie gallo-romane: elles n'étaient pas assimilables.

D'autre part, les Burgondes, accueillis en hôtes et en alliés dans la *Sapaudia* et, pour ainsi dire, cantonnés chez l'habitant, ont dû, beaucoup plus tôt que les conquérants francs, alémanes ou langobards, s'initier à la langue et à la civilisation romaines. Dans un commerce plus fréquent et tout pacifique, sinon très amical, avec les anciens possesseurs du sol, ceux-ci ont dû plus aisément se familiariser avec leur façon de dénommer les personnes et les propriétés. En de telles conditions, on comprend fort bien que les noms de lieu burgondes en *-ingam* ou

-ingum aient été plus complètement et plus correctement traduits que ceux des autres peuples germaniques dans la forme exacte qu'il convenait d'y donner en parlant **romanice*. Je reste donc persuadé que les noms en *-ens* sont des accusatifs latins en *-os* de patronymiques germaniques en *-ing*, et je serais tenté d'y appliquer la formule par laquelle on aimait, jusqu'en ces derniers temps, à définir l'origine et le caractère de l'épopée française : « L'esprit germanique dans une forme romane. »

Cette interprétation subsisterait, quand même il serait prouvé que l'usage de la langue burgonde a duré en Helvétie beaucoup plus longtemps que ne l'ont admis la plupart des historiens. Dans les pays les plus civilisés d'Europe, il y a encore aujourd'hui une foule de personnes bilingues, qui font tour à tour usage, suivant l'occurrence, de la langue générale, officielle, et d'un patois, ou même d'une langue étrangère. En dehors des villes, je ne crains pas de dire que, même en France, c'est la règle, et que l'usage d'un idiome unique est l'exception. On peut se faire quelque idée des destinées de la langue burgonde en Helvétie par celles de la langue danoise en Normandie, que déjà le petit-fils de Rollon dut aller apprendre, loin de la cour ducale, à Bayeux, et qui, néanmoins, semble n'avoir pas encore été éteinte au XIIe siècle[1]. Mais les quelques noms de lieu en *-ens* dans lesquels M. Stadelmann (pp. 348-353) a constaté l'effet de changements de la prononciation non accomplis dans les langues germaniques avant le VIIIe siècle, sont-ils vraiment burgondes ? Ne seraient-ce pas bien plutôt des noms plus tardifs, d'origine franque ou alémanique, réduits à la forme usuelle en *-ingos* ? Parmi les signatures dont sont revêtus les diplômes burgondes, on relève déjà, antérieurement à la conquête franque, de notables divergences dialectales[2]. Les noms de personnes usités au moyen âge dans la Suisse romande et la France méridionale nous montrent la

1. Kluge, dans le *Grundriss der romanischen Philologie*, I (2e éd.), p. 509.
2. *Les Burgondes et la langue burgonde en pays roman*, communication faite par M. F. de Saussure à la Société d'histoire et d'archéologie de Genève, dans la séance du 15 décembre 1904.

substitution des formes du dialecte franc à celles de l'onomastique gotique et burgonde. Dans les noms des communes de *Treytorrens* (Vaud), jadis *Troiterens*, *Troterens* (« racine *druhti* »), et de *Tinterin* (plus haut, p. 277), M. Stadelmann (pp. 337-9) est bien forcé d'admettre la présence de radicaux affectés par la seconde mutation des consonnes, c'est-à-dire de radicaux alémaniques[1]. Supposera-t-on que *Wadingum* (plus haut, p. 291) soit un datif alémanique? C'est peu vraisemblable, étant donné l'emploi des formes en *-a* et *-as* dans les anciens documents latins de la Haute-Allemagne. Mais, plutôt qu'un datif burgonde, refusera-t-on d'y reconnaître un de ces noms individuels en *-ing* qui ont été employés comme noms de lieu? Marin, en Chablais, mentionné, comme Vuadens, parmi les donations du roi Sigismond, sous la forme *Marianum*, s'écrivait *Marins* en 1039 (*Romania*, XXXVII, p. 39). Il est tout naturel que l'*s* adventive ait été jointe à des noms en *-ing* avant de l'être à des noms latins en *-in*. La mention *Vuadingis* de 929, identique au nom actuel de *Vuadens*, n'est donc pas incompatible avec notre explication de *Wadingum*.

IV

Malgré la prédominance en pays jadis burgonde des désinences masculines *-ens*, *-eins* ou *-ans*, on constate, avec plus ou moins de certitude, dans la Suisse romande et les anciens états de Savoie et de Bourgogne, l'existence d'une quarantaine de noms en *-enge(s)* ou *-ange(s)* dérivés, à ce qu'il semble, de radicaux germaniques, et parfois des mêmes radicaux que les noms masculins. Certaines localités désignées par ces noms jumeaux sont assez rapprochées pour que l'on soit fondé à supposer que l'emploi des deux désinences a servi à les différencier.

1. Le cas de *Treytorrens* paraît cependant douteux, si l'on considère les noms visigotiques comme *Tructus*, signalés par M. Meyer-Lübke dans son mémoire déjà cité (p. 288, n. 2), *Die altportugiesischen Personennamen germanischen Ursprungs*, p. 23.

ADELANS, arr. et cant. de Lure, Haute-Saône : *Adelans*, 1156, *Adelens*, 1179 (Perrenot, p. 61).

AUDELANGE, cant. de Rochefort, arr. de Dôle, Jura : *Adelanges*, 1161 (ib., p. 61).

Först, c. 56 : *Aldo*; allongé en *alden-* dans *Aldenildis* (Longnon, p. 282). Peut-être forme diminutive en *-ilo*, comme *Hildulo*, de *Hildo* (Först., c. 821)? Cf. *Audeloncourt* (Haute-Marne).

AUXANT, cant. et comm. de Bligny-sur-Ouche, arr. de Beaune, Côte-d'Or?

AUXANGE, cant. de Gendrey, arr. de Dôle, Jura : *autsidingus*, dans la *Carta de pago Amaorum* (cf. plus haut, p. 274, n. 6).

Först., c. 201 (*Autsuindis*) : *Otswith, Otsuith, Oswid*? Cf. Longnon, p. 362 : **-sid.**

BEREINS, comm. de Saint-Triviers-sur-Moignan, arr. de Trévoux, Ain : autrefois *Berens, Bereyns* (Guigue).

BÉRENGES, l. d. de la comm. de La Tour de Peilz, d. de Vevey, Vaud ; en patois *bęrę̄dzę*, d'après Mme Odin, à Blonay (comm. limitrophe).

Först., cc. 258-61 : *Ber, Bera* ou *Bero*, avec les dérivés *Birinc* et *Beringa*.

BRENS, arr. et cant. de Belley, Ain : autrefois *Brens, Breins* (Guigue).

BRANGES, arr. et cant. de Louhans, Saône-et-Loire.

GLETTERENS, d. de la Broye, Fribourg ; jadis *lieterins, lieterens, Lietterens* ; en patois *yeterę̄* ; d'un nom germanique formé des éléments *lioht-* ou *liaht-* et *-hari* (Stadelmann, pp. 317-8).

GLETRINGE, « près d'Allinges », arr. et cant. de Thonon, Haute-Savoie : nom mentionné par M. Marteaux (*Revue Savoisienne*, XLI, p. 114), mais inconnu de toutes les personnes que j'ai interrogées aux environs de Thonon.

LOVATENS, d. de Moudon, Vaud : *Lovatingis*, entre 996 et 1017 ; *Lovartens*, entre 1200 et 1229 (Jaccard).

LOUVATANGE, cant. de Gendrey, arr. de Dôle, Jura.

Först., cc. 1029 et 1049 : *Liubuart* ou *Liudvart*?

MALANS, cant. de Pesmes, arr. de Gray, Haute-Saône.

Först., cc. 1112 et 88 : *Madalo* ou AMAL.

MALANGE, cant. de Gendrey, arr. de Dôle, Jura : autrefois *Malingus* (?), d'après Meynier, p. 249.

Morlens, d. de la Glane, Fribourg : *morlingis*, 996 ; en patois *morlę* ; de *Maurilo* (Först., c. 1117) ou *Morilo* (Stadelmann, pp. 329-30). — Cf. *Morlon*, d. de Gruyères, Fribourg.

Mollens, d. d'Aubonne, Vaud : *Morlens*, xiie et xiiie s. (Jaccard) ?

Morlange, h. de la comm. de Reignier, arr. de Saint-Julien, Haute-Savoie : *Morlanges*, 1302 (M. G., XIV, p. 302, no 283) ; en patois *mǫrlą̃dę* (Reignier), *morlę̃dę* (Arbusigny). — Cf. *Morlange*, nom de deux hameaux de la Lorraine allemande, en allemand *Morlangen* et *Mörlingen*.

Rossens, d. de Payerne, Vaud, et d. de la Sarine, Fribourg ; en patois fribourgeois *rošę* ; de l'un des noms germaniques *Rozzo*, *Rodzo* ou *Rotzo*, d'après Stadelmann, p. 336 [1].

Rossenges, d. de Moudon, Vaud ; en patois *Ròsindzə*, à Sassel (d. de Payerne), d'après M. H. Savary, instituteur dans cette commune. — Le même note *Ròsin*.

Dans ce cas, — le plus intéressant de tous, à cause de la proximité des lieux, — l'étymologie germanique est loin d'être assurée. Ces noms se laissent tout aussi bien dériver du gentilice *Roscius*, par le suffixe *-incus*, dissimilé au féminin en *-enge(s)*, comme dans *Chevrange*, *Sottinge* et *Sentange* (plus haut, p. 275). Cf. Stadelmann, p. 282, **Russy**.

Vuarrens, Vaud (cf. plus haut, p. 278).

Först., c. 1533 : *Varo*, avec les noms de lieu dérivés *Waringa*, *Warenghem*.

Varange, comm. de Cortambert, cant. de Cluny, arr. de Mâcon, Saône-et-Loire : *Varengo* et *Varingas*, dans deux actes de donation rédigés entre 927 et 942 en faveur de l'abbaye de Cluny (Bernard et Bruel, *Recueil des chartes de Cluny*, I, nos 302 et 357).

Quelques noms en *-ens* de localités vaudoises et fribourgeoises, *Bofflens*, *Vufflens*, *Attalens*, *Vaucens*, s'offrent à nous, dans les plus anciennes mentions, sous une forme en *-enges* ou

1. Ou encore de *Hrozo* (Först., c. 890).

(par imitation des graphies latines) en *-inges*, qui n'a pas réussi à prévaloir dans l'usage postérieur : *boflinges* et *Vuolflinges* (avec *bruzinges* pour *Bursins*), en 1011, dans le *Cartulaire de Romainmôtier* (Stadelmann, pp. 344 et 346) ; *Attalenges*, en 1068 (M.F., II, p. 343) ; *uualcenges*, « *Sicut scriptum in antiquissimo cartulario Beate Marie lausannensis* » lit-on dans le *Cartulaire de Lausanne* (p. 207)[1], à la date de 1235. Comme on l'a vu tout à l'heure, c'est, au contraire, une forme masculine, *autsidingus*, qui précède, dans une très ancienne charte bourguignonne, le nom actuel d'*Auxange*. Dans ce cas et celui de la *uilla uualmarengi*, aujourd'hui *Vuarmarens* (plus haut, p. 287), il s'agit peut-être de nom individuels ou familiaux tour à tour employés sous la forme du masculin et sous celle du féminin singulier, pour désigner la propriété par divers procédés également usités. Mais *Géanges* (Saône-et-Loire), autrefois *Judingos*[2], mais *boflinges*, *Vuolflinges*, *Attalenges*, *uualcenges* sont des pluriels. Un tiers des noms en *-enge(s)* ou *-ange(s)* de l'ancien territoire burgonde s'écrivent aujourd'hui sans *s* ; mais, dans les anciennes mentions, l'*s* est presque constante, à l'occident[3] comme à

1. Stadelmann, p. 339. Cf. Ch. Morel, dans l'*Anzeiger für Schweizerische Geschichte*, 1901, pp. 416-7.

2. Quicherat, p. 52.

3. *Audelange* et *Varange*, voir plus haut, pp. 295-6. — *Amange*, cant. de Rochefort, arr. de Dôle, Jura : en patois *èmãj* (*Atlas linguistique*, point 23) ; *emeningas*, dans la *Carta de pago Amaorum* (plus haut, p. 274, n. 6). — *Bantanges*, cant. de Montpont, arr. de Louhans, Saône-et-Loire : *Bandingas*, v. 833 (Perrenot, p. 57) ; *Bandenges*, XIIIe s., *Bandenches*, XIVe s., *Bandonges*, XVe s., *Bantanges*, XVIe-XVIIe et fin du XVIIIe s., dans les pouillés du diocèse de Lyon publiés à la suite des *Cartulaires de Savigny et d'Ainay* (II, pp. 928, 950, 978, 1006, 1016 et 1017). — *Jalleranges*, cant. d'Audeux, arr. de Besançon, Doubs : *Jalleringus*, 785, et *Jelleringis*, 1101 (Meynier, p. 249), ou *Gelerengis*, 1111 (Perrenot, p. 60). — *Nostranges*, « nom d'une terre qui dépendait de l'abbaye de Belchamp » : *Ostranges*, 1181 (ib., p. 75). — *Thianges*, cant. de Décise, arr. de Nevers : *Tyangiis*, 1121-42, *Tiengiis*, 1245 ; — *Tronsanges*, arr. et cant. de La Charité, Nièvre : *Trozongias*, *Trosongia*, v. 1080, *Tronceinges*, *Tronceoinges*, 1253 (G. de Soultrait, *Dict. topogr. de la Nièvre*). Ce dernier cas est douteux, quoique les formes en *o* puissent être expliquées par le changement bourguignon de *ẹ* entravé en *oi*. — Je relève encore dans le livre du docteur Meynier (p. 249),

l'orient du Jura. A supposer que tantôt cette *s* soit adventice, tantôt l'usage du pluriel motivé par un changement du régime de la propriété, est-ce assez pour rendre compte de tous les cas, et notamment de tous les noms à double forme plurielle, masculine et féminine? C'est bien douteux, et les doutes se confirment, si l'on considère la répartition géographique des formes féminines.

Plus de la moitié des noms en *-enge(s)* ou *-ange(s)*, à moi connus dans les limites de l'ancien royaume burgonde, sont massés à l'ouest et au nord. Ils appartiennent aux départements de la Nièvre et de Saône-et-Loire, aux arrondissements de Beaune et de Dijon, dans la Côte-d'Or, au département du Doubs, à l'arrondissement de Dôle, dans le Jura. Encore n'ai-je eu à ma disposition, pour m'en dresser une liste qui aurait besoin d'être vérifiée et épurée, que le répertoire des communes. Dans presque toute cette région, il est malaisé de distinguer les noms latins en *-anicus* ou *-ianicus* des noms germaniques en *-ange(s)*. Dans les départements plus méridionaux et dans la Suisse romande, où la distinction est plus facile à faire, la rareté des noms en *-inga* ou *-ingas* me frappe d'autant plus que, mieux renseigné, j'y connais des noms de hameaux et même quelques lieux-dits [1], et beaucoup plus d'anciennes mentions. En tenant compte de celles-ci, la Suisse de langue française nous offre, en tout, une douzaine de noms germaniques en *-enges*, *-enge* ou *-anges*, tandis qu'il y a près de soixante-dix noms en *-ens*, la plupart d'origine germanique, dans le seul canton de Fribourg et les deux districts vaudois étudiés par M. Stadelmann.

quoique ses mentions ne m'inspirent pas une entière confiance : *Romingus*, 852-5, auj. *Romange*; *Salmangis*, 1120, auj. *Sermange*; *Vurianges*, auj. *Vriange* (Jura); mais, sans *s*, *Berthoudange*, 1278, auj. *Berthelange* (Doubs).

1. Je ne sais que penser de *Blafenges*, comm. d'Apples, d. d'Aubonne, et de *Terretenges* (en), comm. de Saint-Sulpice, d. de Morges, Vaud. Le premier serait-il identique à l'a.fr. *blasfenge* ou *blasfienge* (blasphème)?

AUBORANGES : *Alburengens*, 1155 (*Cart.* de *Hautcrêt*, n° 6, p. 13) ; *Alborengis*, 1190 ; *Arborenges*, *Alburenges*, XIIe s. ; *Alborenges*, 1215 ; *arboreinges*, 1238 ; *Auborenges*, 1273-1578 ; *Auboreynges*, 1307 (Sion) ; *Auboranges*, 1316 ; *Aulbrenges*, 1638 ; *Auborange*, 1668 ; *Borenges*, 1762 (Stadelmann, p. 302 ; M. R., XXX, p. 154, et XXXI, p. 266). — Patois : *lu* (avec prép. *õ*) *bǫrẽdzẹ*, à Auboranges et à Mossel (commune voisine) ; *ǫ bǫrẽdzǫ*, à Jongny, Vaud (d'après M. A. Taverney) ; *lu borẽdzu* (Stadelmann). — Cf. *Rom.*, XXXVII, p. 20, et plus loin, p. 302. — *Canton de Fribourg*, d. de la Glâne.

Först., c. 72 : *Albuuar*.

HERMENCHES : *Ermenges*, 1254, *Hermainge*, 1453 (M. F., IV, pp. 216 et 307), *Hermenges* (carte de France au 80.000^e, feuille 139) ; en patois, *Ermindzə*, à Sassel (cf. plus haut, p. 296). — Dérivé : *L'Erminjon* (plus haut, p. 279). — La forme patoise a été francisée d'après l'analogie de *manche* (m. et f.) et *dimanche*, en patois vaudois, *mãdzo*, *mãdzə* et *dəmẽdzə* ou *dəmẽdzə* (Sassel). — *Canton de Vaud*, d. de Moudon.

Först, c. 470 : *Ermo* ; avec les dérivés *Erming*, *Ermingus*, *Erminga* (*Pol. de Saint-Germain*).

MARTHERENGES : en patois *Martərindzə* (à Sassel), *marterẽdze* (Stadelmann, p. 294). — D'après une aimable communication de M. Alfred Millioud, archiviste à Lausanne, un document inédit de 1412 mentionne, à Boulens, d. de Moudon, un pré dit *en Marterenges*, *r*[*iere*] *Boulens*.

D'un nom hybride, *Marthari* (Stadelmann, p. 346) ? Ou de *Martilo*, comme *Martelange* (Luxembourg), au XIe s. *Martilinges* (Först, c. 1099) ?

ROSSENGES : plus haut, p. 296.

DENGES : *Thorenbertus de Denges*, 1164 (M. G., IV, 2, p. 78) ; *Nicolaus de Deiges*, 1226 (*Cart. de Lausanne*, p. 524). — Voir les formes patoises à la p. 302. — D. de Morges.

Es Denges, l. d. de la comm. d'Écublens, et aussi de la comm. de Vulliens, d. d'Oron.

Först., c. 387 : *Dado*, *Dedo* ; avec les dérivés *Dedinc*, *Detinc*, *Dedencus* (*Chartes de Cluny*, I, n° 803), *Didinga* (*Pol. de Saint-Germain*).

BASSENGES, h. de la comm. d'Écublens : *villa Baffinges*, 974 ; *Bassenges*, 1232 (*Cart. de Lausanne*, pp. 4 et 586). — Cf. *Bassenge*, all. *Bilsingen*, dans le Limbourg.

Först., c. 223 : *Bazzo* ; dérivé *Bezzinga.* — On pourrait admettre aussi le gent. *Bassius*, avec dissimilation de *-inca* en *-enge(s)*; cf. plus haut, p. 296, Rossenges.

Renges, h. de la comm d'Écublens :
Rangeringis, 1031 (Hidber, *Schweizerisches Urkundenregister*, II, n° 2854) ; en patois *Rundze pré d'Ekoubbliun*, à Penthalaz (d. de Cossonay), d'après M. Louis Epars.
Först., c. 1248 : *Ranghar*; *Rangarius*, dans le *Pol. de Saint-Germain.*

D. de Vevey. Bérenges : plus haut, p. 295.

Canton du Valais. Bertolenge, l. d. de la comm. et du d. de Monthey ; en patois, *a batorlędzə.*
Först, c. 282 : *Birhtilo*, avec le nom de lieu dérivé *Bertelingas.*

Dans la Haute-Savoie, je ne connais que *Morlange* et *Gletringe* (plus haut, pp. 295-6), l'étymologie d'*Orange* (p. 289, n. 5) étant incertaine. Dans l'Ain, *Curtaringe* (p. 287) nous offre un autre type de nom en *-ing*. Dans la Haute-Loire, *Recharinges* (comm. d'Araules, arr. et cant. d'Yssingeaux) est tellement isolé que je serais tenté d'y reconnaître, non point la finale *-anicus*, dont l'*a* n'est pas changé dans cette région en *i* après un phonème palatal, mais une variante par dissimilation du nom de *Richerenches* (cant. de Valréas, arr. d'Orange, Vaucluse), également dérivé du nom d'homme germanique *Richari* (Först., c. 1264), par le suffixe indigène *-incus*.

Si l'on admet que, dans les noms en *-ens* ou *-ans* du territoire burgonde, le suffixe germanique ait été conformé au paradigme de la déclinaison latine ou romane du pluriel masculin, on conçoit fort bien que, çà et là, dans des conditions spéciales, quelques noms en *-ing* aient échappé à la mainmise des *Romani* et conservé plus ou moins longtemps une forme divergente de l'usage général. De même que certains noms de lieu gardent leur forme dialectale dans l'usage officiel italien ou français, que d'autres, antérieurs à la conquête romaine, n'ont jamais obéi aux règles de l'accentuation latine, les noms suisses ou bourguignons en *-enges* ou *-anges* m'apparaissent comme des témoins attardés de l'époque où les barbares établis dans nos contrées n'avaient pas encore désappris leur langue germanique.

La continuité géographique entre les noms à désinence féminine de la Bourgogne et ceux du nord-est de la France, aussi bien que les témoignages historiques, qui nous montrent les Alamans établis antérieurement à la conquête burgonde dans le bassin du Doubs, nous invitent à reconnaître dans les formes plurielles le type alémanique et francique en *-ingas*, comme dans les formes du singulier le type romano-germanique en *-inga*. Semblablement, les rares noms en *-enges* de la Haute-Savoie et de la Suisse romande sont reliés aux noms en *-ingen* ou *-igen* de la Suisse allemande par les anciennes formes en *-enges* (plus haut, p. 272) de noms de localités bernoises situées aux confins des Alamans et des Burgondes. Le voisinage des Alamans et la conquête franque rendent très bien compte de ce mélange, à proportions variées, de formes masculines et féminines qu'on observe en pays jadis burgonde. Quelques accusatifs burgondes en *-as* (ou même *-ans*), confondus avec les pluriels féminins de la première déclinaison latine, y ont-ils contribué en quelque mesure ? Dans notre ignorance des formes de la déclinaison burgonde, il est également impossible de l'affirmer et de le nier. Je ne pense pas, cependant, que personne s'avise de retrouver un vestige de la désinence gotique *-ans* dans la plus ancienne mention d'*Auboranges* (p. 299) sous la forme *Alburengens*, en 1155.

V

Partout où les voyelles vélaires et les voyelles palatales sont restées distinctes en syllabe finale, et notamment en Suisse et en Savoie, ce n'est pas seulement par la voyelle accentuée, mais aussi par la finale atone que les noms en *-enges* diffèrent des noms en *-inge(s)*. Ceux-ci sont ordinairement terminés par *-o*, *-u* en patois, par *-ium*, *-iu*, *-io* dans le latin officiel du moyen âge ; ceux-là par *-ę* ou *-ə* en patois, par *-as* ou *-es* dans les documents écrits, anciens ou modernes. Parfois, cependant, il y a quelque hésitation, dans les formes patoises, entre les finales *-o* et *-ę* ou *-ə*.

Dans le nom d'*Auboranges*, cette particularité résulte de la contradiction qui a paru exister entre la désinence féminine traditionnelle et le genre masculin attribué à cette forme par suite de la confusion de la syllabe initiale avec l'article masculin précédé de la préposition *ad*. La même hésitation se constate, sans motif apparent, dans le nom de la commune de *Denges* (plus haut, p. 299) et celui de la commune voisine de *Préverenges* (d. de Morges, Vaud). Je connais des mentions de *Preverenges* ou *Preuerenges* en 1226, 1228 et, une troisième fois, sans date, dans le *Cartulaire de Lausanne* (pp. 523, 22 et 403), en 1383 (M. R., V, 1, p. 277) et 1453 (M. F., IV, p. 312). D'après les renseignements que M. Auguste Reymond, l'excellent traducteur de Munroe et de Gomperz, a bien voulu prendre pour moi dans ce village : « quand on y parlait encore le patois, on disait *Dindzə* et *Preverindzə* ». Pareillement, à Penthalaz (d. de Cossonay), à ce que m'apprend M. L. Epars, on prononce *Dundze* et *Préverundze* ; à Montheron (comm. de Lausanne), où j'ai encore pour garant M. Reymond, *Dèdzə* et *Prévərèdzə*, mais aussi *Palindzə* (ailleurs *palę̃dzǫ*) pour *Épalinges*, tandis que « linge » et « singe » ont la finale *-ou*. A Savigny (d. de Lavaux), le correspondant du *Glossaire des patois de la Suisse romande*, M. Cordey, a noté *Dèindzə*, *Martərèindzə* (Martherenges), *Rosèindzə* (Rossenges), mais *Prévərẽdzò*. A Bière (d. d'Aubonne), un autre correspondant, M. H. Pittet, écrit *Déidzo* et *Prèvərèidzo*, avec un faible *o* final qui reparaît, sur les bords du lac de Neuchâtel, dans *Préverinzoz* ou *Prévérinzoz* (en), l. d. de la comm. de Cheyres, d. de la Broye, Fribourg. Mon ancien élève, M. Joseph Volmar, originaire de la ville voisine d'Estavayer, m'informe qu'à Cheyres on prononce *Prèverindzo* ; mais il ajoute que, la seconde et la quatrième syllabe « étant atones, il est très difficile d'en saisir la nuance », qui « varie du reste avec les individus ». L'*o* final atone, continue-t-il, « a le son de l'*o* fermé, dans notre contrée, à ce que m'a assuré un instituteur, originaire de Nuvilly ; mais il me semble que les gens de Cheyres lui donnent plutôt le son de l'*o* ouvert ou de l'*e* muet. » A Estavayer, l'on « est unanime » à prononcer, et le *Journal* local écrit, dans une orthographe « qui n'a rien de scientifique » : *lindzou*, *Avintzou*, *demindze maïentze* ou *maïentzetta* (mésange). De ces données il me paraît résulter que, dans le nom de *Préverinzoz*, comme dans les autres variantes en *-o* de *Préverenges* et celles de *Denges*, nous nous trouvons en présence d'un ancien *ə*, déformé en passant d'un parler à l'autre, mal entendu et mal prononcé, à cause de l'intensité et du timbre différents avec lesquels chaque patois et même chaque individu articule les voyelles finales atones, souvent amuïes dans le langage francisé des jeunes générations. On remarquera que, s'il en est bien ainsi, le nom de *Préverinzoz* n'est pas autochtone à Cheyres. Le fréquent transfert des noms d'un lieu à l'autre est un facteur avec lequel il faut compter dans l'étymologie, aussi bien qu'avec les emprunts de mots d'un dialecte à l'autre.

Ce nom de *Préverenges* se répète, au centre de la France, dans *Préveranges* ou *Préveranches* (*Dictionnaire des Postes*, 1885), cant. de Châteaumeillant, arr. de Saint-Amand, Cher [1] : *Præverangas*, fin du XIIe s. ; *Preveiranges*, 1207, *Preverengis*, 1283, *Preverangiis*, 1425, *Preveranges*, 1538, *Preverange*, 1550. Aucun nom de personne latin ou germanique ne fournit une étymologie satisfaisante. Le *p* initial est, d'ailleurs, très rare dans ceux des dialectes germaniques dont le *b* n'a pas subi la seconde mutation des consonnes ; et la coïncidence à une si grande distance dans l'emploi d'un radical de forme alémanique ou lombarde serait un hasard inouï. Je dérive *Préverenges* ou *Préveranges* de l'ancien accusatif *preveire*, dont la Suisse romande offre plusieurs exemples dans les noms de lieu *Montpreveyres*, *Mont Pro-*

1. Hipp. Boyer, *Dictionnaire topographique* manuscrit, extrait communiqué par M. Gandilhon, archiviste du département.

vaire, *Praz Preveyroz*, *Praz Proveyroz*, *Praz Prevoire*, *Praz Prévire*, *Planche Preveyroz* (Jaccard, pp. 292, 362 et 365), et un dérivé par le suffixe *-ia* dans le l. d. *ẽ la prẹẹrìk*, à Hérémence, d. d'Hérens, Valais. Comparez les lieux dits La *Chanterie* et La *Siterie* (en allemand *xẹtrī*, en patois saviésan *ā xutịrị*), à Sion ; — *Sauterens* (comm. de Saint-Pierre-de-Rumilly, arr. d'Annecy, Haute-Savoie), probablement dérivé, comme *Siterie*, du terme médiéval et dialectal *saltuarius*, *saltarius*, *sautier* (*Revue Savoisienne*, XLI, p. 111) ; enfin, le nom de famille toscan *Abadinghi* (Flechia, p. 94) et l'adjectif espagnol *abadengo*, « lo que pertenece al señorío, territorio ó jurisdicción del abad »[1]. L'ancien emploi du nom de Préverenges comme adjectif ressort d'un document vaudois de 1177 (M. G., II, 2, p. 38), qui mentionne aux environs d'Aubonne *semitam quae* preuerengia *quondam dicebatur*.

Plutôt que de rattacher les lieux dits *En Boveranges* (comm. de Chandon, d. de la Broye) et *Boveranges* (comm. de Misery, d. du Lac, Fribourg) à un nom de personne hypothétique formé des éléments germaniques *Bob-* et *-harja*, serait-il déraisonnable de penser à l'appellatif « bouvier », dont on a tiré d'autres noms de lieu, comme *Boveresse* et Le *Bouveret*[2] ? Ni le gentilice *Curtius*, ni l'hypocoristique *Kurt*, qui n'apparaît qu'à une date assez récente, en pays allemand[3], ne sauraient nous rendre un compte satisfaisant du nom de *Cortenge* ou *Cortinge* (h. de la comm. de Cernex, cant. de Cruseilles, arr. de Saint-Julien, Haute-Savoie), en patois *kǫrtẹ̄dẹ*. A l'instar des noms de lieu tessinois *Maggengo*, *Nostengo*, *Primadengo*[4], ne serait-ce pas un simple adjectif, dérivé de *curtis* ou enté sur *curtus*, comme en italien *maggioringo*, *minoringo*, *solingo* sur *maior*, *minor*,

1. Peut-être encore *Diganingo* (Tessin), de *decanus* (Salvioni, *Boll. Stor.*, XXI, p. 53) ?
2. Jaccard, art. **Bouveret**.
3. Ad. Socin, *Mittelhochdeutsches Namenbuch* (Bâle, 1903), p. 10, art. *Cûrat*.
4. Salvioni, *Boll. Stor.*, XXV, p. 97.

et *solus*[1]. Comparez le nom de famille toscan *Cortinghi* (Flechia, p. 94). Les formes féminines *Préverenges*, *Boveranges*, *Cortenge* peuvent être dérivées, par substitution de suffixe, de formes masculines comme *Sauterens*, dans lesquelles se confondent les suffixes *-incus* et *-ing*. Mais, pour que cet échange eût lieu, suffisait-il qu'on eût sous les yeux le modèle offert par les noms masculins et féminins de forme patronymique : *Ermingus* et *Erminga*, *Dedinc* et *Didinga*, *Birinc* et *Biringa*, *Bertingus* et *Bertinga*, *Geringus* et *Geringa*, *Randingus* et *Randinga*, *Ulfingus* et *Ulfinga* ? Tiendra-t-on pour invraisemblable qu'il ait existé au nord des Alpes, comme en Italie et en Espagne, quelques adjectifs dérivés au moyen du suffixe *-ing* ?

Comme on l'a déjà remarqué, les langues germaniques n'ont que très peu d'adjectifs ainsi formés. Aucun mot en *-ing* n'est fléchi, à la manière des adjectifs, conformément au paradigme de la déclinaison « faible ». Mais, dans nombre de cas, — en italien comme dans les langues germaniques, — la nuance qui sépare l'appellatif de l'adjectif est imperceptible ou effacée ; et la déclinaison « forte » se prêtait beaucoup mieux à des emprunts que la déclinaison « faible ». L'adoption par les *Romani* de noms individuels en *-ingus* et *-inga* a dû contribuer à la fortune du suffixe. Nos adjectifs en *-ard* et *-ardo* sont pareillement calqués sur les noms de personnes germaniques en *-hard* ; et, suivant une ingénieuse conjecture de M. W. Schulze, le tardif *ebriacus* pourrait bien avoir été forgé dans la Gaule Cisalpine sur le modèle des gentilices en *-acus*, qui ne sont pas rares dans cette région. « Pour des appellations infamantes ou laudatives, destinées à marquer, non des particularités fortuites, mais des caractères per-

1. On pourrait expliquer de la même façon le nom de *Platenga*, h. de la comm. germanisée d'Obersaxen, Grisons, à moins qu'on ne préfère le tirer d'une forme allemande ou lombarde du thème germanique BLAD (Först., c. 309). Cf. les noms de lieu *Platpoteshaim* et *Plattling*. — *Misanenga*, h. de la même commune, dérive peut-être du thème onomastique MAS (ib., c. 917), par le même procédé que *Valtrengia* (plus haut, p. 284) de *Waltharius*.

manents de l'individu, la langue, remarque-t-il finement[1], recourt volontiers, en tout temps et en tout pays, à des formations du genre des noms propres ». Ce procédé convient tout particulièrement à la création de surnoms et de sobriquets, individuels ou héréditaires, tels que le nom de famille italien *Tosinghi*, dérivé du mot dialectal *tosa*, « raggaza » (Flechia, p. 95). Si l'on hésite à attribuer au gallo-roman des adjectifs en *-ing*, dont il n'y a pas d'exemple dans le lexique, on aura sans doute moins de peine à admettre qu'un petit nombre de sobriquets de forme patronymique soient parvenus jusqu'à nous uniquement dans des noms de lieu.

1. *Zu den lateinischen Eigennamen*, pp. 283-4.

A PROPOS DU RAPPROCHEMENT

DE

L'IRLANDAIS *CLAIDEB*

ET

DU GALLOIS *CLEDDYF*

PAR

J. VENDRYES

A PROPOS DU RAPPROCHEMENT DE L'IRLANDAIS *CLAIDEB* ET DU GALLOIS *CLEDDYF*

PAR **J. VENDRYES**

Pour concilier par le préceltique le vieil irlandais *claideb* (auj. *claidheamh*) et le gallois *cleddyf*, il faut imaginer un prototype **kladibos*, dont le *b* peut d'ailleurs représenter indifféremment une ancienne labiale ou gutturale vélaire. Depuis le jour où MM. Frankfurter et Rhys, *Kuhn's Zeitschrift*, XXVII, 222, ont signalé la possibilité d'un rapprochement entre les mots celtiques en question et le sanskrit *khaḍgaḥ* « épée », l'hypothèse d'un préceltique **kladibos* (de **kladig^{w}os*) s'est trouvée recevoir un semblant de justification. C'est à cette hypothèse que s'est rallié M. Osthoff, *Indogerm. Fschg.*, IV, 267, et depuis, non sans hésitation, M. Whitley Stokes, *Urkelt. Sprachsch.*, 82. Mais les difficultés abondent.

La formation du sanskrit *khaḍgaḥ* est des moins claires. Ce mot, qui n'apparaît que dans des textes classiques, porte la marque d'une origine prâkritique dans son *ḍ* cérébral, et son *kh*, s'il n'est pas ancien, pourrait représenter également la prononciation prâkritique d'un groupe *sk* initial. En outre, le suffixe **-g^{w}o-* qu'on croit y reconnaître ne lui communique en tout cas aucune signification précise et ne permet pas de le ranger dans une catégorie sémantique déterminée (v. l'histoire des suffixes de ce type dans Brugmann, *Grdr.*, II, 2e éd., p. 506). Et enfin on peut hésiter sur la forme primitive du radical : s'il est permis de tirer *khaḍ-* de **khold-* (**skold-*) ou *khald- (*skald-), du moins rien n'y oblige, et *khadgah*, comme le remarque M. Wackernagel, *Altind. Gramm.*, I, 170, d'après M. Bartholomae, *Indogerm. Fschg.*, III, 174 Anm., pourrait recéler un *r* ancien, bien que le lituanien *kárdas* qu'on a rapproché soit un emprunt à un mot slave, lui-même d'origine orientale. M. Jacobi a d'ailleurs proposé de rattacher *khadgah* au grec φάσγανον (ap. Bartholomae, *Indogerm. Anz.*, XII, 28).

Du côté celtique, la formation est aussi étrange. Il n'y a pas en celtique de suffixe *-g^{w}o-, et la voyelle *-i-* qui précéderait ce suffixe dans l'hypothétique **kladig*^{w}*o-* est inexplicable. Imaginer qu'un mot ainsi formé, désignant un objet de civilisation aussi spécial, se soit maintenu à peu près tel quel à des dates si basses et dans des régions aussi éloignées que l'Inde et les îles Britanniques peut paraître *a priori* peu vraisemblable. L'invraisemblance augmente encore si l'on songe qu'il existe une racine **kled-*, **klăd-* attestée en celtique et ailleurs avec le sens de « frapper, creuser, fouiller » dont la langue pouvait aisément tirer le nom de l'épée au moyen d'un des suffixes dont elle disposait normalement. On ne peut guère en effet séparer *claideb cleddyf* des mots gallois *cledd* « épée » (pl. *cleddau*) attesté dès les plus vieux textes, *claddu* « creuser », *cladd* « tombe » (breton *claza*, *claz*), irlandais *claidim* « je creuse », *clad* « tombe », latin *per-cellere*, *pro-cella*, etc. Il s'agit dans tous ces mots des degrés vocaliques **kled-*, **kl°d-*, **kḷd-* représentant l'élargissement en *-d* d'une racine dissyllabique **kelə-*, **klā-* (cf. lat. *clādēs*, v. sl. *kladivo*, gall. *clawdd* « tombe », breton *cleuz* « fossé », à côté de lat. *clā-ua*, tous avec *ā*; grec κλαδάσαι, κλαδαρός, etc., v. Walde, *Lat. Etym. Wtb.*, 123, à côté de lit. *kulù* « je bats »; sur le parfait *-culī* de *percellō*, v. Brugmann, *Abrégé de gramm. comp.*, § 688, p. 553). Le latin a sans doute la même racine dans le substantif *gladius*, dont le *g* initial est d'ailleurs inexpliqué.

Or, toute l'histoire des mots *claideb*, *cleddyf* s'éclaircit si l'on part d'un préceltique **klad-yo-*.

Le suffixe nominal *-yo-* : *-yā-* a eu en brittonique une évolution très caractéristique. Tandis qu'en irlandais le *y* a exercé seulement une influence conservatrice sur la voyelle suivante *o* ou *a*, en la maintenant dans la syllabe avec le timbre unique *e*, en brittonique le *y* a dégagé après lui une spirante alvéolaire sonore, conservée aujourd'hui encore en gallois sous la forme *dd* (= *đ*). Par là s'explique le rapport des mots :

irl.	*caire* « blâme »	gall.	*cerydd* « châtiment »
	calmae « brave »		*celfydd* « habile » (v. breton *celmed* gl. efficax)
	céle « compagnon »		*cilydd* « id. »
	damnae « étoffe »		*defnydd* (et *denfydd*) « id. »
	duine « homme »		*dynedd* « id. »
	nuae « nouveau »		*newydd* « id. »
	umae « bronze »		*efydd* « id. » (v. gallois *o emid* gl. ex aere),

ces deux derniers de primitifs **nowyo-*, **omyo-*. Le mot brittonique *ail*, *eil* « second » en face de l'irlandais *aile* n'est pas une exception ; le celtique a conservé les deux thèmes **ali-* et **alyo-*, exactement comme le latin (*alis*, *alid* à côté de *alius*, *aliud*).

Le même fait explique qu'au suffixe abstrait *-e* de l'irlandais corresponde en gallois un suffixe *-ydd -edd*) :

irl.	*duibe*	gall.	*duedd* « noirceur »
	fíre		*gwiredd* « vérité »
	láine		*llawenydd* « joie »
	leithne		*llydanedd* « largeur »
	lobre		*llyfredd* « faiblesse, démence »
	máile		*moeledd* « calvitie »
	trócaire		*trugaredd* « pitié », etc.

Un primitif **kladyo-* n'aurait pas donné en brittonique autre chose que **kladyđ-*, d'où par métaphonie (v. plus loin) **kledyđ-*. Mais ce **kledyđ-* ne se serait pas maintenu tel quel. Une des dissimilations les plus fréquentes du gallois porte sur les spirantes *đ* et *ƀ*, notées respectivement en gallois moderne *dd* et *f*. Physiologiquement, ces deux spirantes sont très voisines, et l'on conçoit d'autant mieux qu'elles puissent s'échanger en gallois que ce sont les deux seules spirantes sonores que possède la langue (cf. F. Lot, *Ann. de Bret.*, XI, 358). Aussi, toutes les fois que dans un mot contenant par ailleurs un phonème dental figure la spirante *đ*, elle tend à se transformer en spirante *ƀ*, et réciproquement toutes les fois que dans un même mot figurent à la fois un phonème labial et la spirante *ƀ*, cette dernière tend à se changer en *đ*. Les exemples suivants du gallois moderne sont à cet égard très caractéristiques :

tyddyn « ferme » prononcé *tyfyn* dans une partie du pays, notamment en Denbighshire (*Transactions of the guild of graduates of the University of Wales for the year 1904*, p. 47).

y fanodd « le mal de dents » au lieu de *y ddanodd*, spécial au Carnarvonshire, d'après M. T. Hudson Williams (*Trans. of the guild of grad. for 1902*, p. 31) qui explique déjà avec raison la forme *fanodd* par une dissimilation.

De la racine qui a donné à l'irlandais *dordaim* « je gronde », *fodord* « grondement, voix de basse », *andord* « voix de ténor », le gallois a eu un mot *dwrdd* « grondement (surtout de tonnerre) » qui est devenu *twrdd* peut-être sous l'influence de *tarann* « tonnerre » ; *twrdd* et son composé *godwrdd* « bruit tumultueux » sont souvent prononcés *twrf* et *godwrf* (cf. Nettlau, *Rev. Celt.*, XII, 369) ; à côté de *tyrddu* « tonner », on signale le mot *tyrfe* « tonnerre » en Carmarthenshire (*Trans. of the guild of grad. for 1904*, p. 54). Il est dès lors inutile de voir dans *twrf*, *godwrf* un emprunt au latin *turbō* (Loth, *les mots latins dans les langues brittoniques*, p. 213).

En moyen gallois, le nom propre *Herodes* semble représenté par *Erof* dans un poème du Book of Taliesin (*Marwnat Erof*, dans Skene, *Four ancient books*, II, 196 ; cf. la *Myv. Arch.*, I, p. 59, et la note de Skene, II, 416) ; il s'agit d'une dissimilation, l'*r* gallois étant dental.

Inversement : *mefus* « fraise » est prononcé *meddus* dans la région de Powys (*Trans. of the guild of grad. for 1904*, p. 46) ; et pour *gwefus* « lèvre », M. Nettlau (*Rev. Celt.*, XII, 369) a signalé la prononciation *gweddus*.

Le mot *plwyf* emprunté du latin *plēbēs* est également attesté sous la forme *plwydd*, enregistrée dans le Dictionnaire d'Owen Pughe.

Sur le cas tout différent du nom du « jeudi », *dyddiau* et *dyfiau*, voir Thurneysen, *Zeitsch. f. deutsche Wortforschung*, I, 186 et suiv.

Les spirantes sourdes *th* (= *þ*) et *ff* (= *f* français) semblent s'échanger dans les mêmes conditions : *dethol* « choisir » est prononcé *deffol*, *dathod* « expliquer » est prononcé *daffod* (v. Nettlau, *R. Celt.*, XII, 150-151), et inversement l'emprunt latin *benffyg* (de *beneficium*) a un doublet *benthyg* (Loth, *Mots latins*, 138), dont le *th* est le résultat d'une dissimilation.

Il est donc naturel que **cleđyđ*- ait dû aboutir à **cleđyf*- ou **clefyđ*-. Si **cleđyf*- l'a emporté, c'est que dans la série -*đ*-*đ*-, le deuxième *đ* se trouvant à la finale au singulier était moins résistant que le premier ; ainsi s'explique le sens de la dissimilation qui, autrement, violerait la loi XIV de M. Grammont (*Dissimilation*, p. 66). Au pluriel, dans les dérivés et dans les composés où **cleđyđ*- figurait comme premier terme, le sens de la dissimilation devait être inverse (v. Grammont, *Dissimilation*, loi XVII, p. 79 et suiv.). Il faut par suite considérer comme analogiques du singulier le pluriel usité aujourd'hui *cleddyfau*, le dérivé *cleddyfawd* « coup d'épée » et les composés tels que *cledyfcoch* et *cledyfrud* dans les Mabinogion, éd. Rhys-Evans, p. 226, 25 ; 227, 10 et 159, 5. Mais plusieurs formes du moyen-gallois présentent l'ordre régulier et par suite confirment d'une façon éclatante l'explication proposée ici ; à côté du pluriel *cledyfeu* attesté par exemple dans le Red Book of Hergest, col. 1093 et col. 1112 (*Rev. Celt.*, IV, 216, l. 2, et 238, l. 26), on lit *clefydeu* dans l'*Ystoria de Carolo Magno*, éd. Powel, p. 39, l. 1, *cleuydeu* p. 40, l. 11, et M. Nettlau (*Rev. Celt.*, IX, 74) a signalé les formes plurielles *clefydeu*, *clevydeu*, *cleuydeu* dans plusieurs textes du moyen âge, aussi bien du reste que *cleddyddeu*, *kleddyddav*, où il n'y a pas de dissimilation du tout ; l'influence du mot *cledd* « épée » devait tendre en effet à maintenir intact le radical *cledd*- et par suite à entraver la dissimilation normale. Cette dernière s'est cependant produite également dans le mot *clefyddawd* attesté au lieu de *c'eddyfawd* « coup d'épée » dans le Mabinogi de Kulhwch et Olwen (*Red Book*, éd. Rhys-Evans, p. 113, 28) : *cleuydaw Kei ny allei uedic y waret* « un coup d'épée de Kei, nul médecin ne pouvait le guérir ». Au singulier, c'est invariablement la forme *cleddyf* qui est attestée dans les textes moyen-gallois : *cledyf*, *Red Book*, p. 20, 25 ; 41, 10, 13, etc., *Ystoria de Carolo Magno*, p. 38, l. 6, 15, 19 ; p. 39, l. 6, 33 ; p. 40, l. 3, 16, 21, 22, 23, etc.

Il resterait à faire entrer en ligne de compte les formes bretonnes au double point de vue de la métaphonie et de la consonne finale. On sait que d'une part le changement métaphonique de *a* en *e* sous l'influence de *i* suivant est étranger au breton, et que d'autre part si l'influence d'un *y* suivant (disparu) transforme *a* en *e* en breton, elle n'aboutit en gallois qu'à la production d'une diphtongue *ei*, aujourd'hui généralement *ai* (cf. Loth, *Mots latins*, 100 et 103, *Rev. Celt.*, XIV, 70) ; de là l'opposition de gall. *helyg* (*helygen*) « saule », bret. *halec* (*haleguen*) de **salic-* (irl. *sail*, *salach*) ; gall. *cebystr* (v. gall. *cepister*), bret. *cabest(r)* du latin *capistrum* ; gall. *braich*, pl. *breichiau* « bras », bret. *brec'h* ; gall. *reibio* « enlever », bret. *rebus*, emprunté à *rapere* ; bret. *kere* « cordonnier » de **karyo-*, cf. irl. *cairem* (le gall. *crydd* a perdu par absorption la première syllabe). C'est évidemment le deuxième phénomène qu'il faut supposer ici, puisque le moyen-breton dit invariablement *clezeff* (*Mystère de Sainte Barbe*, éd. Ernault, p. 248), *clezeu*, *clezeuf*, etc., avec un *e* dans la première syllabe. Si l'on a *e* aussi en gallois, c'est sans doute sous l'influence de *cledd*, dont *cleddyf* pouvait sembler être un dérivé, ou bien d'après le même principe qui a fait opposer le pluriel *erydr* au singulier *aradr* « charrue » ou l'infinitif *peri* à l'impératif *par* « fais », etc. Quant à la finale du breton qui est régulièrement *-eff*, *-ef* dans la plupart des formes anciennes, elle est aujourd'hui réduite à *-e* dans *kleze*, sauf en vannetais où l'on a une finale nasalisée, *kleañ*, pl. *kleañnier*. M. d'Arbois de Jubainville (*Rev. Celt.*, I, 94) a conclu de cette nasalisation que le vannetais supposait un *-m-* primitif à la finale ; mais M. Loth a récemment montré (*Arch. f. Celt. Lexic.*, III, 260 n.) que la nasalisation se présentait en breton aussi bien dans le cas de *b* que de *m* ancien : *-ƀ* issu de *-d* par dissimilation aurait donc suivi en vannetais le sort de *-ƀ* issu de *-b*. Il se pourrait d'ailleurs aussi que la nasalisation du vannetais représente un élément suffixal emprunté à des mots tels que *ruañ* « rame » (pl. *ruañnier*).

L'irlandais *claideb* ne peut évidemment admettre une explication phonétique analogue, et si l'hypothèse présentée pour le gallois *cleddyf* est exacte, il faut supposer que le mot irlandais est emprunté au brittonique. L'époque de l'emprunt serait celle où le brittonique **cladyd-* devenu **cladyƀ-* n'avait pas encore subi (du moins complètement) la transformation métaphonique de *a* en *e*. L'irlandais a transposé très régulièrement le mot en *claideb*, notant par *i* l'infection causée par la position antérieure du *d*, et par *e* la position moyenne du *b* final, caractéristique du nominatif singulier, puisqu'il s'agit d'un mot de la 2e déclinaison (type *fer*, gén. *fir*). Bien entendu, le *d* et le *b* de la graphie du vieil-irlandais sont à prononcer spirants, comme l'indique du reste la graphie de l'irlandais moderne *claidheamh* ; en moyen-irlandais, les graphies *claideb*, *claidem*, *claidiomh*, *cloideb*, *cloidem*, pl. *claidme* (Moytura, § 161, *R. Celt.*, XII, 106) sont fréquentes. L'écossais moderne a conservé un mot *claidheamh* (prononcé *kllī-yhèv* suivant Mac-Alpine), qui suivi de l'adjectif *mór* « grand » a donné à l'anglais le mot *claymore*.

Il peut paraître singulier que les Irlandais aient emprunté à un dialecte voisin le nom d'une arme aussi importante. L'épée est en effet l'arme par excellence des Celtes ; tandis que la flèche est d'importation récente en pays celtique, comme l'indique la forme même du nom qu'elle porte, emprunté au latin (irl. *saiget*, gall. *saeth* de *sagitta*), l'épée a dû y être en usage dès la plus haute antiquité. Dans l'épopée irlandaise, c'est à l'épée que se font les combats singuliers ; quand Cuchulainn supporte seul le choc de l'armée ennemie dans le Táin bó Cúalnge, il fait avec ses adversaires un « pacte d'épée », *cairde chlaidib* L. U., 70 b 33, 71 a 3, 72 b 16 (cf. *Táin*, éd. Windisch,

p. 274). C'est à l'épée, dans le *Fled Bricrend*, que se battent les trois guerriers pour réclamer le « morceau du héros », *curadmír* (L. U., 101 a 43), et que Loegaire et Conall attaquent Cuchulainn pour le lui disputer après l'épreuve de la coupe (L. U., 110 a 33); l'épée est « l'arme du guerrier », *arm láich* (L. U., 109 a 13).

Comme l'épée gauloise, qui était longue et sans pointe, par opposition à l'épée espagnole, courte et pointue (cf. Polybe, II, 30, 8; 33, 5; III, 114, 2-3; et surtout l'épisode de T. Manlius Torquatus dans Tite Live, VI, 42; voir aussi Polybe, fragment XIV, éd. Didot, II, 155), l'épée des Bretons et des Irlandais était à pointe mousse et ne servait qu'à frapper de taille (Dottin, *Manuel*, p. 210). Tacite parle des épées bretonnes « ingentes,... enormes,... sine mucrone » (*Agricol.*, 36). L'auteur du Longes mac n-Usnig oppose la pointe de la lance au tranchant de l'épée (*rind gai 7 gin claidib*, Irische Texte, I, 76, 9); avec l'épée, Cuchulainn abat les oiseaux autour de lui (L. U., 43 b 22) ou découpe un monstre en petits morceaux (L. U., 111 b 23), Cét tranche le talon d'un ennemi (Irische Texte, I, 102, 16), Lugaid fils de Curói décapite Cuchulainn (*Rev. Celt.*, III, 182, 1). En voyant venir le héros Loegaire armé de l'épée, Medb peut dire qu'il tuera ses ennemis « comme on tranche des oignons sur le sol de la terre avec un couteau aiguisé » *amal bentair foltchib fri lár talman conaltain aith* (L. U., 106 a 12).

Mais si ancien que soit l'usage de l'épée dans les traditions de l'épopée irlandaise, le nom qu'elle porte peut avoir été modifié par des influences littéraires. Ce n'est pas le lieu de rappeler dans le détail quelles relations suivies ont existé pendant plusieurs siècles entre la Grande-Bretagne et l'Irlande (v. K. Meyer, *Early relations between Gael and Brython*, *y Cymmrodor*, 1895-1896, p. 55; J. Loth, *Rev. Celt.*, X, 357, XI, 345, XIII, 108). Au point de vue littéraire, nombre de traditions sont communes aux deux peuples, et plus d'une légende a dû passer d'une île à l'autre à la faveur d'expéditions guerrières ou pacifiques. C'est en Grande-Bretagne (*Alba*) que d'après le Tochmarc Emire (v. O'Curry, *Manners and Customs*, II, 368; K. Meyer, *Rev. Celt.*, XI, 444), le héros Cuchulainn va compléter son éducation militaire, comme le roi Conchobar l'avait fait avant lui; et le premier nom du héros Cuchulainn, *Setanta*, porte la trace d'une origine brittonique. Le cycle mythologique irlandais, antérieur au cycle de Conchobar et de Cuchulainn, est encore plus imprégné d'éléments communs aux traditions galloises. Le célèbre chef des Tuatha Dé Danann, *Núadu aircetlaum* se retrouve dans le *Lludd law ereint* du Mabinogi de Kulhwch et Olwen, comme *Balór*, roi des Fomoré, présente de frappants rapports avec *Yspaddaden pen kawr*; *Labraid luathlám ar claideb* (« rapide manieur d'épée ») est le beau-frère de la déesse Fand, épouse de *Manannan mac Lir* (« fils de l'Océan »), le grand navigateur des Tuatha Dé Danann. Mais ce dernier personnage n'est autre que le *Manawyddan ab Llyr*, bien connu par les Mabinogion et les Triades galloises (Loth, *Mabinog.*, I, 97). Si donc dans la légendaire bataille de Moytura, nous trouvons le *claidheamh* parmi les armes des Tuatha Dé Danann (O' Curry, *Manners and Customs*, II, 245; Wh. Stokes, *R. Celt.*, XII, 52 et suiv.), ce nom d'arme peut être de provenance brittonique; et il n'est pas étonnant que l'épée (*claideb*) du héros Cuchulainn, aussi bien que les petits glaives (*claidbini*) dont il aimait à jongler (cf. *Táin*, éd. Windisch, 273, 2572) portent de même un nom originairement brittonique.

On connaît l'influence du vocabulaire brittonique sur le vocabulaire irlandais; c'est par l'intermédiaire du brittonique qu'ont pénétré en irlandais les premiers mots latins importés. Ces mots sont fort nombreux, et à côté de termes du vocabulaire religieux, ils comprennent surtout des noms d'objets usuels, notamment d'objets se rapportant à la guerre : *arm* « arma », *borg* « burgus », *lúrech* « lōrica », *míl* « mīles », *múr* « mūrus », *saiget* « sagitta », *tob* « tubus », *tuir* « turris », etc. Il est vraisemblable qu'avec des emprunts latins, les Bretons ont fait passer en irlandais nombre de mots de leur propre langue. Ici toutefois le contrôle est plus difficile, parce que les sujets parlants avaient le sentiment de certaines équivalences phonétiques et que les mots brittoniques empruntés ont été « gaélisés » pour ainsi dire.

La question revient à savoir dans quelle mesure un mot attesté en gaélique et en brittonique, mais là seulement, peut être considéré comme proethnique, ou en d'autres termes dans quelle mesure panceltique équivaut à préceltique. On ne peut le plus souvent répondre à cette question que par des hypothèses. Mais si l'on songe qu'il y a eu sans cesse à date historique des échanges de vocabulaire entre l'Irlande et la Grande-Bretagne, que, d'autre part, les Irlandais comme les Bretons, en envahissant les territoires où ils sont restés installés, ont dû y rencontrer des populations, qui certainement parlaient une ou des langues très différentes de la leur, on concevra sans peine que des mots d'une de ces langues pénétrant dans l'un des dialectes celtiques se soient ultérieuremont introduits dans l'autre, sans appartenir pour cela au fonds primitif du vocabulaire celtique. M. Thurneysen a donné naguère de ce fait un exemple très caractéristique, emprunté à une langue bien connue par ailleurs et qui n'a pu exercer qu'assez tard une influence sur les langues celtiques : les noms gaélique et brittonique du « faucon » (v. irl. *sebocc* Sg. 105 b 1, auj. *seabhac*, gall. *hebog*, anc. *hebauc*) ne peuvent s'expliquer qu'en supposant un emprunt à l'anglo-saxon *heafoc* (v. Thurneysen, *Keltoromanisches*, 22-23) ; ce dernier a passé en brittonique, et du brittonique est parvenu à l'irlandais. C'est le cas de bien d'autres mots signalés depuis par MM. K. Meyer (*R. Celt.*, X, 369, XI, 493) et Stokes (*Beiträge de Bezzenberger*, XVIII, 122). Quelques-uns, partis du vieux-norrois, ont suivi la marche inverse : empruntés par l'irlandais, ils ont passé de l'irlandais au brittonique.

Les emprunts comme celui de l'anglo-saxon *heafoc* sont parfaitement clairs parce que nous tenons le point de départ et pouvons suivre la marche entière. Mais c'est le cas le moins fréquent ; et en général l'emprunt reste dissimulé dans les ténèbres de l'histoire. M. Rhys a réuni un nombre assez considérable de mots gallois qu'il suppose empruntés de l'irlandais (*Archaeologia Cambrensis*, 1895, p. 294); la liste demanderait à être raccourcie de quelques exemples, mais pourrait être aisément allongée de beaucoup d'autres. Nul n'a encore tenté de réunir les mots irlandais empruntés du brittonique. M. Zimmer (*Kuhn's Zeitschrift*, XXXIII, 276, surtout p. 280) a prouvé l'origine brittonique de l'irlandais *foich* gl. uespa. M. Wh. Stokes, dans son *Urkeltischer Sprachschatz*, a signalé chemin faisant quelques mots irlandais suspects d'emprunt brittonique : *croth* « vulve? » (p. 100), *rón* « crin de cheval » (p. 227), *reo* « gelée », *reoim* « je gèle » (p. 231), etc. On peut y joindre :

cinleir gl. calcar Sg. 50 a 21 que M. Wh. Stokes, *op. cit.*, 78 suppose sorti de **kniteir* par métathèse et qui est bien plutôt la forme empruntée du mot gallois *cethr*, breton *kentr* « éperon »; la seule présence du groupe intérieur *-nt-* exclut l'hypothèse d'un mot originairement gaélique;

croman « faucille », où l'on retrouve sans peine le v. gallois *creman* « id. », gall. mod. *cryman*, avec un *o* initial dû sans doute à l'influence de l'adjectif *crom* (gall. *crwm*) « recourbé »;

lenn « manteau » Sg. 51 b 9, le même mot que v. gall. *lenn* (Loth, *Vocab.*, p. 173), gall. mod. *llen*, gaulois *linna* (Holder, *op. cit.*, II, 237).

odb « excroissance », si voisin du gallois *oddf* « même sens », qu'il paraît être le même mot passé en gaélique.

D'une façon générale, la présence de deux mots correspondants dans les vocabulaires gaélique et brittonique ne permet pas de conclure à une origine proethnique, et la reconstitution d'un primitif préceltique reste toujours entachée de suspicion, si elle n'est pas appuyée par le témoignage d'une autre langue indo-européenne. Cela est surtout vrai quand il s'agit de mots qui désignent un objet de civilisation très particulier, comme par exemple les noms de la « ceinture » (irl. *cris*, gall. *crys*) ou du « soulier » (irl. *cuaran*, gall. *curan*). Imaginer, comme le fait M. Wh. Stokes (*op. cit.*, 99 et 89), des prototypes **krisso-* ou **kourano-*, qui ne reposent sur aucune étymologie sérieuse, peut paraître assez hasardé. La même remarque s'applique au prototype **kurnko-* destiné à concilier le *curach* irlandais et le *cwrwg* gallois (*corwc* dans le livre d'Aneurin, *Four ancient books*, éd. Skene, II, 90, 15), noms d'une sorte de bateau de forme et d'usage très spéciaux chez les Celtes. Il y a des chances pour qu'aucun de ces mots ne soit préceltique, à plus forte raison indo-européen; l'hypothèse d'un emprunt d'un dialecte à l'autre ne peut pas être positivement écartée. On peut également supposer un emprunt dans le cas du nom du « cuir », irl. *lethar*, gall. *lledr*, bret. moy. *lezr*, sans exclure d'ailleurs pour cela l'étymologie proposée pour ces mots par M. Loth, *Rev. Celt.*, XV, 370.

Un des meilleurs exemples d'échange de vocabulaire entre les deux groupes celtiques paraît fourni par le nom de la « voiture », dont les formes très embarrassantes pourraient tenir à des emprunts successifs. Au gaulois *carbanto-* (dans *Carbanto-rate*, *Carbanto-rigon*, Holder, *Altcelt. Sprachsch.* I, 782) répond régulièrement l'irlandais *carpat* « chariot » (n. pl. *carbait* Ml. 96 c 13, dat. pl. *cairptib* Ml. 43 d 3, dat. sg. *carput* L. Br. 238 a 2 dans Wh. Stokes, *Tripart. Life*, II, 394, 28). Ce mot *carpat* a dû passer en brittonique, puisque les formes du vieux-breton (pl. *cerpit*, d'un singulier **carpet*) et du gallois (*cerbyd*, forme de pluriel passée au singulier, d'où le pluriel actuel *cerbydau*) n'ont pas trace de nasale. L'hypothèse d'un emprunt avait déjà été proposée par M. Wh. Stokes (cf. Loth. *Voc. v. bret.*, p. 70). Mais le mot brittonique a dû revenir en Irlande, et son *d* final a été transformé en spirante par les Irlandais, auxquels était familière la correspondance gall. *d* = irl. *th*. De là les formes *inna-cairpthiu* « les chariots » (acc. pl.), *Trip. Life*, I, 46, 7, *cairpthéoir* « charpentier », dont le *th* est autrement inexplicable. Un exemple comparable est fourni par la « latte » qui a deux formes en gallois, l'une *llath* d'origine préceltique comme l'irlandais *slat*, l'autre *yslath* influencée par ce dernier (cf. Wh. Stokes, *Urk. Sprachsch.*, 319; Zupitza, *K. Z.*, XXXVI, 234).

L'emprunt est ici révélé par la forme divergente des doublets, comme il l'était dans le cas de *claideb* par une évolution phonétique que comportait l'un seulement des deux dialectes. Mais les deux cas témoignent d'une difficulté générale de l'étymologie des mots celtiques. L'identité de deux formes attestées historiquement en gaélique et en brittonique ne suppose pas nécessairement une origine préceltique ; et une question fondamentale, le plus souvent insoluble, doit être toujours présente à l'esprit de l'étymologiste : identité initiale ou emprunt d'un dialecte à l'autre ?

INDEX

DES MATIÈRES PARTICULIÈREMENT ÉTUDIÉES

INDEX

DES MOTS SPÉCIALEMENT ÉTUDIÉS

CELTIQUE

FRANÇAIS

GERMANIQUE

GREC

LATIN

SANSKRIT

ERRATA

P. 10, l. 12 du bas, *lire :* φρέᾶτος.
P. 12, l. 3 du bas, *lire : nomin.*
P. 75, l. 8, *lire :* carthaginoise.
P. 104, l. 14 du bas, *lire : ĩm̃sime*, au lieu de *ĩm̃sme.*
P. 135, l. 16, *lire :* εὕρισκε.
P. 143, l. 17, *lire :* zu lesen ist.
P. 219, l. 7 du bas, *lire :* masculin, au lieu de féminin.
P. 257, l. 7, *lire :* Christi.
P. 261, l. 12, *lire :* alleiniger.
P. 270, l. 18, *effacer le tiret.*
P. 292, l. 7 du bas, *lire* : alamans.
P. 294, l. 16, *lire*: adventice.
P. 297, n. 3, l. 2. *La transcription de l'*Atlas linguistique *a dû être simplifiée, les signes requis n'existant pas dans le petit caractère des notes.*
P. 300, l. 11, *lire*: *bartọlẹ̀dẓə.*
P. 304, l. 9, *mettre un tiret avant le mot* enfin.

TABLE DES MATIÈRES

MACON, PROTAT FRÈRES, IMPRIMEURS

www.ingramcontent.com/pod-product-compliance
Ingram Content Group UK Ltd.
Pitfield, Milton Keynes, MK11 3LW, UK
UKHW020129220726
13923UKWH00001B/69

9 782016 135488